巅峰

大师的巅峰时刻

军事家卷

马 辂◎著

河北出版传媒集团
花山文艺出版社

图书在版编目（CIP）数据

大师的巅峰时刻. 军事家卷 / 马铬著. —石家庄：花山文艺出版社，2013.5

ISBN 978-7-5511-0864-5

Ⅰ.①大… Ⅱ.①马… Ⅲ. ①军事家—生平事迹—世界 Ⅳ.①K811

中国版本图书馆CIP数据核字(2013)第059400号

书　　名：大师的巅峰时刻·军事家卷
著　　者：马　铬

策　　划：张采鑫　陈　新
特约编辑：梁　坤
责任编辑：于怀新
责任校对：李　伟
装帧设计：景　轩
美术编辑：胡彤亮
出版发行：花山文艺出版社（邮政编码：050061）
（河北省石家庄市友谊北大街330号）
销售热线：0311-88643221/29/31/32/26
传　　真：0311-88643225
印　　刷：大厂回族自治县正兴印务有限公司
经　　销：新华书店
开　　本：700×1000　1/16
印　　张：15.5
字　　数：230千字
版　　次：2015年7月第1版
2015年7月第1次印刷
书　　号：ISBN 978-7-5511-0864-5
定　　价：25.00元

Contents 目 录

兵圣孙武

孙武，字长卿。春秋末兵家，齐国人。曾以《兵法》十三篇见吴王阖闾（hé lǘ），受任为将。与伍子胥率吴军破楚，北击齐晋，南征越人，显名诸侯。所著《孙子兵法》十三篇是我国最早的兵法，被誉为“兵学圣典”，置于《武经七书》之首。

公元前6世纪末，正当西方文明进入奴隶制鼎盛时期，在东方的中国升起了一颗光彩夺目的军事明星，他就是武经圣典《孙子兵法》的作者孙武。

孙武，字长卿，春秋时代齐国乐安（今山东惠民县）人，生卒年月不详，约与孔子同时。孙武是我国古代最多的论述军事理论、军事战略和战争艺术的军事家。孙武所著《孙子兵法》是我国现存最早的兵书，也是世界上最早的军事专著，比古希腊色诺芬的军事理论专著《长征记》要早整整一个世纪，比全球闻名遐迩的克劳塞维茨的《战争论》则要早2300多年。《孙子兵法》不仅对中国，而且对全世界的军事史产生过广泛而深远的影响。被尊称为“兵圣”的孙武及其军事著作是炎黄子孙的骄傲。

一、得天独厚的军事摇篮

公元前6世纪，正是我国的春秋时代，也是我国历史上社会大变革的时代。当时社会各阶层斗争十分激烈，战争十分频繁。同样隶属于周天子的各诸侯国，为避免亡国破家，赢得战争的胜利，都非常重视对战争经验的总结、对军事理论的研究。见之于史书记载的《军政》《军志》，便是当时为适应战争需要而编纂的一些条规性的军事著述。

尽管诸侯列国都在研究战争，培养军事人才，但是，孙武所在的齐国由于具有得天独厚的有利条件，因而成为自商周以来的培育军事家的摇篮。齐国位于今山东境内，是一个具有悠久历史和军事传统的诸侯国。早在夏朝的大汶口文化、龙山文化的遗存就产生在这里。周灭商以后，建立起周朝。协助周武王伐纣的战略家吕望，就是齐国的始祖。吕望即姜尚，俗称姜子牙，也称姜太公。他凭借齐国的渔盐之利，尚贤使能，大力发展生产，使齐国成为一个农业发达，手工业、商业兴盛，军事实力强大的诸侯国。到齐桓公时，曾九合诸侯、一匡天下，成为春秋时代的第一个霸主。

经济发达，军力强大，必然带动文化的繁荣。在军事学术研究上，齐国以其始祖吕望的《太公兵法》为正宗，得到了蓬勃的发展。《太公兵法》早已失传，据《史记·齐太公世家》记载，它的核心是“多兵权与奇计”，因而“后世之言兵及周之阴权皆宗太公为本谋”。《孙子兵法》充分发挥的诡道权变的军事思想，正是继承了《太公兵法》的这一传统。在春秋战国之际，出自齐国人之手的兵法除《孙子兵法》之外，还有管仲的《管子》、田穰苴的《司马穰苴兵法》、子晚的《子晚子》、孙膑的《齐孙子》等重要军事典籍。源远流长的齐国文化，孕育出一代又一代军事学家。

孙武是兵法传家的齐国田氏后裔。公元前陈国发生内乱，公子陈完出奔齐国，改称田完。田完的五世孙田书，率军攻打莒国，立下战功。齐景公大加奖赏，赐姓孙氏，并把乐安（今山东惠民）封给田书，作为采邑。这位战将便是孙武的祖父。

在陈、田、孙的家族中，能征善战、精通兵法的不乏其人。其中突出的是田穰苴，即司马穰苴，他是早于孙武的田氏后裔。田穰苴具有“文能附众、武能威敌”的大将之才，屡战屡胜，深得齐景公赞扬。他还著有《穰苴兵法》，后人还将此书与古司马兵法合编为《司马穰苴兵法》，即今存残本《司马法》。

在齐国这样的兵法之国，在田氏这样的军事世家中成长起来的孙武，耳濡目染，自然有很好的学习条件。

正当孙武在军事学上认真钻研的时候，齐国发生了内乱。于是，孙武离开了故土，来到南方的吴国。

当时的吴国在今江苏南部到浙江北部一带，虽被称为蛮夷之地，然而物华天宝，生活富足。孙武率领众多的族人和奴婢来到吴国，向官方申请开垦荒地，结果在吴都以西、罗浮山以东一大片荒芜潮湿之地安家立业。孙武在山麓上兴建村落，开凿沟渠，彻底改变排水系统，几年之间便使荒芜之地变成了渠水纵横的肥沃良田，村落也就成了颇有名气的孙家村。

在吴国，他结识了一位军事家伍员，即伍子胥。伍子胥是楚国的贵族，富于韬略。他父亲被楚平王害死后，为报仇雪恨，逃到吴国。孙武与伍子胥来往密切，经常切磋学术，这使孙武增加了对吴楚军事文化的学习和了解，扩大了视野。

吴国人对齐国的田氏之乱也有所闻，常常议论。他们得知，田氏家族与陈氏、鲍氏家族因争权夺势而发生武斗。虽然田氏家族获得了胜利，但孙武对本家的做法很不满意，同时对这种不光彩的“胜利”感到非常惭愧，因而从那里来到吴国。吴国人认为孙武所采取的态度大有贤者风范，且为名门之后，便向吴王余祭推荐。

余祭也觉得不应将能人弃之于草莽，便想委以高官。孙武被召入宫后，一听说要他做官，便坚决不肯接受。他说：“孙某不才，学识浅陋，而且体弱多病，如果出来做官，肯定会使大王失望、有负国家重托。我只想归隐于田野之中乐享天年，此外别无他念，请大王怜恤亡命之民，还是让我做一名普通百姓吧。”

吴王余祭见孙武果然消瘦无力，性情似乎有些懦弱，而且谈吐并没有什么闳言高论，也就没有再勉强他。

于是，孙武仍然归隐田园，放情于山水之间，优哉游哉。

孙武本人是讨厌战争的，对于战场上刀尖飞舞、喊声喧天的惨烈情景始终难以忍受。然而，他却十分喜欢研究战史。早在少年时代，每当遇见老一辈的人，总是要打听昔日的战争情形；如果遇到曾经实地参加过战斗的人，一定请他讲一些实战的经验。久而久之，他渐渐知道了打胜仗有打胜仗的理由，失败也有失败的原因，研究的兴趣越来越浓厚。

孙武常常把研究的心得写在笔记簿上。此时还没有发明纸张。所谓笔记簿就是在竹片或木片上以小刀刻字或者用漆书写，然后再连在一起。至于交战地图，他则绘在大张的帛布上，注明军队或军船的配置及移动情况，标出战争的原因、经过和结果，有时还要加上自己的评语。他想，如果能将打胜仗的原因和理由探究明白，增加己方取胜的条件，促成敌方落入失败的情况，那么，百战百胜并不是不可能的事。潜心研究的结果，渐渐形成了他的独特的军事思想。

孙武经过长时间的收集资料，脑子里有了初步概念之后，又前往战场实地进行勘察和研究。在交通条件极其落后的当时，这项工作是非常辛苦而麻烦的。然而他却乐此不疲，前后竟持续了20年之久。例如，他为了考察吴楚天门之战的情形，便不顾旅途的劳累，跋涉数百里，来到位于今南京上游80里左右的天门，在东梁山和西梁山两山夹峙的汪洋大水里乘着一叶小舟，细心地观察、研究，时不时地还在随身携带的竹简上写写画画。然后又把小舟划向岸边，拨开水面上丛生的芦苇，冒着熏人的青草热气，爬上堤岸，不胜感慨地四处张望，然后取出竹简详细记载。

孙武研究战争、战略和战术，并非要借此去游说诸侯从而获得高官厚禄。他没有名利之欲，完全出于个人的兴趣、喜好。他只希望能够安分、平凡而恬静地度过一生。

二、潜心钻研兵法

那场天门之战是怎么回事呢？

吴楚之间的天门之战发生在吴王僚即位的第二年。吴国的统帅是吴王僚的堂兄公子光，楚军的是楚国贵族子瑕。

公子光用军船多艘载满士兵溯长江而上，到达天门山附近。楚军也舳舻相接顺流而下。双方舰队互相发现敌踪之后，不约而同地停止了前进。双方舰队的每一只船上都悬挂着许多旗帜，互相炫耀军容，但都按兵不动。

楚军司令官子瑕正在占卜战争的吉凶。当时习俗，凡有大事都要事先占卜，才能做出决定。子瑕占卜的结果是凶卦，因此他变得很消极，通令全军加强防守，绝不可轻举妄动。

楚军中的司马子鱼善于运用形势，而且作战勇猛。他这时匆匆来到子瑕的军舰上，提出意见说："我们处在上游，只要顺着水势攻下去，必能击败吴军！这样天大的好机会怎能错过？请问将军到底用什么方法占卜的？"

子瑕告诉他，用的是筮草。

那个时候，占卜的方法除用筮草外，还有用龟甲烧后根据出现的裂纹来判断吉凶的，称之为龟卜。还有用鹿的肩胛骨的，称之为鹿卜。

司马子鱼对子瑕说:“应该用龟卜来决定吉凶,而且按惯例此事该由军中司马来主持。”

子瑕感到有理,就同意了他的意见。

于是,司马子鱼恭恭敬敬地跪下来,向上天祷告说:“战争一开始,我准备率军打先锋冲入敌军舰队,打它个措手不及,待敌方阵脚已乱之时,我军大队人马冲杀过去。这样是不是可以获得大胜,请上天给予明示!”

祈祷完毕,便动手烧龟甲,司马子鱼得了一个“吉兆”。

司马子鱼慷慨与子瑕辞别,率领自己手下的船只顺江而下。他是抱着必死的决心参战的,在激烈的战斗中,终于以身殉职,同时楚国也取得了辉煌的胜利。在突然的打击下,吴军仓皇应战,加之地形不利,很快便溃不成军了,连吴国传代的宝船“余皇”也被楚军掳去。

孙武对吴楚两国这次战争曾详加考察,除了士气、时机、地利各方面得失外,他感兴趣的还有一点,那就是战争开始前,楚军将领们利用筮草和龟甲来预卜吉凶这件事。

用占卜的方法来预测战争的胜负,引起了孙武深深的思索。令人感到奇怪的是,从史籍的记述和人们所流传的战争实例来看,每次占卜的结果似乎都很灵验,甚至准确无比。这是真的吗?如果胜负之数事前已经决定,人们只要按着命运的安排盲目地走下去就是了,其他一切人为的努力还有作用吗?不,他认为不可能完全是这样。过去留传下来的占卜实例,可能是只记下了猜中的部分,而没有猜中的例子根本未做记载,日久天长人们的记忆便从中消除了吧?吴楚天门之战,开战前主帅子瑕的占卜预示着失败,司马子鱼的占卜却预示着胜利。事实上,胜利的取得是依靠子鱼对敌我双方利弊的正确分析和他勇猛顽强的战斗精神赢得的。

孙武的困惑和思索,使他的军事思想趋于成熟。他写下了自己的结论:“战争前所做的占卜,并不是什么命运的预告,只不过是好兆头和胜利在望的宣告发生了鼓舞作用,促使士兵加倍卖力,才导致了真正的胜利。当然,世上有些事情是人力所不能左右的。从这一点来说,确实有所谓命运的存在。例如,与天有关的,四季的变化,晴雨、昼夜、寒暑、时机的适当与不适当等所谓‘天时’因素。与地有关的,远近、险易、广狭、死地、生地等所谓‘地利’因素。这些事物虽然无法以人力来加以改变,但是,要避开不利的因素或者反过来加以利用,却是可能的。战术,应该是利用人的力量来打败敌人之术,而且这是可能办到的。军事研究的目标,也恰恰就在这一点。”

这就是说,战争胜负的关键在于人。同时,战争也绝不是孤立的,战前的种种政治因素起着巨大的作用。孙武经过深思熟虑,得出了深刻的认识:“百战百胜,并不能算是最好的战术。不战而使敌人屈服,才是至高无上的战术。为了达到这种最高境界,平常的工作才是最要紧的。应该实施开明的政治,使人们安居乐业,心悦诚服;赏罚要严正分明,使官吏既畏惧又仰慕,国家进步富强。在国际上,对外国要保持礼节和严谨,在尊重其他国家的同时,自己也就得到了尊重。军队的训练要力求严格,同时要出以爱心,使士兵养成守纪律、不犯不掠、勇于杀敌而怯于私斗的美德。如果世界上有这样一个国家,这个国家必定不战而使列国屈服。这样的国家,要靠君主日常不断的努力才能实现。这是问题的关键……”

这是孙武所获得的结论,也是孙武军事思想的精义所在。现在来看,也许这些只是一种常识,但在当时却是难能可贵的卓越而伟大的思想。也就是说,孙武是我国历史上摒弃了宿命论和宗教观念而使战术理论成为最具合理性和普遍性的开山鼻祖。

三、运筹于帷幄之中

吴、楚之间长期对峙相持,后来这种状态终于破裂了。公子光被吴王僚任命为大将军,率兵从边境巢地(今安徽省巢湖附近)攻入楚国,逼近到楚国的关卡之前。公子光取胜心切,黄昏宿营前激愤而慷慨地通令全军:“明天是关键的一战。所有将士务要勇敢杀敌,冲锋陷阵,龟缩怯阵者军法从事,不得有误!我将亲率部卒打前锋攻入敌阵,一鼓作气,扫荡楚军!”

公子光完全没有料到,吴军的情况早有楚国的间谍飞报楚军指挥官。

天明后,吴军的战车掀起了滚滚黄沙,车轮的隆隆声和士兵的呐喊声震耳欲聋,队形由开阔的扇面形而逐渐合拢,像洪水般奔向关门而来。令人奇怪的是,楚军的关门大开,没有丝毫的抵抗。

公子光威风凛凛地站在战车上，银色的头盔在初升的太阳下闪闪发光，信心十足地指挥着吴军冲进关门。

这时，楚军埋伏在门内和城墙上的弓箭手，等战车进入射程范围之内，只听一声号令，飞箭雨点般射下来，吴军纷纷中箭，公子光也被利箭射中，惨叫一声倒下去，幸被一名甲士扶住。

春秋战国时，战车一辆所配备的兵员有：甲士 3 人，车士 25 人，兵卒 72 人，合计 100 人。号称“千乘之国”的大诸侯，就是说其国力有战车 1000 辆，士兵 10 万人。

这时公子光所乘坐的战车一乱，整个吴军顿时乱了阵脚，只顾奔走逃命，溃不成军。

战争结束后，孙武曾向参战的人们问询了详细情形。他认为公子光为了激励士气，自告奋勇率先冲入敌阵，这是好的，可以说是为将军者宝贵的气质。然而，公子光却没有重视情报的作用，既没有派出吴军的间谍，也没有注意到楚国的间谍，己不知彼，彼却知己，这就是失败的关键。知己知彼，方能百战不殆啊！

第二年春末的一天，公子光的至交、这时已是吴国重臣的伍子胥到孙家村拜访孙武。寒暄之后，伍子胥说：“去年初冬我军与楚军在巢地吃了败仗，这您是知道的。现在楚国更加骄纵，逼迫顿、胡、沈、蔡、陈、许这六个附庸国，组成了强大的军力，意欲侵犯吴国。大王仍派公子光担任统帅，因有去年的败绩，公子光非常不安。我把先生对军事的独到研究对公子光介绍过，公子光衷心敬佩，诚恳地敦请您出山，并且要尊崇先生为帷幄之师，希望先生应允。”

孙武本想拒绝，但一时之间又不好启齿。公子光和伍子胥如此看重自己，怎能断然回绝呢？再说，自己毕竟是生活在吴国这片土地上啊。想了一下，他问道：“战场预定在哪里？”

“根据上次失败的教训，我们派出不少士兵去侦察，据情报说，楚兵正在州来附近集结重兵，战场可能就在州来附近。”

孙武离开座席，从书架上取下一幅州来的地图，把它摊开在桌子上，一边察看地图，脑子里一边在琢磨，渐渐地，一个想法成熟了。

他对伍子胥说：“这次吴楚之战，从表面上看，楚国的优势大一些，七国联军，人数众多嘛。但是，人数越多，可能弱点也就越多。跟楚国联战的六国并不是自愿的，而是慑于楚国的淫威，因此，只能算是乌合之众，貌合神离，不会拼死作战。而且，楚国这次任命的统帅只是个庸碌的下大夫，不足畏惧。只要吴军在战术上取得优势，便有取胜的把握。这一点在战前一定要让全体官兵知晓，以长自己军威。开战后，吴国军队分出三支精锐部队，先从敌军中选出三个国家最脆弱的部队，分别予以击破。这三个国家的部队被击溃后，其他三个国家被逼迫而来的部队就会发生动摇、不堪一击甚至不战而逃。这样一来，楚国本身的军队便会人心惶惶，犹如惊弓之鸟。这时，吴军大举进攻，直捣楚军大本营，对方必将溃败无疑。”

伍子胥听得非常认真，并不断点头，表示赞许。

孙武思索了一下，接着说：“还有两点也是应该注意的。其一，为了麻痹对方，吴军打前锋的部队不妨装得脆弱些、松散些、混乱些，而中卫以后的队伍必须排得紧密。意在开始诱使对方产生轻敌心理，交战后再以迅雷不及掩耳之势一举歼敌。其二，现在有一个流行观点，打仗就是打车战。在中原，因土质坚固当然是可以的，但在南方，土质黏重、潮湿，特别是春夏之季，战车是有许多弊端的，而步卒则较为灵活。战术要因地因时而异，这也是不可忽视的。”

伍子胥不胜感慨，诚恳地说：“您指示的战术，简直出神入化。请您一定亲到现场指挥，如何？”

孙武笑着说：“我只是一个务农的野人，从未打过仗，一切不过是口头谈兵而已。公子光的厚爱，我很感激，但我实在难以从命。”孙武说得很诚恳，“再说，就是公子光用我，那些身经百战的将军们能够听命于我这样一个从未打过仗的村夫的话吗？”伍子胥无法再说了。

战争，不久就在州来附近打起来了。公子光采用了孙武设计的战略战术，先令先锋部队诱出胡、沈、陈三国的军队，再由中锋和左右两翼的部队包抄围攻。结果敌方大乱，阵亡和被俘者不计其数，三国的司令官也全部阵亡。公子光下令释放战俘，俘虏们纷纷逃入许、蔡、顿三国阵营中，把他们的惨败及司令官阵亡的消息传扬出去，其他三国的军队闻讯后相顾失色，正在慌乱之际，吴国的大军又铺天盖地掩杀过来，早已成为惊弓之鸟的三国军队立即争相逃窜，溃不成军。楚国军队看到这种兵败如山倒的形势，也都慌了手脚，跟着溃逃起来。

公子光凯旋。他在心里想，孙武并未亲临战场，只是对双方的形势了解得比较透彻，竟然制订了这样好的计策，简直是神机妙算。不过，我还不能把他推荐给大王，而要使他只为我所用。回到吴都后，他派伍子胥带了一大堆金银财宝送给孙武，并致以深深的谢意。

孙武听到自己战术实践成功的消息，比所有的财宝和谢词更令他高兴。他取出州来地图，不厌其详地查问敌我双方阵容配置和交战经过，他重视的是从中总结出一些新的东西来。

两年后，吴楚两国又起战端，原来在临近长江的吴、楚两国交界地带，有一个地方叫卑梁氏。时值春季，当地的女子们出来采桑，因为桑树的归属，她们争吵起来，进而发展为两村村民械斗。事情传到楚都后，楚国出动兵船顺流而下，大肆蹂躏吴国的土地，事情变得很严重。“卑梁之衅”这个成语，就是起源于这个故事。当时吴王闻讯大怒，命令公子光迅即出兵报复。公子光请来伍子胥，让其移樽孙武请教战术。

孙武详细询问了情况后，说：“可以去攻打居巢和钟离两县。这两县地势潮湿，不便行车，要用步兵。楚国以为这里不便打仗，所以防备一定很差。吴军通过沼泽和河流时，可以拆卸附近的民房，就地赶造木筏渡过去。不要很久，就可以占领居巢和钟离二县。”

战争果然如孙武所料，干净而利落地胜利结束了。

孙武运筹于帷幄之中，而决胜于千里之外，使公子光和伍子胥更加钦佩，但他们并没有对吴王僚提及，而是把所有的功劳揽于公子光一身。他们并不是贪天之功据为己有，而是出于更为深远的政治考虑。

四、指挥战争的预演

周敬王六年，吴国出现了权力之争。公子光用伍子胥之计，利用宴请吴王僚之机，派武士专诸刺杀了吴王僚，政变成功，公子光登上王位，自号吴王阖闾，册封伍子胥为“行人”之职，参赞内政外交等一应国事。

阖闾采取了一系列富国强兵的政策，吴国很快发展昌盛起来。

这时，伍子胥正式向阖闾提出兴兵伐楚，以雪深仇大恨，并且极力推荐孙武担任统帅，盛赞孙武精通韬略，有鬼神不测之机、天地包藏之妙，并著兵法十三篇，如得此人，天下莫敌。阖闾记起过去几次打仗，都是孙武运筹帷幄而取得了胜利的，但对于这个村野之民的真正能力并不十分了解，便要伍子胥去把他召来。

伍子胥说："此人隐居罗浮山之东，淡泊功名，非寻常人可比，必须大王以礼聘之，才有希望请其出山。"阖闾遂取出黄金十镒、白璧一双，派伍子胥乘坐华贵的马车，前往孙家庄礼聘孙武。

伍子胥见到孙武之后，恭恭敬敬地施礼，带着亲切的微笑问候起他的起居饮食，然后取出吴王阖闾的礼物，说是对过去天门之战、州来之战孙武所给予的指导，由衷地表示感谢。见孙武很高兴的样子，伍子胥又转达了吴王准备延请他为将军的意思，激励他说："先生饱学，满腹韬略，弃之于田亩，岂不太可惜了吗？"

孙武淡然一笑："我研究兵法，只是一种爱好，并非想借此进身，而且我是个拙于辞令的老百姓，怎能担任大王的重任呢？"他觉得这样委婉的谢绝可能比断然拒绝得体一些。

不料伍子胥完全掌握了他的心态，并不想强求，以更加温和的口气说："先生的清廉我向来钦敬，您不愿意出仕为官也在我的预料之中。不过吴王思贤若渴，一心礼聘先生，如果我将先生的话转达吴王，他也未必相信。还是请先生辛苦一趟，如果您要辞让，请当大王之面禀告。希望先生体谅我的苦衷。"

孙武不好再说什么了，只好与伍子胥一起前往吴都王廷。

吴王阖闾来到门口降阶相迎，笑容满面地称呼"孙先生"，进入宫廷请以上座，虚心而诚恳地表示了对孙武的尊敬与渴慕。

孙武毕竟很少经历这样的场面，心中难免有些惶恐不安，应对上也不那么流畅，有些期期艾艾，显得缺少风采。伍子胥心中着急，叫苦不迭。

吴王阖闾向孙武请教兵法。孙武这时侃侃而谈，先谈了他对整个时局的看法，又把自己所著兵法十三篇，从始计、作战、谋攻、军形、兵势、虚实、军争、九变、行军、地形、就地、火攻、用间，按先后次序一篇一篇递给阖闾，阖闾看完一篇就称赞一番。这十三篇从战略到战术，有进攻有防御，各个方面都讲得又扼要而又精当。

阖闾看完十三篇兵法,连连称赞了一番,又慨叹了一番,表示十分惋惜。说道:"这兵法虽好,可惜我们用不上。只恨寡人国小兵微,不知如何而可?"

谈到兵法,孙武一扫此前的神态,变得生气勃勃,满口锦绣辞采:"臣子兵法,不但可施以卒伍,就是妇人女子,奉吾军令,亦可驱而用之,上战场打仗,何患国小兵微呢?"

阖闾一听哈哈大笑:"先生真是会开玩笑。五洲四海,走遍天下,只有男子打仗,谁见有女子操戈上战场的?"

孙武可不是开玩笑,他一本正经地说:"一般来说,没见过的事情不容易相信。大王若是不信,可以当场试验。这也不太费事,只要将后宫中的宫女召集起来,我当场教她们操练就行。如果不练得和士兵一样,我甘愿领受欺君之罪。"

阖闾觉得这事情很新鲜,也想看看孙武说得灵不灵,就召集来 300 宫女,让孙武去操练。

孙武说:"雁无头不飞,还要请大王把您最心爱的两位妃子找来,让她们两人当队长。"

阖闾也同意让他的两名宠妃参加演习,但一再嘱咐,这是他最心爱的两个妃子,训练时看在他的脸面上,要多多照护。

孙武说:"虽然是做试验练习,也要和军队一样,要有严明的纪律,要赏罚分明。请大王派一个执法官,掌管军事法纪。再派两个军官,掌管传达军事号令方面的事。还要派两名值班的,掌管击鼓鸣金之事。还需派上几名武士,穿上铠甲,带上武器,排列在坛上,也好有个军容战阵的气势。"阖闾一一答应,准许孙武从军队中选拔使用。

300 名宫女都按时到操场上集合。孙武命令宫女排成两队,有两名队长作为领队。然后,向她们颁布命令:第一,不准乱了行列;第二,不许闹闹嚷嚷;第三,不许故意违背军令。又通知:明日五更起床,全部披挂整齐,按时到教军场集合,不得有误。通知完了,让各宫女回去休息,做好准备。

宫女们也觉得挺新鲜,嘻嘻哈哈地回去了。

第二天五更起床, 300 宫女分为两队,全部来到教军场,一个个身披铠甲,头戴顶盔,右手持剑,左手握盾。两位队长顶盔束甲,充当军官,分列两边,排列得十分严整,等待孙武升帐。

孙武来到教军场，划分队列的区域，布成阵势。派两名传谕官将两面黄旗授予两名队长，传谕：两名队长手执黄旗作为先导，其余各宫女按次序跟随在队长后面。每五人为一组，称为一伍，每十人编为一总。一伍接一伍，一总跟一总，都要随着鼓点，左右回旋，寸步不乱。传谕官向全军传谕完毕，又让两名队长听令。两名队长走上前面，军令说：“听到第一通鼓，两队齐起；听到第二通鼓，左队向右旋转，右队向左旋转；听到第三通鼓，各挺剑做出打仗的阵势。听到锣响，退回本队。”

口令传达完毕，就开始实地操练。

鼓吏击罢一通鼓，宫女们有的哧哧嬉笑，有的起、有的停，队列散乱不齐。孙武站起来说：“命令宣布得不清楚，是为将的过错。”又让传谕官重申了已经发布的命令。传谕官又严肃地宣布了一次。鼓吏又击了一通鼓，宫女还像刚才那样，嘻嘻笑笑，一点也不严肃。孙武生气了，他自己上前，拿起鼓槌亲手击鼓。一通鼓敲过，宫女们都以为是闹着玩的，嘻嘻哈哈，笑作一团，她们没有拿这军令当回事。

孙武传达了三回命令，她们还是老样子。这时孙武站起来，高声喊道：“执法官！”执法官连忙答应：“在！”

孙武说：“命令已传达，并且已三令五申，士兵们不听从，按照军法应当怎么处罚？”执法官说：“按军令应当斩首！”

孙武说：“罪在队长，先把队长推出斩首示众！”

两旁武士答应一声，把两名队长拿下绑了。两队的宫女们吓得一声也不敢出。

阖闾在远处的观兵台上观看孙武操练，忽然望到绑缚他的两名心爱的妃子，顿时慌了神，就让人拿着君王的节杖来救她们，意思是说：“我已经知道将军用兵的本领了。这两个妃子是我心爱的，她们伺候我很合我的心意，我没有这两个妃子，吃饭都没有滋味。请将军看在我的面上，饶了她们吧！”

孙武听来人传达了吴王的命令，就对传达命令的那个人说：“军中无戏言，军令必得认真执行。我现在已经受了大王的命令做了将军，要我管理好军队。大将在军中管理军务，只能按军队的规定行事，在这方面不能接受君王的命令。这就是通常说的‘将在外，君命有所不受’。要是没有军法，说了不算，还怎么指挥军队？”说完，喝令推出斩了。宫女们见孙武的命令极严，又不肯容情，都吓得不肯抬头。

孙武又在女队中挑了两名队长，继续进行操练。又让传谕官重新申明军令，让鼓吏击鼓。这时的队伍起立进退，左右旋转，出击防守，都很合乎要求了。

训练完毕，派执法官去报告吴王说：“兵已练好，请大王检阅。她们可以随时听候命令，即使让她们赴汤蹈火，她们也不会退避。”

阖闾这时一心想着他的两个爱妃。作为君王的他曾亲自求情，都没有求下来，爱妃竟被孙武斩了。因此，阖闾很不满意，有不愿意用孙武的意思。就说：“你去告诉孙武，他很辛苦，回去休息吧，我也不去检阅了。”

在一旁的伍子胥明白此意，连忙躬身说道：“臣曾听说过，军中最重要的是军律，军律不严明，兵法就无法执行。戏而起兵，没有不失败的。大王您打算征服楚国，称霸诸侯，想干一番惊天动地的大事业，没有孙武这样的大将是不行的。您疼爱自己的美妃，这也可以理解，但应当从大处着眼。要知道，美色易得，良将难求啊！要是因为两个妃子，却失掉一位贤能的大将，那不就像锄地，只留着莠草而锄掉了庄稼苗吗？希望大王马上前去检阅，成大事业的人不能偏执于儿女私情，请大王明察。”

阖闾听了伍子胥一番话后，顿然醒悟，于是率领臣属前去检阅。美女们娇艳的面庞，变得十分严肃，君王莅临，仍然目不斜视，全神贯注地听从孙武的号令，动作一致，丝毫不敢苟且，真的变成一群军纪严明、赴汤蹈火在所不辞的勇士了。

演练完毕后，阖闾带着孙武和伍子胥进到王宫，他连声称赞不已：“孙先生，今天看到您优异的表现，真是钦佩之至，不愧为难得的将才啊！”

孙武兴奋的脸色消失了，讷讷地说道：“大王，关于让我为将的事，还是恳求大王……”

阖闾懂得他的意思，拦住他的话说：“今天训练女兵，使你卓越的才华得以显露，我还牺牲了最宠爱的两名妃子，付出了这么大的代价，你如果还是拒绝我的延聘，难道不愿意效忠吴国，是吗？”

伍子胥在一旁也耐心劝慰。

孙武无法抗辩，低下头来，心中暗忖：看起来，我平静的田园生活结束了。

于是，阖闾封孙武为上将军，尊称军师，并让他计划伐楚的事。

五、伐楚告捷

孙武终于出仕于吴，竭尽忠诚地开始工作。

吴国和楚国，长期以来关系紧张，争战不休。但是，楚强吴弱、楚攻吴守的基本态势一直没有改变。孙武受命之后，为改变这种态势，决心实现大举伐楚的目的。为此，他进行了一系列的战争准备。

首先，励精图治，富国强兵。他和伍子胥协助吴王政治上“任贤使能，施恩行惠”；经济上奖励农桑，发展生产；军事上“立城郭设守备，实仓廪，治兵库”。几年之间，便使吴国一跃而为“禾稼登熟，兵革坚利”的南方强国。

其次，疲楚误楚，创造战机。孙武受命之初，吴王就想发兵攻楚。孙武准确地分析敌我情况，明确指出：“民劳，未可，待之。”即时机不成熟，条件不具备，不能轻举妄动。这时，伍子胥提出分全军为三支，采取轮番扰敌、疲敌、误敌的方针，以拖垮楚军。这一方针得到了孙武的全力支持，被吴王所采纳而付诸实施。前后经过六年的时间，吴军攻夷、袭潜、击六、围弦、大巢，时东时西，忽南忽北，终于使楚军疲惫沮丧，士气低落，丧失了战略主动权。

再次，审时度势，广施权变。公元前506年，吴王再度提出大举征伐楚国的问题。为此孙武与伍子胥采取了一系列伐谋、伐交的措施，为破楚创造有利条件。一是开展外交，联合唐、蔡，拆掉楚国屏障。二是派遣间谍，散布谣言，诱使楚王误用贪鄙无能的子常为帅。三是向南伐越，制造假象，诱使楚国放松对北方战场的注意。四是选择好同楚军决战的进军路线。

阖闾认为伐楚的时机业已成熟，召集群臣们商讨伐楚大计。伍子胥盼到父兄前几年在楚国被害的仇恨报的时候该到了，欣喜不已，盛赞吴王为精锐之师，士气如虹，定能扫荡荆蛮，称雄江南。群臣也都激愤不已，随声附和，认为定能大获全胜，一举成功。阖闾见孙武沉默不语，便征询他的意见。

孙武站起身来说：“伍卿和诸位所谈固然不错，吴国现在兵强马壮，斗志昂扬。但战争必须知己知彼，方有胜利的把握。依我看，楚诛杀了奸臣费无极，深得民心，愤怒之情已渐消失，附庸之国尚未与它离心离德，国势也未衰微到一定程度。再说……”他看了一眼伍子胥和最近由楚逃到吴国的伯嚭，顿了一下，接着说道：“伍卿和伯嚭皆为楚之亡命客，吴楚两国难免有人认为这是出自两卿报宿怨之心，这样楚人因仇恨而益斗志，吴兵也未必肯于卖命，也就是说我们也有一些劣势。兵乃凶事，不能妄动干戈。我认为，必须在交战前就有胜利的把握，绝不能靠打仗取胜。”孙武条分缕析，侃侃而谈，对敌我双方实事求是的分析，使阖闾和群臣无不信服。最后他说：“目前我们应该做的，一是加强我国的国势，训练好士卒；二是离间楚国与附庸国之关系，使其归附于我，为我所用；三是想办法使楚国上层发生内乱，特别对骄横的令尹囊瓦，应尽力纵其气焰，令其内乱。”想了想他转向阖闾和伍子胥说：“当然，为了显示我们的国威，以使周围小国有所忌惮，不妨先打点小仗，例如，可以发兵到吴楚的边境舒地，叛吴的掩余、烛庸二人亡命在此，既可以夺取舒地，又可以诛杀此二人。”

阖闾大喜，命孙武带兵夺取舒地。

孙武出发前，即已拟定了一个策略。防守舒城的不仅有楚兵，还有为数不少由掩余、烛庸带去的吴兵。掩余、烛庸是吴王僚的儿子，吴王僚被阖闾用计杀死后，他们投奔楚国，被楚王派到舒地为官。孙武传令军官和士兵：“驻守在舒城的吴兵均是不得已，处境也相当可怜，只要这些人不肯出城，我就饶恕他们，送他们返回乡梓，如果能带楚兵首级或在吴军破城时立功者，我一定要重赏。”这些话很快就被传到舒城去了。

孙武行军的速度并不快，到达舒城后也不急于攻城，而是大军云集驻守待命。两天后，城里果然发生了激烈的残杀，处于极度的混乱之中，逃出的吴兵不计其数。此其时，孙武率军杀奔舒城，城里吴兵开门迎接，孙武不伤一兵一卒即取得舒城。进城后，发现不少楚兵尸体，连掩余、烛庸两位公子亦未能幸免，在乱军中身亡。

其后，吴国收复了蔡国和唐国。蔡、唐原来都是楚之属国，楚国令尹囊瓦要蔡侯和唐侯名马、名佩被拘禁达几年之久，他们气愤难平，誓与楚国为敌，恨不得把囊瓦生吞活剥。

几年后，孙武为吴国拟订了一套伐楚的计划。这年冬季，吴国出兵三万并联合蔡、唐两国兵力，屯兵于汉水北岸。阖闾、孙武、伍子胥、伯嚭也都出阵，阖闾的弟弟夫概率领五千精兵也参加了征讨大军。吴军可以说是倾巢出动。

楚国方面派令尹囊瓦为将，沈尹戍为副，船只、粮草充足，数万人马屯于汉江南岸，布成阵势，准备交锋。

双方都在等待时机。

沈尹戍是楚国的名将，向以智勇双全而著称。他分析了吴、楚双方的地势，然后设谋于囊瓦："将军列营汉水之南，将船只尽拘于南岸，再派出几只轻舟往来于江上，防备吴兵掠舟渡江。我率一部分人马绕道淮汭，尽楚攻吴军舟楫，并以背后袭击，将军再从正面引兵渡汉江，使其腹背受敌，水陆路绝，吴兵可破矣。"应该说，这不失为一个切实可行的战术，真的实行起来，孙武就不好办了。但是，沈尹戍离营后，主将囊瓦却担心沈尹戍独得败吴头功，心中十分嫉恨，就在史皇等部将的蛊惑下，贸然渡过汉江，在小别山列成阵势，仓促与吴军交战。

孙武派先锋夫概迎战。夫概率奇兵数百人，俱持大棒，一遇见楚兵便没头没脑地打去。楚兵未见此种军形，措手不及，大败而回。史皇回到大营后，就对囊瓦说："战不斩将，攻不擒王，非兵家大胜大勇。我已探听清楚，吴王大营就在大别山下，不如今夜乘其不备，纵奇兵，以建大功。"囊瓦大喜，挑选精兵万人，披挂整齐，从便道，浩浩荡荡杀向大别山下。

夫概出兵告捷，吴军一片欢腾。孙武却十分冷静，他说："囊瓦是个贪功近利的小人，史皇虽有小挫，未伤楚军根本。今夜一定来袭我军大营，不可不加以防备。"阖闾同意。于是派夫概、专毅率兵埋伏在大别山下，要求听到号角之声，才能杀出。派唐、蔡二侯分二路接应助战。又令伍子胥引兵抄出小别山，反劫囊瓦楚军大寨。孙武又令公子山保护阖闾即刻转移到汉阴山，以确保安全。吴军大寨虚设旌旗，灯火通明，只留老弱数百人看守。

当晚三更时，囊瓦果引精兵从大别山山后抄出，见吴军大寨寂然无声，似乎毫无准备，不觉喜从中来，发声喊，大军杀将进去。然而没有遇到什么像样的抵抗，也不见吴王，于是大惊失色，疑有埋伏，慌忙下令杀出。

这时，只听号角齐鸣，夫概、专毅从左右两个方向杀出，夹击楚兵，呐喊声似海涛，惊天动地。囊瓦率部且战且退，兵士自相践踏，死伤无数。刚刚退出一段，又听一阵呐喊声和锣鼓声，声震夜空，左有唐侯，右有蔡侯，两国将士将楚兵团团围住。囊瓦又气又恼，又慌又怕。正在危急关头，楚将武城黑率兵大杀一阵，救出囊瓦,向楚军大寨亡命而逃,楚兵已折大半。约行数里,囊瓦遇到一起把守大寨的楚兵。他们报告说:“楚军大寨已被吴将伍子胥偷袭。”囊瓦心胆俱裂,引着败兵,连夜奔驰,后遇史皇引残兵来到,余兵渐集,又立军寨。

囊瓦说:“孙武用兵,果然神机妙算,务要谨慎从事。”

在孙武的指挥下,吴军节节胜利,愈战愈勇,挥师直奔楚国郢都。

楚国郢都左右各有一座属城,即麦城和纪南城。三城互为联络,成掎角之势。孙武率兵攻打纪南城。

吴军过了虎牙山,转入当阳阪。这时孙武望见漳江之水滔滔而过,水势浩大。纪南城地势低下,距离纪南城不远的郢(yǐng)都地势也较为低下。孙武看在眼里,心生一计,命令吴兵在高处驻扎,然后准备挖掘工具,限一夜之间,掘开深壕一道,直逼纪南城。天明时深壕已经掘好,孙武下令凿开漳江江堤,江水尽入深壕,浩浩荡荡,泻下纪南城。转眼工夫,纪南城灌进江水,平地高起两三丈,又遇冬月,北风大作,煞是骇人。纪南城军民惊慌失措,纷纷逃命。漳江之水取之不尽,用之不竭,越过纪南城,直逼郢都。

孙武命人在山上砍竹造筏,吴军乘筏,声势浩大地杀到郢都城下。

郢都人心惶惶,十分恐惧,各自逃生。年轻的楚昭王知郢都难守,只带爱妹乘舟从西门逃走,向西仓皇奔去。

孙武派人堵住漳江决口,又使人凿掘河道,引水入赤湖,重兵把守郢都四郊。伍子胥这时已经攻下麦城前来报捷。吴军簇拥着阖闾进入郢都。

六、急流勇退

这时,回到故国的伍子胥异常兴奋。他劝吴王拆除楚国的宗庙,孙武闻讯,极不赞成这种做法。伍子胥一心要报杀父之仇,阖闾又贪图楚国这块地盘,就拆毁了楚国的宗庙。伍子胥曾发誓要亲手杀死害他父亲的楚平王,可此时楚平王早已死了。他为解心头之恨,找到楚平王的坟墓,掘开,见楚平王的尸体是用水银泡制过的,并未腐烂。他就拿起钢鞭,一气抽打了三百鞭,又将钢鞭插入楚平王尸体的眼眶中,骂道:“你生前有眼无珠,不识好歹,不辨忠奸,听信小人的谗言，杀害忠臣良将，我不亲手杀你，难以解我心头之恨……”骂着骂着，抄起大刀，把僵尸的头砍掉了。

伍子胥鞭了楚平王的尸体还不解恨，说必须杀掉楚昭王，才算灭了楚国。他扔掉死尸，又去寻找楚昭王。

伍子胥决心要杀死楚昭王，可是打听不到楚昭王的下落。听说楚国的囊瓦跑到郑国，以为楚昭王也可能躲藏在郑国，就去攻打郑国。囊瓦被逼得自杀了，伍子胥仍然没有找到楚昭王，便又带领吴军回到楚国。

一天，伍子胥接到他的老朋友申包胥的一封信，意思是说：“你是楚国人，为了报仇，打败了楚国，鞭打了楚王之尸，气也出了，你也该带领吴国的兵回去了。你还记得我和你说过的话吧——你如灭了楚国，我一定要恢复楚国。”伍子胥对送信人说：“请你带个口信给申大夫，就说我伍子胥的仇恨太深，做得是有些不近人情，但这是那昏君逼的，不得不如此。”

申包胥见吴兵仍驻在楚国不走，就跑到秦国哭着请秦王发兵救楚。他在秦廷上一连哭了七天七夜，感动了秦王，答应发兵。

这时，孙武向吴王建议适时罢兵，发出了一番高论：兵，乃凶器，可暂用而不可久用。况且楚国土地尚广，人心未肯服吴。为今之计，不如遣使与秦通好，允许楚君复归，我们割占楚国的西鄙一带，以扩疆土。如果贪恋楚宫，两下相峙，楚人必然愤恨我们而进行抵抗，而我们的部队因为是胜利者则容易产生骄傲情绪和惰性，再加上虎狼般的秦国助楚，长期相峙对我们不利。孙武的意见有理有据，但未被吴王完全采纳。他留孙武、伍子胥镇守郢都，自己率兵回国镇压了夫概的叛乱。后来，他为拒越国之计才命孙武班师。

这时，孙武、伍子胥顺水推舟，卖个人情，与申包胥进行谈判。申包胥答应迎接公子胜回楚国，给封地，两下里罢兵。吴兵和秦兵各自退回本国。

吴王阖闾这时论功行赏。因为破楚之功，首推孙武，就给孙武记了第一大功，封他为相国。

孙武却坚辞不就，并且提出了辞呈，说：“臣本一介平庸之士，大王不弃，一定要臣出仕，在无法推辞的情况下，只好勉强从命。十几年来，臣竭尽绵薄为大王效力。如今大王的霸业已成，称雄于世。各国诸侯，无不慑服，这都是大王无与伦比的威德所致，臣也与有荣焉。无奈臣体弱多病，年事已高，处理政务，每有心劳日拙之感，为此日夜惶恐，惴惴不安，恳求大王准臣辞官还乡，以终老天年。”

阖闾非常惊讶，马上派伍子胥亲往孙府，劝他打消辞意。孙武不改初衷，说：“你知道，当初出仕并非我之本意，完全是大王恩宠和你的友情所致。不知不觉已经做了十多年官，有这么长时间让我有研究、实习兵法的机会，我已经很满足了。这是我的兴趣所在，不能算作什么功劳。如今，我的健康和能力已经一天不如一天，我恳求你，替我在大王面前说明原委，成全我的夙愿，我将感激不尽。”

孙武意志坚决，已经没有回旋调和的余地。伍子胥无奈，只得如实向阖闾汇报。阖闾也不好再勉强，同意了孙武的请求。但为了酬答他在奠定吴国基础和伐楚争霸大业中所建立的殊勋，把临近越国的一个叫作富春的地方赠送给他，作为他世居的领地。

孙武终于夙愿得偿，归隐田园。对于兵法的研究渐渐地淡下来了，大部分时间用来务农和处理家务。当年出仕的时候，他只有几根白发，为官十几年，虽然只有五十多岁，却已满头银丝了。他对世俗的功名利禄之所以如此冷淡，是因为他对官场生涯有着清醒而深刻的认识。尔虞我诈、阿谀奉迎、嫉妒和憎恨、阴谋与权变，如履薄冰，战战兢兢，稍有不慎就可能家破人亡，太无聊也太险恶了。特别是阖闾登基为王和伐楚胜利后那种残酷、骄纵、淫奢的做法，使他不寒而栗。急流勇退是唯一的出路，否则前景不可逆料。

不久，孙武的妻子死后，他更淡然过日子了。

后来，孙武听说越王允常去世，他儿子勾践即王位，阖闾趁越国丧的机会，准备发兵伐越。孙武皱起了眉头，喃喃地自言自语：“乘人之危乃不仁之至，上天绝不会助佑的，子胥为什么不谏诤呢？”他真想去找伍子胥，让伍子胥说服阖闾息兵，让老百姓休养生息。然而转念一想，自己已经退出政界，还是不要再去参与了。

吴国终于召集了数万大军，向南开拔。勾践带兵迎敌，在醉李双方交锋，展开了一场大战。阖闾被越国大将灵姑浮砍断脚趾，不久气绝身亡。因太子波已死，阖闾死前把王位传给了夫差。夫差是个轻浮、傲慢而薄情的人。孙武不禁为伍子胥的命运担心忧虑起来。

三年后，伍子胥郑重地专程到富春来拜会孙武。寒暄之后，伍子胥说出了来意。原来夫差俟大孝三年期满，准备大举伐越，以报醉李之仇。夫差和伍子胥等人考虑再三，拟请孙武再次出山，借他的智力和才华击败越国。“孙先生，”子胥真诚地说，“遥想当年，我们一同辅弼前王，把吴国建设到了今天这样的成就。如果毁于一旦，势必百姓涂炭，您就忍心吗？大王夫差及其宠任大臣一心急于报仇雪恨，可又没有一个切实可行的作战计划，一旦失利，后果不堪设想啊！”

孙武感叹于伍子胥这样一个聪明人，却又终日斤斤计较名利权势之争，反而把人生最重要的事情搁在一旁，于是委婉地说：“我是个过时的人物了，好比四季所穿的衣服，春有春装，夏有夏装，如果夏天却穿皮裘，不是太可笑了吗？我只是希望把世事忘得一干二净，也希望世人把我忘得一干二净。聪明的人应该不但合乎时宜，还要尽量把个人与世间接触的范围缩小。”孙武所说的是真心话，同时也在暗示伍子胥，要他隐退林泉，颐养天年。然而伍子胥一门心思要动员孙武出山，并不理会他的这些话，只是一个劲地劝说他为国效力。

孙武已经看出伍子胥态度的坚决了，硬顶着似乎于公于私都不太好，于是建议说：“再度出仕是绝不可能的了。不过既然您专程来到富春，我就贡献一点伐越的战策吧，好吗？”

伍子胥无奈，只好同意。

孙武想了想，慢慢地说：“夫差为了伐越而锐意练兵，越王勾践肯定会知道的。勾践年少气盛，又在三年前击败了吴军，一定心骄气傲，不以为意，不过越国的大夫文种、将军范蠡却都是智慧超群的人物，他们一定会阻止勾践轻举妄动而以固守为其策略。问题的要害是要千方百计地激怒勾践，使文种、范蠡的约束失败。我有一个办法可以达到这一目的。”他停顿了一下，然后继续说，“我们可以派出一支轻骑兵，人数不要很多，五六千名即可，先从太湖渡船南下，在越的西北方登岸，不断地向越军挑衅，打打走走，灵活机动，意在惹恼勾践，即使文种、范蠡谏止，他也会出击的。只要勾践离开越都会稽，我军主力则由东直驱南面，径取会稽。不管勾践是否回师往救越都，我军那支轻骑队伍都要不断地扰乱他们。当双方主力接触的时候，我军那支轻骑队伍可在敌人后方鼓噪呐喊，使他们心惊胆战，并不断地袭击敌人。这样，越军首尾受敌，加上吴军本来就比较强大，胜利是有把握的。不过注意不要堵住越军的退路，不要逼他们孤注一掷，做困兽之斗，而是让他大败而逃，然后穷追不舍，务必全歼敌军，以绝后患。”伍子胥边听边点头称是。孙武喝了一口茶，最后强调说：“这次战役有三个要点，其一为首先以轻骑队为诱饵，其二为不堵塞住敌军退路，其三为穷追不舍。我的这些意见，只是纸上谈兵，仅供吴王和您参考吧。”

后来的战争进程，果然如孙武所料，吴军取得了大胜，越王勾践夫妇被作为人质带到吴国为奴。只是由于伯嚭受越人贿赂，没有对越军“穷追不舍”，并说服夫差保留越国，以致十年后越又灭吴并称霸于世，发生了翻天覆地的巨大变化。

这时夫差获得大胜，凯旋回国后，派伍子胥前往富春酬谢孙武。不料孙武已不知去向，空留一座缥缈的山庄，默默无言地矗立在青山绿水之间。

七、不朽的《孙子兵法》

孙武有兵书传世，后人称作《孙子兵法》。这部书深刻地总结了春秋时期各国交战的丰富经验，相当系统地表达了孙武的军事思想，是我国现存最古的兵书，在古代战争史上写下了不凡的一页。

孙武是一个为吴王服务的职业军事家。他重视战争对社会的影响，重视战争给民众带来的危害，身体力行，以其卓越的才智、深刻的洞察力，十分重视战争规律的研究。他说：“兵者，国之大事，死生之地，存亡之道，不可不察也。”又说：“凡兴师十万，出征千里，百姓之费，公家之奉，日费千金。内外骚动，怠于道路，不得操事者，几十万家。”他认为，解决敌对势力之间的矛盾，战争并不是最好的办法，“不战而屈人之兵”才是最好的办法。他反对凭着主观意图而轻于用兵。他说：“非利不动，非得不用，非危不战。主不可怒而兴师，将不可以愠而攻战。合于利而动，不合于利而止。怒可以复喜，愠可以复悦。亡国不可以复存，死者不可以复生。故明君慎之，良将敬之，此安国全军之道也。”

孙武的战略思想，相当丰富。其主要内容包括四点：其一，战争的政治环境；其二，战争与将帅的素质；其三，敌我军情的掌握；其四，因粮于敌和因敌致胜。这些要点相互依存，相得益彰，完整而统一。

战争的良好政治环境，孙武称之为“道”。道的作用，是“令民与上同意也，故可以与之死，可以与之生，而不畏危”。“令民与上同意”，就是要得到民众的拥护，这就是要有可以得到民众拥护的政治环境。得到民众拥护而达到“可以与之死，可以与之生，而不畏危”，这就是上下一心，形成了坚强的战斗意志，为制敌取胜获得了重大的精神力量。《谋攻篇》把这说成为“上下同欲者胜”。

《谋攻篇》说，战争胜负的条件是：“主孰有道，将孰有能，天地孰得，法令孰行，民众孰得，士卒孰练，赏罚孰明。”这几条被称为战争“七计”，而“主孰有道”放在首位，“道”又为“主”所有。

《史记·伍子胥列传》载，吴王阖闾第一次伐楚，欲攻楚都郢。孙武对他说：“民劳，未可，且待之。”后来吴王又欲伐楚，征询伍子胥和孙武的意见。两人都回答说：“楚将囊瓦贪，而唐、蔡皆怨之。”吴王听了二人的意见，联合唐、蔡，大举伐楚，无战而进入郢都。在吴王第一次伐楚时，孙武的话是说，当时还没有良好的政治环境。第二次伐楚时，孙武和伍子胥的话是说，楚国政治上的不良现象有利于吴国对它的征伐。这两个事例，从不同方面说明政治环境对战争的胜负有着极大的作用。

战争的胜负，又跟将帅指挥的得失有密切的关系。孙武十分强调将帅在战争中的作用，他说：“知兵之将，生民之司命，国家安危之主也。”对于将帅的素质，孙武在《计篇》中提出“智、信、仁、勇、严”五个字的要求。

智是智力的运用。在备战及战争进行中，可以遇到各种复杂情况和各种临时的变化，将帅须有事前的周密考虑，也须有应变的决断，这都需要将帅的智力起作用。孙武说：“是故智者之虑，必杂于利害。杂于利，而务可信也；杂于害，而患可解也。”杂于利害，即须顾到利和害。在有利条件下考虑到不利因素，则任务可以完成；在不利条件下考虑到有利因素，则祸患可以解除。这都须依靠智力发挥作用，做出抉择。

信和勇，孙武没有较多的表述，但其重要性是不言而喻的。仁和严，孙武是看作治军必要的相互配合的两个方面。《地形篇》中写道：“视卒如婴儿，故可与之赴深溪；视卒如爱子，故可与之俱死。厚而不能使，爱而不能治，譬若骄子，不可用也。”《行军篇》中说：“卒已亲附而罚不行，则不可用也。故令之以文，齐之以武，是谓必取。”对士卒的体恤和纪律要求的严格，在良将身上是结合在一起的。

孙武非常强调对敌我军情的掌握，留下了“知彼知己”的名言。他说：“知吾卒之可以击，而不知敌之不可击，胜之半也。知敌之可击，而不知吾卒之可以击，而不知地形之不可以战，胜之半也。故知兵者，动而不迷，举而不穷。故曰：知彼知己，胜乃不殆；知天知地，胜乃不穷。”又说：“知彼知己者，百战不殆；不知彼而知己，一胜一负；不知彼，不知己，每战必殆。”孙武所谓“知彼”、“知己”，都不是简单地专指敌方或我方说的，而是把敌方和我方联系起来说的。而且，知彼知己还联系到战区的地形和作战时要遇到的气候，知之必知天，在军情的掌握上，孙武也是看得很重要的。毛泽东就非常赞赏孙武“知彼”、“知己”的论点。他说：“有一种人，明于知己，暗于知彼，又有一种人，明于知彼，暗于知己。他们都是不能解决战争规律的学习和使用的问题的。中国古代大军事家孙武子‘知彼知己，百战不殆’这句话，是包括学习和使用两个阶段而说的，包括从认识客观实际中的发展规律，并按照这些规律去决定自己的行动克服当前敌人而说的，我们不要看轻这句话。”

孙武的战略思想，具有辩证法的特点。这在他表达“因粮于敌”和“因敌制胜”的时候更为明显。

古代用兵，因交通不便，往往困于军粮的运输。孙武提出因粮于敌的办法，使敌军之粮为我所用，因而削弱了敌人，充实了自己，且减省了由于运输而消耗的人力和物力。军粮之外，对于其他军事物资当然也可以对待。《作战篇》中说：“善用兵者，役不再籍，粮不三载；取用于国，因粮于敌，故军食可足也。”又说：“国之贫于师者远输，远输则百姓贫……故智将务食于敌，食敌一钟，当吾二十钟；萁秆一石，当吾二十石。故杀敌者，怒也；取敌之利者，货也。故车战，得车十乘已上，赏其先得者，而更其旌旗，车杂而乘之，卒善而养之，是谓胜敌而益强。”

“因敌制胜”，是针对敌方的具体情况，创造出相应的条件，夺取战争中的主动地位，迫使敌人向对立方面转化，从而取得胜利。他在《虚实篇》中写道：“凡先处战地而待敌者佚，后处战地而趋战者劳。故善战者，致人而不致于人……能使敌人自至者，利之也；能使敌人不得至者，害之也。故敌佚能劳之，饱能饥之，安能动之……出其所不趋，趋其所不意。行千里而不劳者，行于无人之地也。攻而必取者，攻其所不守也；守而必攻者，守其所不攻也。故善攻者，敌不知其所守；善守者，敌不知其所攻。”

孙武认为，战争跟其他事物一样，无时不在推移变化之中。《虚实篇》中说：

"五行无常胜，四时无常位"，"兵无常势，水无常形，能因敌变化而取胜者，谓之神"。就是说，能根据情况的变化，掌握战机而取得胜利，就是用兵如神的表现。

孙武强调主观能动作用，进一步对矛盾做出分析，根据敌人的特点，甚至利用敌人的优点造成它的缺点。如《九变篇》指出："必死，可杀也；必生，可虏也；忿速，可侮也。"这是利用敌人弱点可以取得胜利。"廉洁，可辱也；爱民，可烦也。"这是从敌人的优点中看出缺点，因而加以利用，取得胜利。廉洁本是将帅应具的品质，但廉洁者往往不适当地清高，因而禁不住侮辱。爱民本是制胜的条件，但爱民者往往会因民众眼前局部利益而忽略了全局的战略利益。

孙武提出，在一定地理条件下，运用多和少的辩证关系，可以改变敌人在数字上的优势，达到因敌制胜的要求。《虚实篇》中说："故形人而我无形，则我专用敌分。我专为一，敌分为十，是以十攻其一也，则我众而敌寡。能以众击寡者，则吾之所以战者，约矣。"意思是说，敌人暴露而我隐蔽，我集中为一而敌分散为十。我以集中之一，进攻敌分散之一，等于以十攻一。这样一来，我方的人就多了，敌人就相应地少了。我所与交战的对手也就削弱了。

在战术上，孙武分别有详细的论述。诸如火攻、用间，特别是对于地理条件的分析及对于不同地理条件的运用，论述尤为具体。兵法中对于治军、带兵、用兵的经验，对于有关行军的自然现象，也有不少记载，为后来的军事家所称赞。

总起来说，《孙子兵法》写于春秋晚年，这是一个强凌弱、大并小的时期。但是，他在书中考虑到战争给民众带来的危害，是有一定进步性的。他在书中的表达，具有朴素的唯物主义因素和原始的辩证法因素，这也是应该肯定的。当然，这都以军事学的范围为限。

《孙子兵法》共十三篇，久经流传。《史记·孙子吴起列传》记载阖闾初见孙武时说："子十三篇，吾尽观至矣。"又记"太史公曰：世俗所称师旅，皆称孙子十三篇"。"十三篇"两次提到。《汉书·艺文志》兵书兵权谋十六家中，有"吴孙子兵法八十二篇，图九卷，齐孙子八十九篇，图四卷"。吴孙子即孙武，虽然八十二篇未必可靠，但首次使用了《孙子兵法》的名称。"齐孙子"是孙膑，他是孙武的后代子孙，也是军事家，著有《孙膑兵法》。

《孙子兵法》对后代影响深远。《汉书·刑法志》中说，春秋战国时期"驰说者以孙（武）吴（起）为宗"。三国时期，曹操在《孙子序》中说："吾观兵书战策多矣，孙武所著深矣。”宋代列《孙子兵法》于《武经七书》之首，号称“兵经”。《孙子》继曹操注释之后，迄于唐宋，孟氏、李筌、杜佑、杜牧、陈皞、梅圣俞、王哲、何延锡、张预等各家注释，可谓注家蜂起。但《孙子兵法》中的基本论断，为历来作家及兵家所引用，不胜枚举。

约在公元7世纪，《孙子兵法》传入日本。18世纪以后，陆续有了法、英、德、俄等外文译本，受到国外军事界的重视。

英国军事作家和历史学家利德尔·哈特在为格里菲斯1963年出版的《孙子》英译本所写的前言中指出：孙子的著作“在其内容的广度方面和认识的深度方面，从未有人超过”，“它是所有智慧的结晶”，“只有克劳塞维茨可以与他相媲美，而且孙子所处的时代更早，他却具有更为透彻的眼光、更深刻的洞察力，其著作经久不衰”。

利德尔·哈特批评国家军事领导者们没有从阅读孙子的著作中有所收益，至少没能运用他的方法。这种情况可能会有所改变，未来的军事领导人和企业家一定会去阅读孙子的著作并从中受益。这将取决于西方人将其观念适应东方表达方式的能力和利用参谋人员与部队使用的军语将从中得出的结论表达出来的能力。此外，更多的职业军人和企业经理们阅读与孙子有关的、相联系的著作，如东方的宫本武藏和西方的富勒的著作，也会扩大孙子的影响力。

据说，由温·克拉韦尔分别于1988年和1983年出版的《孙子兵法》的西文译本的销售量，可以与日本战略家宫本武藏所著《五轮书》相比。

另据美国作家马歇尔估计，由于温·克拉韦尔等人采用更加简明的语言介绍《孙子兵法》，孙子的影响可能会与日俱增，也许要比克劳塞维茨的影响更大。

近些年，中国举办的《孙子兵法》国际研讨会已经数次召开，新论迭出，表明各国对孙子战略哲学的研究一步步深入。也有专家指出，《孙子》的本质是兵法，是敌我两军生死斗争的军事艺术，兵法中许多“兵者诡道”的军事原则是不能随意移用于企业经营或体育竞赛等其他领域的。笔者也认为，兵法毕竟是兵法，自有其适用的范围，经商中有人制假售假、买空卖空、坑蒙拐骗之类，是失德违法的，即使打上“兵法”的旗号，也算不到孙子的头上。而今需要的是正本清源、拨乱反正、扶正祛邪，呼唤诚信，构建和谐社会。

战神韩信

韩信（？～前196），汉初军事家。淮阴（属今江苏）人。初属项羽不被重用，遂归刘邦，经萧何力荐任大将。刘邦纳其策，攻占关中，击魏破赵，取齐下燕，后被刘邦封为齐王，率军灭项羽于垓下。汉立，改封楚王。随以谋叛罪，降为淮阴侯。后又被告在长安谋反，为吕后所杀。善于将兵，著有兵法《韩信》三篇，今佚。

韩信（？～前196），淮阴（今江苏清江西南）人氏。初属项羽，继归刘邦，被拜为大将。在楚汉战争中，身经百战，斩关夺隘，为西汉的开国功臣，与张良、萧何并称为“汉初三杰”。他是一位“战必胜、攻必取”的天才军事家，被后人奉为“兵仙”、“战神”，评价极高。

一、年少时的贫困生活

韩信生于平民，家境贫寒，少年丧父。酷爱读书，尤喜兵法，虽有满腹韬略，但求充小吏，也被拒绝，因此万分拮据，常常依靠别人糊口度日。家中一位老母，愁病缠绵，不久去世。

那时的人很迷信，认为坟地选得好，后世便会发迹。韩信人穷志大，便选择了一块宽敞的高地，将母亲安葬。指望母亲的坟旁有可以安置上万家的地面，韩家说不定会发达起来。

母亲死后，韩信无依无靠，生活更无着落。附近乡下南昌一位亭长，平时看得起韩信，对他比较照顾，于是韩信便在亭长家里吃闲饭。时间长了，亭长的妻子便不耐烦起来，蓄意设法将他赶出去。这一天，亭长的妻子早早起来烧火做饭，吃饭时也不向韩信打招呼。待韩信像往常一样来吃早饭时，见盆光锅光，什么吃的也没有，便明白了主人的心思，却也无可奈何，只好另谋生路。

背井离乡，韩信流浪到淮阴城下，临水钓鱼。钓着鱼，就大吃一顿；钓不着鱼，就只好挨饿。没有多久，便形容憔悴。有一天，见一位老妪在濑水漂洗棉絮，便上前问道："老妈妈，你漂洗一天，能得多少工钱？"

"不过三五十钱。"老妪回答。

"您老人家赚钱虽少，毕竟还能吃饱。可我年纪轻轻，却没有活干，虽然持竿钓鱼，还难得一饱，实在可怜！唉！"说完，韩信一阵心酸。

那位老妪见韩信少年落魄，很可怜他，便把自己带来的食物分给他吃。一连数日，天天如此，韩信大为感动。他对老妪拜谢道："多承老妈妈如此厚待，将来我如有出头之日，必重报您的恩情。"

老妪听了，十分生气，很不高兴地说："男子汉大丈夫不能自谋生计，天天靠别人施舍过日子，能有什么出息。我是看你可怜，才给你饭吃，何尝希望得到你的报答。你既然这样说，今后就拉倒吧！"说完，提起棉絮就走了。

韩信好意却碰了一鼻子灰，站在那里呆呆地望着，既感激又惭愧。暗下决心，一定要发奋进取，绝不可辜负这位老妈妈的一番苦心。

韩信虽然衣食无着，却时刻也没有停止习练武艺。他家无长物，却有一柄随身宝剑，因是祖传，他天天挂在腰间。一日无事，踟蹰街头。一个无赖少年见韩信带剑走来，便想拿韩信开心。他故意侮辱说："韩信，你这个穷小子，平日里腰挂宝剑，能干什么？别看你高高的个头，又喜欢挎刀挂剑，我看你不过是个胆小鬼。"围观的人都哈哈大笑，而韩信却不理不睬，仍向前走。那个无赖少年更加得意，当众拦住韩信说："你如果是条汉子，不怕死，就拿剑来刺我。如果你没有这点勇气，贪生怕死，就从我裤裆下钻过去。"说着，边叉开两腿，做骑马式，立在街当中。

韩信很难堪，红了面皮。但他急于脱身，心里琢磨，这个无赖虽然不怀好意，但跟他计较有什么意思。于是，就趴在地上，从那无赖的胯下钻了过去。在场的人哄然大笑。但韩信却不以为辱，一言不语，起身而去。

后人都认为这件事表明韩信大智若愚，气量非凡。

二、从小军吏到登台拜将

秦朝末年，陈胜、吴广在大泽乡起义之后，在吴中（今江苏省苏州市）的项梁和项羽叔侄起而响应，杀掉了会稽郡的朝廷命官，举兵反秦。这时韩信已长大成人，便带着宝剑投奔了项梁，留在部队，做了一名无名小卒，默默无闻。项梁阵亡后，韩信归到项羽的部下，做了项羽的侍卫。韩信多次给项羽献计进策，项羽都不予采纳，使他郁郁而不得志。“此处不留爷，自有留爷处。”韩信心中这样想。就在项羽从咸阳返回彭城建都时，韩信悄悄地弃楚归汉。

韩信带着宝剑和干粮，拣一小道一直往西走去。头两天，白天躲着，晚上赶路。他知道栈道已经在战争中烧毁了，别的道他又不知道。走吧，反正方向不错，爬山越岭也行。韩信在树林子里请教一位砍柴的老大爷，问他往南郑去的路。那老大爷挠着头皮说：“以前有一条是走陈仓（在陕西省宝鸡市东门）的，那可不是路，不好走，还有大虫，已经多年没有人走了。”韩信请他详细说一说，他就说了一大串。韩信一一记住，拜谢了老大爷，往陈仓那面走去。

“天下无难事，只怕有心人。”韩信终于从陈仓找到了南郑，进了汉营。可是他再也想不到，天大的希望竟然只捞到了一个芝麻绿豆的小官。

开始，汉王刘邦让韩信当了一个称为连敖（管理粮草）的小官，依然不被人所知。可是几个月过去，刘邦仍未重用韩信，韩信责怪刘邦不识才，心情十分苦闷。

也许韩信失职渎职吧，后来竟然坐法当斩。同案的 13 人都已处斩，就要轮到韩信了。韩信举目仰视，看到了监斩官夏侯婴，就长叹说道：“汉王不是要打天下吗？为何要杀壮士？”夏侯婴闻言大惊，知道韩信不凡，立即停斩报告汉王。刘邦虽免了韩信的死罪，却仍不重用他。

后来韩信见了丞相萧何，跟他谈了谈。萧何认为韩信的能耐可不小，专门跟韩信谈了几次。韩信从天下局势谈到刘、项两家将来的胜败，谈到怎么样打到山东（古时候崤山函谷关以东叫山东，不是现在的山东省），等等。萧何这才知道韩信是数一数二的人才，就在汉王跟前尽力推荐他，还把他的出身说了一遍。

汉王听了可不觉得怎么样。他把话岔开，说：“难道咱们一辈子待在这儿吗？什么时候才能打回去哪？”

萧何说：“只要有了大将训练兵马，率领大军，就能够打回去。”

汉王说：“哪来这样的大将？”

萧何说：“只要大王肯重用，大将已经找到了。”

汉王急切地说:“谁呀?在哪儿?”

萧何说:“淮阴人韩信,就在这儿,可以拜为大将。”

汉王皱着眉头,说:“哎,钻裤裆的人还能做将军吗?”

萧何又说了一大套话,汉王只是摇头。

第二天,萧何又去见汉王,对他说:“大将有了,请大王决定吧。”

汉王眉开眼笑地说:“那太好了。谁呀?”

萧何坚决地说:“淮阴人韩信!”

汉王马上收了笑容,说:“要是他为大将,不但三军不服,诸侯取笑,就是项羽听了,也准会小看我们。请丞相别再提他了。”

萧何一连几天碰了钉子,只好不去说了。可是萧何不去,汉王又去找他,对他说:“咱们的家小都在山东,士兵们很不安心,天天有人逃走,怎么办呢?”萧何说:“总得先拜大将啊。”

汉王说:“又是韩信,是不是?老实对你说,不行!你想想,从沛、丰跟着我出来的将士们立了多大功,他们能服气吗?周勃、灌婴、樊哙他们能不说我赏罚不明吗?”

萧何说:“自古以来英明的君主选拔人才,主要是看他的才能,不计较他的出身。我知道韩信的才能,可以拜为大将,我才三番五次地劝大王重用他。沛、丰来的将士都有大功,可是他们不能跟韩信的才能比。”

汉王说:“叫韩信安心点,有机会我一定提拔他。”

萧何只好出来,把汉王将来一定重用的话告诉了韩信。

韩信左思右想,越来越不是滋味,越想越苦闷。他准备了些干粮,第二天天一亮,带着宝剑,骑上一匹马出东门走了。

手下的人见状,慌忙跑到丞相府,报告说:“韩信出了东门,不知道去哪儿了。”

萧何跺着脚,说:“哎呀,真给他走了!那还了得?”他立刻骑上快马,带了几个从人,赶到东门,问了问,马上加鞭,急急地又追上去。到了中午,跑过一个村子,打听下来,才知道韩信已经过去了。

萧何一路问,一路追,直到天黑了,还没有追着韩信。人也累了,马也乏了,明天再追吧。可是到了明天,不是更追不上了吗?他一瞧,月儿这么明,道上好像洒满了水银似的。凉风吹着,汗也收了,他就在月亮底下又赶了一阵。转过山腰，下了坡，前面是一条雪亮的河。远远望见有个人牵着马在河边上来回溜达。那不是韩信是谁呀？萧何使劲地加上两鞭，大声嚷着：“韩将军！韩将军！”他跑到河边，下了马，气呼呼地说：“韩将军，咱们总算一见如故，够得上朋友吧！你怎么不说一声，就这么走了？”

韩信下马，向他行个礼，掉下了眼泪，可不说话。萧何又说了一大篇劝韩信回去的话。韩信说：“我这一辈子忘不了丞相的情义，可是汉王……”他又停住不说了。

这时候，夏侯婴也赶到了。

萧何和夏侯婴死乞白赖地非把韩信拉回去不可。他们不约而同地说：“要是大王再不听我们的劝告，我们三个人一块儿走，好不好？”韩信只好跟着他们回来。

到了第三天，他们才回到了汉营南郑。汉王听见丞相追的是韩信，又生气了。他骂萧何说：“胡说！逃走的将军也有十来个了，没听说过你追过谁，独独去追一个钻过裤裆的？这不明明是骗我。”

萧何说：“其他诸将都容易得到，只有这位韩信，国士无双。将军有的是，像韩信那样独一无二的人才到哪儿找去？大王要是准备一辈子躲在汉中，那就用不着韩信；要是准备打天下，那就只能让韩信参与其事！非用他不可。究竟如何，请大王决策。”

汉王说：“我就依着丞相，让他做个将军怎么样？”

萧何说：“叫他做将军，他还得走。”

“拜他为大将怎么样？”

萧何说：“这是大王的英明，国家的造化。”

汉王当时就叫萧何去召韩信来，马上要拜他为大将。

萧何见刘邦把拜将看得如此轻率，就劝止说：“大王平时太不注意礼节礼貌了。现在拜大将就像招呼一个小孩子一样，这怎么能行？这恰恰是韩信出走的原因啊！”汉王恍然大悟，说：“依你该怎么办？”

“拜大将是件大事，不是小孩子闹着玩儿似的叫他来就来。大王真要拜韩信为大将，先得造一座拜将台，择个好日子，大王还得斋戒，戒荤戒酒，沐浴更衣，先表现出诚意。然后召集群臣，举行隆重仪式，你登台授印才行。这样才能让全体将军士兵都能听从大将的指挥，正像听从大王的指挥一样。”

汉营里几个主要的将军一听到汉王择日子要拜大将，一个个高兴得眉开眼笑，都认为自己能力强，功劳大，心里说：“不拜我做大将，还能拜谁呢？”

这天赶到汉王上了拜将台，一看拜的是韩信，全军都愣了。汉王举行了拜将的仪式以后，请韩信坐在上位，拱拱手，说：“丞相屡次推荐将军，说将军能文能武，无出右者。将军一定有好计策，请将军指教！”

韩信回个礼，说：“不敢当！”接着他问道：“大王打算向东出去，是不是要跟霸王争天下？”

汉王说：“是啊。”

韩信又问了一句：“请问大王自己估计估计，比得上比不上霸王？”

刘邦不作声，过了一会儿，说：“比不上！”

韩信向汉王道贺，说：“我也以为比不上。大王自己觉得比不上，就这一点，应该祝贺大王。我曾经在霸王手下做过事，我知道他。他这个人哪，吆喝一声，能够吓坏千百个人，多么勇武啊！可是他不能任用有本领的将军，这叫作匹夫之勇。霸王对人很恭敬，看见别人有病，他会流眼泪，心眼多好哇！可是对于有功劳的人应当封爵的，他却不肯封，即使封了，他还把印子拿在手里横摸竖摸，舍不得交给人家，他的好心眼只是婆婆妈妈的好心眼。因此，霸王虽然做了诸侯的首领，看起来很强，实际并不强。他所到过的地方，没有不被毁坏的，天下都怨他，老百姓不向着他，名义上是个霸王，实际上已经失了人心。所以我说，他的强很容易变成弱。”

刘邦听了，心里很高兴，只是口头上说：“可是我不行啊。”

韩信说：“大王行。大王跟霸王完全不一样。大王所到的地方，什么都不侵犯。进了武关，废除秦朝残酷的刑法，跟秦人约法三章，秦人都向着大王。再说三秦的三个将军，章邯、司马欣、董翳，欺骗了士兵，投降了诸侯，到了新安，霸王把投降的士兵坑害了二十多万，单单留下这三个秦将，还封他们为王。他们欺压三秦的子弟已经几年了，也不知道杀害了多少人。秦国的父兄痛恨这三个人都痛恨到骨子里去了。大王发兵往东去，只要发个通告，三秦就能平定。”

汉王越听越高兴，只后悔没有早点拜韩信为大将。

一个军中小官，平日不为人知，如今一下子拜为大将，众人岂能不惊愕？几位跟随汉王身经百战的将军,如今反倒居于韩信之下,感到莫名其妙,露出不满之色。刘邦早已看破这一层,便站立起来,当众颁令道:“凡我军将士,今后俱由大将军节制。大将军当善体我意,与士卒同甘共苦,除暴安良,匡扶王业。如有藐视大将军,违令不从者,准以军法从事,先斩后奏!”

拜将之后,汉王喜形于色,一再说:“我后悔没有早日起用将军!今日听了将军指导,茅塞顿开。今后全仗将军调度,指日东征。”

韩信说:“将不练不勇,兵不练不精。项羽虽有许多劣弱之处,但毕竟是身经百战的勇将,不可轻视。现须加紧操练人马,鼓舞斗志,经过月旬,方可启行。”

汉王点头称是。

这次谈话,韩信在分析形势时,不是单纯从军事力量的对比着眼,而是把战争的胜负同人心的向背紧密联系起来,表现出了超人的政治远见和卓越的军事才能,同时提出了东进的具体部署。这番议论,实际上为刘邦制定了东征以夺天下的方略。根据当初诸侯的约定,刘邦理应在关中做王。可是项羽独霸天下而使诸侯称臣,刘邦更失掉应有的封爵而在汉中做王。如今刘邦听了韩信的这番议论,顿时喜出望外,看到了未来的希望。

三、初露锋芒

韩信拜将之后,指挥汉军将士日夜操练,没过多久,便军容整齐,壁垒一新。将士们见他确有抱负,不同寻常,不由得暗自钦佩,高高兴兴地愿意听他指挥。

汉王元年八月,汉军挥师东进,欲与项羽争天下,楚汉战争爆发。汉王早有张良定计,叫他明修栈道,暗度陈仓。这时汉王又问韩信,韩信的计划竟与张良不谋而合,喜得汉王说:“真是英雄所见略同!”

汉军静悄悄地离开南郑。韩信下令,命樊哙、周勃、夏侯婴等带少数人马,先去修栈道。此时,项羽正进攻齐地(今山东大部)田荣,为东方战乱所牵制,无暇西顾。韩信向汉王建议:“关中虽有雍王章邯、翟王董翳和塞王司马欣把守,但他们兵力单薄,又不受秦民拥戴,如无项王支援,必难立足,我们应乘其不备,立足未稳,先取关中,然后直取项王。”汉王依议而行,并悄悄调回樊哙、周勃、夏侯婴几员大将，准备带兵出战。

正值秋高气爽季节，汉军将士都急于东归。大将军命令传来，人马很快进抵陈仓。雍王章邯本奉项王密嘱，堵住汉中，作为第一道门户。此时闻知汉王已拜韩信为大将，正在督修栈道，不日出兵。他便大笑道："既想出兵，何以当初又烧栈道？而今重修，栈道三百里，尽是悬崖峭壁，何年何月，方能修成？真笨贼也！"说完，又问韩信何人，左右忙将韩信的历史来由对他说明。他更是大笑起来，说道："胯下庸夫，有何将才？"于是一味蔑视，毫无防备。一日，忽有陈仓败兵，逃至废邱，报称汉军夺了陈仓，杀死戍将，不日即兵临城下。章邯方知中了明修栈道、暗度陈仓之计，懊悔不已，慌忙引军迎战。这时顶头碰上樊哙，布阵厮杀。汉军积愤已深，一经对垒，勇不可当，只杀得章邯顾头失尾，节节败退。汉军乘胜追击，不料章邯收拾残兵，又二番反戈冲杀过来。韩信一见，急忙调出汉军左右两翼，策应前锋。前锋樊哙，左翼主将灌婴，右翼主将周勃，都是汉军著名战将。这时夹攻一个章邯，叫章邯如何抵抗？结果，章邯几乎断送了性命，仓皇带着残兵退回废邱，紧闭城门，高悬吊桥。然后派人向董翳和司马欣求救，谁知那二王一听韩信大名，早吓得魂不附体，如何敢动？

汉军势如破竹，很快占领了关中大块土地。韩信不失时机，派周勃、灌婴等大将去攻取咸阳，卡住章邯东逃的去路，然后发兵围攻废邱。他取出萧何提供的地图仔细查看，见废邱面临渭水，防守严密，便决定智取，不予强攻。他首先命令樊哙等部到渭水下游截流。水不下泻，很快猛涨，如万马奔腾，涌进废邱城内，城内顿时乱作一团。章邯见势不妙，急忙出北门而逃。韩信马上又命樊哙放水，挥军直追章邯。章邯失了城池，前无去路，后有追兵，勉强一战，不免惨败，自觉已到绝处，便拔剑自刎了。翟王董翳、塞王司马欣，本都是章邯的属将，闻听章邯兵败自杀，便先后向汉军投降。这样，在韩信指挥下，三秦之地，不到一个月便全归了汉王刘邦。

这可把霸王项羽气得鼻孔喷火，头顶冒烟。齐王田荣、代王陈余的叛变已经让他生气了，还有彭越仗着田荣的势力，不断地扰乱梁地（今河南开封一带），威胁他的后方。项羽认为陈余、彭越跟他作对，全是由于田荣他们撑腰，只要把田荣消灭，东边和北边就都可以安定下来。可是汉王刘邦手下的大将韩信夺去了三秦，也不能不去征伐。这么着，他又要向西攻打刘邦，又要向东去攻打田荣，不能同时进攻两头。正在左右为难的时候，张良给他一封信，劝他去征伐田荣。

张良不是帮着韩王成吗，怎么会替汉王说话呢？原来霸王因为韩王成从来没有出过力，把他降了一级，改封为侯。韩王成大发牢骚。霸王说他不识好歹，把他杀了。张良哭得死去活来，一定要替韩王成报仇。他就逃到汉王那边，替汉王出了个主意，写信给霸王，大意说："汉王只要收复三秦，在关中做王，依照怀王的前约就心满意足了。倒是齐、梁、赵、代等地不及时平定，田荣必定来打西楚。到了那时候，天下将不堪收拾了。"

霸王和范增明知道这是张良替刘邦出的缓兵之计。可是待平定了齐、梁、赵、代，单单关中一个地区，回过头再去收拾也不太难；要是现在先去对付刘邦，那么往后齐、梁、赵、代就更不好收拾了。倒不如将计就计，卖个人情，就决定先去进攻齐王田荣。

霸王通知魏王豹、殷王司马印等小心防备汉军，又叫九江王英布发兵一同去征伐齐王田荣。英布存心自己独霸一方，推说有病不能到远处去，派了个将军带几千兵马去敷衍霸王。霸王就另外给英布一道秘密的命令，嘱咐他暗杀义帝。霸王曾经请义帝搬到长沙去，义帝不乐意，经过多次催促，还慢吞吞地在路上磨蹭。英布打发一班心腹士兵扮作强盗，追上义帝的船，在江面上把义帝杀了。英布派人回报霸王，霸王去了一件心事，就专心去打齐、梁。

四、声东击西计伐魏

汉王收复了三秦，下了一道命令，把以前秦国的林园一律开放，让农民耕种。三秦的老百姓更加向着汉王了。他又派张良去劝河东的魏王豹投降。魏王豹见汉军强大，听了张良的话，投降了。汉王就这样占领了河东，又派韩信向朝歌（今河南省淇县北）进攻。镇守朝歌的殷王司马印打了败仗，连着向霸王求救。霸王派项庄、季布带着一队人马去救朝歌。他们还没赶到，司马印已经投降了汉王。项庄、季布回来报告，霸王大发脾气，责备他们不该在路上走得这么慢，又把都尉陈平狠狠地骂了一顿，因为司马印原来是由陈平收过来的。陈平很不高兴，觉得自己成了受气包。他想起汉王手下也有他的朋友，就偷偷地逃出楚营投奔汉王去了。汉王把他当作谋士，十分信任。

霸王一心想把齐国打下来，回头再去收拾汉王，就这样给汉王钻了空子。汉王趁着霸王跟田广、田横相持不下的时候，一直往东打过来，夺下了西楚的都城彭城。霸王听到彭城也给夺了去，连忙扔了齐国这一头，赶回来在睢水（在安徽省）上，跟汉军打了一仗。汉军大败，掉在水里淹死的人不知有多少，连睢水都给堵住了。被俘的也不少，刘邦的父亲太公和夫人吕雉也都做了俘虏，押到楚营去了。诸侯一见楚军打了大胜仗，有的就离开汉王归附霸王去了。魏王豹因为汉王把睢水的失败说成是他的过错，怕汉王办他的罪，就背叛了汉王。汉王恨透了他，可也没有办法。

刘邦退到下邑，惊魂未定，便对群臣说："关东地区我不要了。谁能立功破楚，我就把关东平分给他。你们看谁行？"

又是谋士张良说话了。他说："你手下的将领，只有韩信可以当此大任，独当一面。"

于是，在这危急时刻，韩信跟刘邦在荥阳相会了。而后，韩信率部屡次打败项羽，使楚军不得西进。

汉军彭城兵败之后，原先投降汉王的司马欣、董翳这时又背叛了刘邦，投降了项羽。原先归附汉王的齐王、赵王也同项羽讲和了。

汉二年六月，魏王豹告假回归故里，探望病中的母亲。结果，一回到平阳，他就封锁了临晋关（今陕西大荔东），并与项羽订立盟约，背叛了汉王刘邦，局势十分危险。

到了八月，汉王派郦食其说服魏王豹不成，便任命韩信为左丞相，率兵攻打魏王豹。

魏王豹用重兵把守蒲坂（今山西永济西），阻挡汉军渡河。

蒲坂在黄河东岸，同西岸的临晋相对，是攻魏的必经之地。韩信率汉军到达临晋，见蒲坂地势险要，易守难攻，便利用声东击西的战术，迷惑魏王豹。

魏王豹见韩信在临晋布下重兵，沿岸摆列无数战船，旌旗招展，料定汉军必定由此渡河，于是集中兵力，严加防守，得意扬扬。谁知韩信暗中却在北边的夏阳（今陕西韩城南）埋伏重兵，并砍伐树木，制造了很多木瓮，用绳索连接起来，漂在水上，代替船只，作为渡河的用具。

这一天，韩信指挥汉军出其不意地渡过黄河，一鼓作气，迅速占领了魏城安邑（今山西运城东）。魏王豹得报后，大吃一惊，方知中计，他慌忙引兵赶到安邑，迎击韩信，结果被韩信杀得大败。九月，韩信俘虏了魏王豹，并平定了魏地，在那里设立了河东郡，使汉王的地盘扩大到今山西中部和东南部。汉王刘邦闻讯，高兴得笑逐颜开。

五、激战井陉

项羽自从彭城大败汉军以后，亲率大军长驱直入，向荥阳以南的京邑和索亭之间打来。汉王刘邦见楚军势大，先是坚守不出，后又派精兵突袭楚营，双方互有胜负。结果，两军在荥阳以东，形成对峙之势。汉王采取避实就虚的方略，由刘邦亲守荥阳，以少数兵力拖住项羽，一面采纳韩信的建议，派韩信和投汉不久的张耳率汉军主力北上，进攻赵、代，讨伐燕国，并向东平定齐地，向南切断楚军粮道，继而形成对楚军的合围。韩信的这一设想固然很完美，但操作起来难度却很大。怎么去实现呢?

这年闰九月，韩信大军首先在阏与（今山西和顺西北）大败代国军队，俘虏了相国夏说。赵王歇和代王陈余得到消息以后，立即在井陉口（今河北井陉）屯集20万重兵，严阵以待。韩信破代以后，刘邦把他的精兵调回荥阳，抗拒项羽，这一来使得韩信兵员大减，只有数千之众。井陉口是太行山的险要关隘之一，既是兵家必争之地，又是东西交通的必由之路。显然，当时形势不利于韩信。

赵国的谋臣、广武君李左车认为，韩信、张耳乘胜来攻，锐不可当，但是井陉口道路难走，车不能并行，骑不能成列，韩信要通过这数百里狭窄山路，辎重必然远远落在后面。于是，他向陈余建议："如果给我三万精兵，从小道截断汉军给养，你则深沟高垒，不与汉军交战。这样汉军欲战不能，欲退无路，不出十日，汉军必败无疑，斩韩信、张耳头颅就在今日，失此良机，我们将反为其败。"

陈余原是个书呆子，根本不懂用兵之道。他对李左车的建议很不以为然，说："我本仁义之师，不尚诈谋。韩信所部，号称数万，虚张声势而已，实则几千，而且远道至此，必定疲敝。这区区敌众，若不敢抵抗，诸侯一定笑我怯懦，随时会来攻我。"

这时早有探子报知韩信。韩信心下暗喜,便大胆在井陉口30里处扎下营来。时至夜半,韩信开始点兵,先精选轻骑2000人,各带汉军旗帜,抄小路进发,隐蔽在赵军营旁山上。韩信吩咐这些士兵说:"如果赵军见我军退却时,必会倾巢而出,追杀我军。这时,你们立即冲进赵军营寨拔掉赵军的旗帜,换上汉军的旗号。"然后,命令副将给大家分发干粮,让他们先垫垫肚子,并很自信地说:"大破赵军之后,再请大家好酒好肉,饱餐一顿。"众将士将信将疑。韩信再派精兵一队作为前锋,出井陉口,背临绵曼水,面向赵军阵地,摆开了阵势。

赵军抢占井陉口有利地形,想与汉军主力决战。今见汉军背水为阵,陈余不由得哈哈大笑:"背水为阵,只可进,不可退,此乃兵家大忌。韩信连这点兵法常识都不懂,还带兵打仗,刘邦怎么竟用这样的人,笑话!我赵军破汉军,斩韩信,就在今日!"传令三军做好攻击准备。

天刚蒙蒙亮,韩信亲率人马,高举大旗,擂起大鼓,杀出井陉口。陈余大开营门,挥兵出战。两下交锋,赵军仗着人多势众,一拥上前,来围韩信。韩信急命抛弃帅旗,扔掉战鼓,往回便退。陈余挥兵奋力追杀,就连据守大营的赵兵也想乘势邀功,竟把赵歇也拥了出来,掠取汉军旗鼓,扬扬得意,哗声如雷。

韩信退至绵曼水边,传达命令:"决一死战,后退立斩!"汉军将士见前有河水,后有追兵,已无路可退,便拼死求生,回头奋力苦战。两军从早晨直杀到中午,仍不分胜负。陈余恐部众饥饿,不能再战,便传令回营。不料到了半路,望见营中全是汉军旗号。陈余惊叫一声:"不好!怎么大营被汉军夺去了!"赵军顿时惊慌失措,一下乱了阵脚,争相逃命。陈余高声呵斥,但哪里喝止得住,虽然杀了一些逃跑的士兵,也无法挽回败局。汉军两面夹击,越战越勇,一战生俘赵歇,陈余也被乱兵所杀。

井陉一战,汉军大获全胜,将领们纷纷向大将军韩信祝贺。他们问韩信:"兵书上明明写着'右靠山陵,前左水泽'。行军列阵时,后方应靠近山陵,前方应临近水泽,按照'背山临水'的原则部署兵力。但大将军不照兵法行事,却让我们背水为阵,并蛮有把握地说'破赵会食'。结果果真就获胜,道理何在?请将军明示。"

韩信笑着回答:"这何尝不是兵法?兵法中有这样的话:陷之死地而后生,置之亡地而后存。我们这支队伍并非训练有素,若放在方便之地,一遇挫折必定溃散，只有置之死地，使他人自为战，方能勇气百倍，无人可挡。”

诸将听了这一番话，无不钦佩，一致称赞韩信善于出奇制胜，他采用的战术超出了一般人的意料。

这时的韩信，却胜而不骄，头脑清醒。他认为，在井陉之战中，处于劣势的汉军之所以能一举击败占有绝对优势的赵军，原因之一就是赵军主将没有采纳李左车的正确意见，派兵切断汉军粮道，以便把汉军困死在进退维谷的井陉口。如果陈余采纳了李左车的意见，赵军就会由被动变为主动，那么这次战争的结局就很难预料了。对此，韩信是知道得一清二楚的。因此，他从心里钦佩李左车的智谋和才干。

还在战斗激烈进行时，韩信就传令绝对不准伤害广武君李左车，能活捉他的给予重赏。果然，战斗刚一结束，李左车就被绑到了韩信帐下。韩信见了，连忙迎上前去，亲手为李左车解缚，并把他让到上座，以学生对待师长那样的礼节对待李左车。然后，很虚心地向李左车请教攻打燕、齐的策略。

“我计划北攻燕，东伐齐，先生看怎样才能成功呢？”韩信恳切地问道。

“败军之将，不可言勇；亡国之大夫，不可以图存。我是将军的俘虏，愿意接受任何处置，怎敢与将军议论大事呢？”李左车这样回答。

韩信说：“先生此言差矣。先生知道，当年百里奚曾经住在虞国，但是虞国却被晋国灭掉了；后来他又到了秦国，却帮助秦国称霸诸侯。同是一个百里奚，并非在虞国时就愚笨，在秦国时就聪明。这里只有用不用他的策略、听不听他的主张的区别。对待先生也是这样。当初，如果陈余听了先生的计策，我也许早就被陈余活捉了。只是陈余不肯重用你，我这时才有机会向您请教。我是真心诚意地听取您的高见，望先生切莫推辞！”

李左车见韩信诚心就教，很受感动，便说道：“我本亡国大夫，不敢参议。但既然大将军诚心垂问，不妨略述己见。将军平魏破代又灭赵，名闻海内，威震天下，这是您的长处。但是汉军连战疲敝，如果继续用武力攻伐，敌人据险固守，则很难攻克，这是您的短处。古来良将用兵，须用长击短。”

韩信听到此处，感到有理，忍不住连忙再问：“君言甚是，如今用何策为上？”

李左车说：“将军如今最好是按兵休整，镇抚赵地，鼓励军心，引而不发。暗中先遣一辩士致书燕王，宣扬汉军声威，向其详陈利害，燕王必然畏服。燕国臣服以后，再遣使入齐，齐成孤立，归顺更好，如欲抵抗，不亡何待？这就是兵法上讲的先声后实。请将军斟酌采择。”

韩信听完，连声称好，当下厚待李左车，留他在营中参谋军事。并立即遣使入燕，燕国听到消息，不敢抵抗，立即投降了。接着，韩信又派人报告汉王刘邦，并请求立张耳为赵王，以便镇抚赵国，秣马厉兵，再图进取。

六、封齐王君臣生疑

汉三年四月，西楚霸王多次派兵渡黄河击赵，赵王张耳和韩信往来救援，行军中安定了许多赵国城池，并发兵支援刘邦。当时楚军正在荥阳围困刘邦，刘邦逃跑到宛、叶间，收复英布同入成皋。这年六月，楚军又急忙围攻成皋，形势十分危急。不得已，刘邦从成皋北门逃出，渡过黄河，单独与夏侯婴跑到韩信的驻地小修武（今河南获嘉县），悄悄住进了旅店。

第二天早晨，刘邦自称是汉朝使者，闯入韩信、张耳的军帐，夺去了他们的印信和兵符，随即召集诸侯，宣布调动诸侯的位置。韩信、张耳起床后才知汉王来过，不禁大惊失色。汉王夺了两人的军队，命令张耳守备赵地，任命韩信为相国，收集没有调到荥阳的赵兵去攻打齐国。韩信暗暗叫苦，却也无话可说，只能执行命令，带不多的兵力去攻打齐国。

这时，刘邦率领韩信的大部分兵马，声威大震，便分别在巩义市和白马津等地与项羽对抗。九月，项羽亲率大军，东征彭越。刘邦乘此机会，派儒生郦食其前往齐国劝降。与此同时，韩信也按照刘邦之命率兵东进，准备攻打齐国。

这大概就是战争与和平两手共用吧？

韩信引兵东进击齐，未到平原渡口，传来一个消息：齐王田广听从郦食其的劝说，同意背楚降汉。韩信心想，目的既已达到，何必再用武力，便打算停止东进。恰好齐国辩士蒯通前来求见，对韩信说：“将军奉诏攻打齐国，而汉王只不过派密使说服齐国归顺，难道有诏令叫将军停止进攻吗？将军怎能按兵不动呢？况且郦生不过是个说客，仅凭三寸不烂之舌就降伏齐国七十多座城池，而将军数万人马，征战一年，才攻下赵国五十多座城池。你一位堂堂大将军，尚不及一个白面书生吗？”一席话说得韩信连连点头，便下令大军渡河，继续向齐地进发。

齐王田广听从郦食其的劝降之后，对韩信毫无防备，天天跟郦食其饮酒作乐。汉四年十月，韩信突袭齐国在历下（今山东济南西）的守军成功，直逼齐国国都临淄（今山东淄博）。齐王田广以为受了郦食其的骗，气不打一处出，抓住郦食其在油锅里烹死了。之后匆忙逃亡到高密（今山东高密市西南），同时派人向项羽求救。项羽立即派大将龙且率军20万与齐军会合，迎战韩信。龙且手下谋士献计说：“汉兵长途奔袭，远斗穷战，锐不可当；齐军在本土作战，牵挂家室，容易溃散。所以，最好挖沟筑垒，让那些已丢失城池的人知道齐王仍在，楚王又发了救兵，这样他们就会纷纷起兵反攻韩信。汉军处处受敌，断绝给养，不战自退。”

龙且名为救齐，实则想趁机夺占齐地。他对其心腹说：“我军此来是为了救齐，如汉军不战而降，我还有什么功劳呢？现在我战而胜之，就可得到半个齐国。”

于是，两军在潍河两岸摆开阵势，龙且在河东，韩信在河西，准备随时交战。

这天夜里，韩信命令部下准备了一万多条口袋，装满沙子，投进潍河上游，这样下游河水就变浅了。韩信率一半军队涉水过河，进攻龙且之阵。龙且见状，毫不示弱，亲率大军迎敌。双方接战不久，韩信佯装敌败，慌忙撤回河西。龙且以为汉军无能，心中大喜，传令全军渡河追赶，想一举打败韩信。不料楚军刚刚冲到河心，韩信早已令埋伏在上游的汉军突然决开沙袋，河水急流滚滚而下，卷走了大部楚军。韩信指挥汉军回头掩杀。龙且拼命厮杀，怎奈寡不敌众，当场阵亡了。留在东岸尚未渡河的楚军不敢恋战，纷纷落荒而逃。韩信急渡河水追击至城阳，楚兵全被俘虏了。齐王田广在这里，正想逃跑，但未来得及便被汉军杀死了。至此，齐地全部平定。

韩信多谋善断，一连灭魏、破赵、降燕、定齐，非常兴奋。齐国平定之后，他派人向刘邦上书说：“齐国狡诈多变，是个反复无常的国家，南边又与楚国相邻，如不设立一个代理齐王来统治，局势将不会安定。我希望做这个代理齐王，这样可能对形势有利。”

当时，项羽正把刘邦紧紧围困在荥阳，情势危急。刘邦看了韩信上书的内容，十分恼火，大骂：“这个韩信，我被围困在这里，天天盼望他早来救助我，不但不来,如今还想自立为王,真是岂有此理!”谋士张良、陈平在旁边急忙踩汉王的脚,刘邦停住了口。张良凑近刘邦的耳朵,悄声说:“如今形势对我主不利,不如先稳住韩信,让他守住齐国,免生变故。”刘邦顿时明白过来,这时改口说:“大丈夫南征北战,平定诸侯,应该做个真王,何必代理呢!”于是,不久派张良为使,带着印绶,去封韩信为齐王。同时,把韩信的部队调走了很多。

韩信平定齐国,楚汉之间势均力敌,谁胜谁负,韩信起着举足轻重的作用。刘邦为争取韩信,封韩信为齐王。项羽这时也派说客武涉往见韩信,劝韩信反汉和楚,三分天下称王齐地。韩信谢绝说:“我曾奉事项王多年,官不过是个郎中,位不过执戟之士。我的话没人听,我的计谋没人用,所以才离楚归汉。汉王刘邦授我上将军印,让我率数万之众,脱衣给我穿,分饭食给我吃,而且对我言听计从,所以我才有今天的成就。如今封我为齐王,我与汉王名为君臣,实为兄弟,我岂能辜负他一片赤心?汉王如此亲近、信任我,我背叛他是不会有好结果的。我至死不叛汉!请替我辞谢项王的美意。”

武涉游说失败后,奇人蒯通知道天下大局举足轻重的关键在韩信手中,于是用相人术劝说韩信,认为他虽居臣子之位,却有震王之功,名高天下,所以很危险。终于说动了韩信,韩信认为有理,但犹豫而不忍背叛刘邦,又自以为功劳大,刘邦不会来夺取自己的齐国。于是,没有听从蒯通的计策。

待武涉回禀项羽后,项羽叹口气说:“想不到韩信这个钻裤裆的小儿,居然是位忠良之士!悔当初我没有重用他!唉,如今一切都晚了。”

七、垓下决战

汉五年,由于韩信占领了黄河中、下游的广大地区,彭越又在梁地不断骚扰,使楚军供应困难,形势对项羽越来越不利。而汉军方面,萧何不断从关中运送兵员和粮草,支援前线,使刘邦兵足粮足,在荥阳以西稳住了阵脚。

这年十月,刘邦见围歼项羽的时机已到,便率兵出阳夏(今河南太康县),同时传令各路诸侯率军向西,在固陵(今河南淮阳西北)会师。不久,刘邦见韩信、彭越、英布等几路兵马先后到达,心中大喜。当下命韩信为总统领,指挥各路大军;又命萧何、陈平、夏侯婴等运输粮草,供应前方。成皋、荥阳一路相连几百里,统是汉军,马声、鼓声、呐喊声,震天动地。

项羽正带领所部人马回奔彭城。当兵至垓下(今安徽省灵璧县东南)时,登高西望,见踊跃追来的汉军密密麻麻跟蚂蚁似的,不禁仰天长叹道:"我当初悔不杀刘邦,竟受他欺骗,与他修和!如今他负约发兵追来,真是岂有此理!"一腔怒火不可遏止,大骂不已,又命10万将士就地扎营,布兵列阵,决心与汉军决一死战。

这时汉军约计40万人,以韩信率军居中,将军孔熙为左翼、陈贺为右翼,刘邦率部跟进,将军周勃断后。韩信受命总统领以来,将人马分成十队,布置了十面埋伏,四环接应,日夜操练,声势浩大。

总攻开始,韩信请汉王刘邦守住大营,他自率三万人马上前挑战。士兵按韩信命令,冲着楚营高声喊道:

人心皆背楚,天下已归刘;
韩信屯垓下,要斩霸王头!

项羽一听,气得七窍生烟,大骂一声:"这个钻裤裆的叫花子!想必活得不耐烦了,待我先杀了他再说!"怒马突出,不顾一切冲杀过去。部下将士,也一起奋勇向前。两军相接,交战几个回合,韩信且战且走,渐渐将项羽引入包围圈。

这时,楚军尽管大批地死伤,可是霸王力大无比,他的一支画戟,谁也抵挡不住,越战越勇。他见了韩信,更不肯放过。韩信只能一边作战,一边后退。霸王追赶了好几里地,杀散了沿路的汉军,可是打退一批,又来了一批,杀出一层,还有一层。一支画戟究竟对付不了韩信的伏兵。楚将虞子期担心中了埋伏,打马追上项羽,进言道:"韩信多谋,汉军势众,主公不必急于追杀,待我江东援兵赶到,汉兵粮草空虚,再杀他也不迟。"项羽狠狠瞪了虞子期一眼,全不把汉军放在眼里,继续杀奔前去。

突然,汉军伏兵两路杀来。两军鏖战一开,项羽冲开汉军,仍要追杀韩信。接着,又有两路伏兵杀出,截住项羽,再度厮杀。不多时,又被项羽冲破。项羽性起,有进无退,死死去追杀韩信。汉军伏兵四起,十面埋伏,一齐杀出,将楚军围在核心。楚军将士，拼命厮杀，但大多伤亡。项羽自知中计，渐渐疲惫，只得杀开一条血路，带领残部退回垓下大营。他传谕将士小心坚守，不可轻动，伺机再战。

霸王进了营帐。他的夫人虞姬（虞子期的妹妹）伺候他坐下，见他闷闷不乐，故意露出笑容来安慰他，说："胜败乃兵家常事，何必这么烦恼。咱们还是喝几杯提提神吧！"霸王不愿意伤了她心，就说："你跟着我在军营中这些年了，没享过福，还老给你增添麻烦。"虞姬打断他的话，说："大王别说这些，喝几杯，休息休息吧。"

虞姬劝了项羽几杯酒，伺候他睡了，自己守着营帐，心里不踏实。到了定更时分，只听一阵阵的西风吹得树枝"沙啦沙啦"地直响，好像有人抽抽噎噎地哭着似的。虞姬听了，一阵阵地直起鸡皮疙瘩。正想躲在内帐里去，忽然听到风声里还夹着唱歌的声音。深更半夜，哪来的歌声？她慢慢地走到外边，仔细一听，不是歌声是什么？歌声分明是由汉营里出来的，唱歌的人还不少，唱的竟是楚人的歌。这是怎么回事啊？

她连忙进了内帐，叫醒了霸王。霸王出来，两个人仔细一听，四面全是楚歌。这一下子霸王愣住了，他张着嘴，瞪着眼，说不上话来。他拉着虞姬进了营帐，没着没落地对她说："完了，这下可真完了！难道刘邦已经打下了西楚吗？怎么汉营里能有这么多的楚人呢？"他光知道刘邦的士兵大多是关中人，韩信的士兵大多是齐、赵、燕、代那些地区的人，压根儿没想到英布的九江兵是临近汉水的老乡，是会唱楚人的歌儿的。韩信就请张良叫他们教会了汉兵，大伙唱起楚歌来，料到楚兵听了心一乱，必然会大批地逃亡，嘱咐汉兵不准阻拦逃出来的楚兵。

楚人的歌声传到了楚营，楚营里的楚人听了家乡的歌，都想起家来了。他们眼看着内无粮草、外无救兵，早就不安心了。这会儿，父母、妻子、家乡、邻里，全给这歌声勾起来，谁还愿意待在这儿等死！开头，还只是三三两两地开小差，后来干脆成批地溜了。连跟着霸王多年的季布、钟离昧他们也暗地里走了。这还不算，就是霸王自己的叔父项伯，也偷偷地投奔原来认识的张良去了。大将一走，士兵一哄而散。留下的大将只有虞子期、桓楚他们几个人，士兵只剩了千儿八百的子弟兵。楚军就这么自己垮了。

虞子期和桓楚进来，对霸王说："士兵已经散了。大王不如趁着天黑冲杀出去。"霸王叫他们在外边等一会儿。

霸王这时候心里像刀子扎似的。他什么也不计较,可是败在刘邦手里他是死也不服气的,没有杀了韩信更是他最大的遗憾。他什么也不留恋,可是要突围出去没法保护虞姬,叫他怎么扔得下?他要突围,还得依靠那匹骑了多年的战马乌骓。他叫手下的人把马牵来,一面抚摩着那匹千里马,一面说:“你辛苦了这些年,弄得这么个下场。唉,咱们的命运太坏了!”虞姬见霸王这么难忍地对着战马说话,就叫人把它拉开。可是那匹马瞅着霸王,就是不走。霸王再也忍不住了,他喊了一声,随口用他最伤心的调子唱起歌来了:

力拔山兮气盖世,
时不利兮骓不逝;
骓不逝兮可奈何,
虞兮虞兮奈若何?

左右几个人都哭得抬不起头来,虞姬早已变成了泪人。

虞子期进来说:“天快亮了,咱们走吧。”霸王还是不愿意离开虞姬。虞姬催着他,说:“大王快走吧!看,那是谁?”霸王一回头,说时迟,那时快,虞姬急忙拔出剑来往脖子上一抹。霸王和虞子期赶快去救,已经来不及了。虞子期一见他妹妹死了,也自杀了。霸王两手捂住脸,眼泪像泉水一样从眼眶里涌出来。桓楚听见帐里一片乱哄哄的,进去一看,也忍不住直掉眼泪。他刨了两个坑,把他们兄妹俩的尸首分别埋了。霸王跨上乌骓,带着八百子弟兵,好像受了伤的猛虎一般地直冲出去,谁也来不及阻挡,谁也阻挡不了。

霸王突出重围,往南跑下去。他打算渡过淮河再往东去。霸王和八百子弟兵沿路杀散汉兵,桓楚阵亡。

韩信指挥英布、周勃、樊哙他们分头追赶起来。

霸王拍着乌骓,使出了平生的劲儿,飞一样地直跑,把汉兵撇在后边。霸王渡过淮河,到了南岸,才瞧见一百多个子弟兵都快马加鞭地赶到了。他们抢着渡过淮河,跟着霸王又跑了一程,迷了路儿。霸王四面一望,全是小河沟和小道儿,可不知道哪一条道儿可以通到彭城。后面又起了一阵尘土,韩信率领汉兵远远地还追着哪。

霸王到了三岔路口，瞧见一个庄稼人，就向他问路。那个庄稼人不愿意帮他，就说：“往左边走。”霸王跟一百多个子弟兵就往左边跑下去，可是越跑越不对头，跑得连道儿都没有了，前边只是一片水洼地。他们的马陷在泥泞里，连蹄子都不好拔出来。霸王这才知道受了骗，走错了道，赶紧拉转缰绳，再回到三岔路口，可是汉兵已经追到了。

霸王往东南跑，到了东城（今安徽省定远县东南），点了点兵，一共才 28 个骑兵。汉军追上来的人马有好几千，密密层层地围了上来。霸王觉得无法脱身了，就带着这 28 人上了山冈，摆下阵势，对他们说：“我从起兵到现在八年了。亲身作战七十多次，没打过一次败仗，就这么当上了天下的霸王。今天在这儿被困，这是天数，不是我不会打仗。我已经不想活了，可还想和诸君一起痛痛快快地打这最后一仗。我还能够打三阵，胜三阵，突出重围，斩杀敌人的将军，砍倒敌人的旗子，特别要让韩信服我！”到了这会儿，他还不肯认输，一定要再杀一些人让他们瞧瞧。他把 28 个士兵分成四队，说：“我给诸军先杀他们一个大将。诸君分四路跑下去到东山下会齐。”他大喊一声，向一个汉将直冲过去，用画戟猛地一刺，把那人送了性命。汉兵一见纷纷退了下去。

霸王到了东山下，四队 28 个士兵全部到齐了。汉兵赶上来，又展开血战。霸王一手拿画戟，一手拿宝剑，左刺右劈，又杀了汉军一个将领和不少士兵。汉军将士不敢逼近楚兵，远远地让着躲着。霸王点了点自己的人数，仅仅短了两个。众人在马鞍子上行礼，喊道：“大王真是天神！大王说得一点不错！大英雄啊！”

霸王杀退了汉兵，带着 26 个子弟兵一直往南跑去，到了乌江（在安徽省）。恰巧乌江亭长荡着一只小船等在那儿。他知道来的是霸王，就催他马上渡河。他说：“江东虽小，可也有一千多里土地，几十万人口，大王还可以在那边做王。这儿只有我这只船，请大王赶快渡过河去。”

霸王原打算到了彭城再到会稽去，还设想过到了会稽怎么办。这会儿听了乌江亭长提起“江东”来，反倒戳疼了他的心。他笑着对亭长说：“我到了这步田地，渡过江有什么意思？当初我带江东子弟八千人渡过江来，往西去打天下。到今天他们全都完了，我哪能一个人回去哪？就算江东父老同情我，立我为王，我哪儿有脸见他们哪？他们尽管不说，我心里多么害臊哇！”他接着又说，“这匹马，我最喜爱，曾经一天跑过一千里地。我舍不得把它杀了。我知道您是个忠厚长者，我很感激您的好意，就把这匹马送给您。”

他下了马，就让亭长把马拉去。那匹马拉也拉不走，老是回过头来瞧着霸王。霸王掉了几滴眼泪，拿手一扬，吩咐亭长快拉它上船，渡过江去。船一离开岸，那匹乌骓马就跳着叫着，差点儿把那只小船闹翻了。亭长放下桨，正想把它拉住，想不到它望着霸王使劲地一蹦，蹦到江心里去了。霸王眼看自己的乌骓马给波浪卷走了，低着头直擦眼泪。等到他抬起头来往后一瞧，大队的汉军已经追到了。他和 26 个子弟兵都拿着短刀，步行着跟汉兵交战。他们杀了许多汉兵，自己一个个地倒下。末了只剩下霸王一个人，身上还受了几处伤。

有十几个汉将，一齐冲到霸王跟前。霸王拿眼睛一扫，本想看到韩信，因为他最佩服韩信，也最恨韩信，可惜这时没有见到韩信。不过他瞧见其中有个将军是同乡，就大声说：“你不是吕马童吗？老乡也在这儿，正巧。”吕马童不敢正面看霸王，耷拉着脑袋说：“是！大王有何吩咐？”霸王说：“听说汉王出过赏格，情愿出一千黄金，封一万户买我的头。我把这个人情送给你吧！”说罢，他就自杀了。

霸王一死，西楚差不多都平了。汉王听了张良的劝告，用安葬鲁公的礼节，把霸王的尸首埋了，还亲自祭祀他。

项羽死后，汉军回师定陶。刘邦与张良、陈平二人密议多时，要夺韩信兵符。他跑到齐王韩信的军营里，对韩信说：“将军功劳大，我忘不了你。可是目前天下已经平定，将军还统率着大军，这对将军没有什么好处，别人可能会发生妒忌或猜疑。万一出了一些不愉快的事，叫我怎么对得起将军呢？为了保全咱们之间的情意，我再三考虑，觉得楚地已经平定了，义帝又没有后嗣，将军又是淮阴人，我就封你为楚王，继承义帝，你还是回到楚地去吧。”楚地没有齐地那么大，关键是把兵权接收过去了。韩信知道刘邦仍计前嫌，心境有些悲凉。

八、回到楚地

刘邦改封韩信为楚王，韩信当然不大高兴，可是富贵归故乡，也很不错。他就交出齐王的印，回到楚地，做了楚王，定都下邳（今江苏邳州市东）。

韩信到楚国后，首先派人去找当年给他饭吃的漂母。韩信一见，恭恭敬敬地参拜大礼，再一次感谢漂母，赠给她一千金（汉以黄金一斤为一金）。老太太欢天喜地地回去了，逢人就称赞韩信有出息，有良心。

韩信去见下乡南昌亭长时，只赏给他一百钱，并说："你当初也做过好事，可惜你是个小人，做好事有始无终。"那人悔不当初，也称谢而去。

韩信又召来那个曾经侮辱自己，让自己从他裤裆下钻过去的无赖少年。这个屠夫的儿子一进来就跪在地上直打哆嗦，请楚王韩信办他的罪。韩信叫他起来，对他说："年轻人闹着玩儿的事是有的，何必认真呢？你如果愿意，就在我这儿做个中尉（捉拿盗贼的武官）吧！"那个人感激得说不出话来，长跪不起，后谢过韩信，含着眼泪出去了。韩信对左右说："这是位壮士。当初他侮辱我的时候，我何尝不想把他杀了。可是杀了他，有什么意思呢？所以我就忍了下来。这样来说，他倒是督促我上进的一个人。"

第二年，就是公元前 202 年，汉王刘邦登基，做了皇帝，后来被称为汉高祖，建都洛阳。

汉高祖召集大臣们开了一个庆祝会。大伙儿喝着酒，有说有笑的，很热闹。汉高祖对大臣们说："今天咱们欢聚一堂，我要问问各位，请你们照实说，不必忌讳。我为什么能得天下？项羽为什么失了天下？"大伙儿有这么说的，有那么说的，反正都是些奉承的话。王陵说："皇上派将士去打仗，打下了城邑，有封有赏，所以人人都肯卖力气，替皇上打下了天下。项羽不肯把地方封给有功劳的人，所以人人不肯尽力，那还不失了天下？"

汉高祖乐了乐，说："你们只知其一，不知其二。要知道成功失败，全在用人上。坐在帐帏里订计划，算得到千里以外的胜利，论这一点，我不如子房（张良）。治理国家，安抚百姓，运送军粮，源源不绝地供应军队做这些事情，我怎么也比不上萧何。统领百万大军，开仗就打胜仗，攻城就攻下来，论这一点，我怎么也不如韩信。这三人都是当世的豪杰，我能够信任他们，他们帮我得了天下。项羽连一个范增都不能用，怪不得给我灭了。"大伙儿听了，都说汉高祖说得对、说得透，不得不佩服他。

汉高祖灭了项羽，总该满意了吧，但他还不怎么舒坦，喝酒反倒不如以前那么痛快。有人问他："皇上为什么不敞开量多喝几杯？"他说："项羽的大将钟离昧还在暗中拉拢咱们的人。这个人活着，就好像项羽还没死一样，我怎么能放下心去？”汉高祖越想越担心，项羽手下的大将保得住不替项羽报仇吗？尤其是项羽的大将钟离昧，本领很大，这个人非找到不可。这时有人暗地里向汉高祖报告说：“钟离昧原来就与韩信关系好，如今逃到下邳，躲在韩信那里了。”汉高祖听了，脸色都变了。在他看来，韩信加上钟离昧，好像老虎添了翅膀，那还了得？非把他们都收拾了不可。他正想召集几个主要的大臣商议这件事，从陇西来了个献计的人，叫娄敬。他说：“洛阳四通八达，不是用武之地，不如迁都关中，万一山东（指函谷关以东）有乱，关中可守。”汉高祖问了左右，他们大多是山东人，谁也不愿意再到关中去。

汉高祖决定不下，特地请张良进来问问他的意思。正好张良进来辞行，他说身体不好，不能再跟着皇上，现在天下已经统一，他从此不愿意再过问朝廷的事，要云游天下去了。汉高祖对于带兵的将军确实不放心，可是对于张良，却一直像对待老师那样对待，这时怎么也不能让张良走。他说：“先生看在我们一见如故的情分上，再帮我几年。小的事情我也不来麻烦您，大的事情非向您请教不可。刚才娄敬劝我建都关中，这是件大事。将士们大都不愿意去，我也决定不了。您要是走了，叫我跟谁商量去。”张良见他这么诚恳，只好留下了。他说：“洛阳四面受敌，不是用武之地。关中三面险要，都是天然的屏障，独留东路一面控制诸侯，进可以攻，退可以守。而且土地肥沃，物产丰富，从古称为金城千里，天府之国。娄敬说得很对。”汉高祖就决定迁都关中，把秦朝的咸阳改名为长安（现在的咸阳和长安是两座城市）。因为长安在西边，洛阳在东边，历史上就把汉朝拿长安做都城的这个时代叫“西汉”，也叫“前汉”，而把后来拿洛阳做都城的那个时代叫“东汉”，也叫“后汉”。

汉高祖决定迁都，先派萧何去修理宫殿。接着就派人去探查韩信及钟离昧的行动。公元前 201 年，汉高祖采用陈平的计策，出去巡游云梦泽（在湖北省），通知受封的功臣到阵地相见，其实是想要袭击韩信。韩信得到通知后，不能不去，可是他收留着钟离昧，又不敢去，急得他像热锅上的蚂蚁一般。末了，有人向韩信建议：“杀了钟离昧去谒见汉高祖，汉高祖必定高兴，也就不用担心祸患、不相信你了。”韩信无奈，只好向钟离昧直说，说不能再庇护他了。钟离昧恨恨地说：“是我错投了人，给你招来大祸。不过如果想逮捕我去讨好刘邦，我今天死，随后亡的定是你韩信,不信看着！”说完就自杀了。

韩信持钟离眛的首级去陈地谒见汉高祖。汉高祖说:“事情发觉了,你才来自首,已经晚了！”他吆喝一声,武士们一拥而上,把韩信绑了。韩信愤愤不平地说:“古人说得对,‘狡兔死,走狗烹;飞鸟尽,良弓藏;敌国破,谋臣亡。’如今天下已经平定,我就该烹了！”

汉高祖大喝一声:“韩信,有人告你谋反。”就令武士给韩信戴上械具,回到洛阳。

这时,有人劝汉高祖看在韩信的功劳上,从宽处分,也好让别的功臣安心。汉高祖想了想,也对,韩信究竟还没有造反,要是把他办重了,怕别人不服。于是,就赦免了韩信的罪过,但取消他的王号,降低一级,改封为淮阴侯。

九、兔死狗烹

韩信被降为淮阴侯之后,汉高祖未让他去上任,而是把他软禁在长安。

通过被捕,韩信进一步认识到,刘邦太忌恨和畏惧他的才能了。因此,他常常装病,不参加朝见或跟随出行。韩信由此日益怨恨,在家中闷闷不乐。但他仍然很高傲,对于和绛侯周勃、颍阳侯灌婴等处在同等地位感到羞耻。一次,韩信去拜访樊哙,樊哙行跪拜礼恭迎恭送,并说:“大王竟肯光临臣下家门,真是臣下的光耀。”韩信出门后,笑道:“我这辈子居然和樊哙等同列！”

有一次,汉高祖刘邦闲暇无事,来找韩信闲谈。当二人谈到诸将的能力大小、本领高低时,刘邦问韩信:“你看我能带多少兵？”

韩信随口回答:“陛下带兵不过十万。”

刘邦又问:“那么你能带多少呢？”

韩信很自信地说:“韩信将兵,多多益善。”

刘邦不服气,傲慢地说:“既然如此,你为什么还被我擒住呢？”

韩信竟不介意地说:“陛下不能带兵,却善于带将,这就是我被捉的原因。”

刘邦听了,哈哈大笑起来。

韩信在被软禁的这段时间,与张良整理了先秦以来的兵书,共得 182 家,这也是我国历史上第一次兵书整理，为我国军事学术研究奠定了科学的基础。同时还收集、整理了军中律法。遗憾的是，他自己所著兵法三篇，后来遗失了。

汉高祖七年（前200），萧何已经修好了长乐宫。元旦那天，大臣们在长乐宫正式朝贺。殿中早已布置了仪仗，严肃整齐。大臣们按官衔大小，各就各位，按照一定的仪式俯伏、起立、行礼、就座，连喝酒、敬酒都有一定的规矩。汉高祖一看，往日乱哄哄的朝堂，居然井然有序，跟以前有人砍柱子、有人斩案桌的情形相比，大不相同。而且文武百官见了他，都毕恭毕敬，连大气都不敢透一口，心里更加高兴。他得意忘形，不觉脱口而出地说："我今天才知道做皇上的尊贵了！"

汉高祖叫萧何制定了一套规章制度，把国家管理得像个样子。又跟匈奴和亲，使北边暂时得到了安宁。可是那些镇守四方的诸侯王有时还不服从朝廷的命令，天下还是太平不了。这些诸侯王过去在战争中大都立过大功，他们虽然不是旧的六国贵族，可是还梦想回到秦始皇统一中原以前的时代里，梦想割据一块土地自立为王，有的甚至认为刘邦可以做皇帝，我何尝不可以做皇帝呢。

汉高祖十年（前197），代相陈豨起兵反汉，自立为代王，一下子夺去常山二十多个城池。汉高祖吩咐淮阴侯韩信和梁王彭越一同前去讨伐。这两个大将都推说有病，汉高祖只好自己带兵去了。

这时，有人告韩信与家臣谋划：可以在夜里假传诏旨，赦放那些在官府中的囚徒和官奴，然后将率领他们去袭击吕后和太子。这时韩信的一位门客得罪了韩信，韩信囚禁了他。那位门客的弟弟就向吕后密告，说陈豨造反是韩信出的主意，他们还秘密约定里应外合，共取天下。

对此，吕后无明确证据，打算只有把韩信骗来。于是，慌忙请丞相萧何想个办法。他们商议后，使个计策，故意派个心腹打扮成军人的模样，偷偷地绕道北边，然后大大方方地回来报告，冒充是皇上派来报信的，说陈豨已经全军覆没，皇上快回来了。大臣们听到了捷报，都到宫里去贺喜。只有韩信仍旧推说有病，不出来。于是，萧何去看韩信，对他说："大臣们都去贺喜，你不去，恐怕给人家说话。还是去吧。"韩信因为和萧何的友情，这时只好跟着萧何一块到宫里去。

宫里早已埋伏着武士，韩信一到，一起拥上来把他绑了。韩信回过头来叫萧何，萧何已经避开了。吕后数落韩信不该跟陈豨谋反。这本是没有踪影的事，韩信当然坚决不承认。吕后就叫出证人来，说陈豨早已招供了。韩信嗤之以鼻，冷笑几声。吕后吆喝一声，声嘶力竭，吩咐武士们把韩信杀了。临刑前，韩信高声说："我落入吕雉这个女人的圈套，难道是天意吗？"说完，被杀于长乐宫钟室。

公元前196年寒冬正月，大汉开国元勋淮阴侯韩信被杀时，年仅33岁。

随后，韩信三族被诛，数千无辜，血染长安，哭号之声，传荡不已。

吕后杀了韩信，才向汉高祖报告。韩信死了，去了他一件天大的心事，汉高祖当然高兴。不过他还是问吕后韩信死时说了些什么，吕后回答："韩信说恨不用蒯通之计。"

什么是蒯通之计？汉高祖想弄明白，不久派人把蒯通带来，他亲自审问。

"当日你和韩信之言，究竟为何？"

蒯通说："我为他相面，说他面不过封侯，背则贵不可言。因此，我劝他说背汉自立，则可三分天下也。"

高祖问："那么韩信说什么？"

蒯通长叹一声道："韩信不听我的。他说：'汉王遇我甚厚，载我以其车，衣我以其衣，食我以其食。'我听后，对他说，乘人之车者载人之患，衣人之衣者怀人之忧，食人之食者死人之事，我难道叫你见利而忘义吗？"

高祖顿时愣住，良久没有说话，眼泪却在眶中打转转了。

蒯通又叹道："汉之所以得天下者，大抵淮阴侯之功也。然而他却不听我的话，心念陛下解衣推食之恩，从而引军南下，败项王于垓下，交兵而归楚，劝进于汜水，迎陛下于陈，观此种种，岂有反心？嗟夫，昔日楚汉之命皆悬于韩信，他却毫无反心，而今天下已集，且无权无兵，他竟心生反意，勾结陈豨，欲谋不轨，难道韩信真是一个傻子吗？！"

对于蒯通的反问，高祖不忍再听，便转过头去，挥手道："置之！"

十、后世的评价

伟大的史学家司马迁在韩信冤死大约70年以后，为写《淮阴侯列传》，曾到韩信的故里淮阴去考察他的事迹。得知韩信是一个普通人时，人穷志不穷，和一般人不一样。生活的贫困、世态的炎凉,并没有使他意志消沉。他苦练武功,揣摩学问,研究兵法战策。这正是他以后能够驰骋沙场,身经百战,最终成为一位杰出的军事家的重要原因。

在辅佐刘邦战胜项羽,建立汉朝的历史过程中,韩信表现出卓越的军事指挥才能,有不可磨灭的历史功绩。后人评论:“汉之所以得天下,大抵皆韩信之功也。”这话是符合事实的。对韩信“连百万之军,战必胜,攻必取”的军事天才,刘邦也心悦诚服,自叹不如。

韩信生前整理过古代兵法,在中国军事史上有很大的贡献,可惜久已失传。韩信的兵书虽然没有传下来,但从他所经历的征战事迹,特别是他指挥的经典战例,如陈仓之战、井陉之战、潍水之战、垓下之战等,都可以看出他精于韬略,有其独到的用兵特点,由此确立了他作为中国古代天才军事家的历史地位。

千百年来,韩信是文人墨客吟诵的历史人物,既颂扬他的才能,又讴歌他的功绩,更哀叹他冤死的悲剧,诗词之作传诵不已。例如:

宋代黄庭坚诗《淮阴侯》中写道:“韩生沈鸷非悍勇,笑出胯下良自重。”

他又在《韩信》中写道:“韩生高才跨一世,刘项存亡翻手耳。”

宋代黄庚诗《题漂母饭信图》中写道:“国士无双未肯臣,汉皇眼力欠精神。筑坛直待追亡后,不及溪边一妇人。”

明代沙张白诗《胯下桥》中写道:“韩王孙,惜何懦,恶少年,能死我。勇拔山,新裂土,归来报功次漂母。”

明代侯居坤诗《拜将台》中写道:“登坛旧迹今犹在,千古人怀国士风。”

清代何彤云诗《韩侯岭》中写道:“漂母哀其生,吕后快其死。咄咄韩王孙,命系两女子。”

最有特点的是清代揆叙诗《近淮阴侯故里》,其中写道:“钟室谋成上将亡,分明授意出高皇。”是啊,出面害死韩信的是吕后,但没有刘邦的旨意,她又怎么敢做?笔者认为,这两句诗捅破了那层窗户纸,揭开了事情的真相,矛头直指汉高祖刘邦,确是名句,令人深思。从韩信举一反三,在长期的封建社会里,那么多英雄豪杰的悲剧遭际,不都源于皇权至上吗?

出将入相的军事家李靖

李靖（571~649），唐初军事家。本名药师，京兆三原（今陕西省三原县东北）人。精熟兵法，为其舅韩擒虎所称道。隋末任马邑郡丞。高祖时任行军总管，率军从李孝恭征服萧铣，并取得岭南地区，任岭南道抚慰大使。太宗时任兵部尚书、尚书右仆射等职，先后击败东突厥、吐谷浑，封卫国公。著有《李卫公兵法》，原书今佚，《通典》中保留了部分内容。

在中国古代著名的将帅之中，唐代卫国公李靖可算得出类拔萃的佼佼者。他以自己丰富的战争实践和军事理论活动，所创造出来的卓越业绩，而成为一代"才兼文武、出将入相"的杰出军事家。

一、苦读兵书怀大志

李靖（571~649），本名药师，京兆府三原（今陕西省三原县东北）人。出生于官宦世家，祖父李崇义曾任殷州刺史，封雍康公；父李诠仕隋，官至赵郡太守。李靖长得仪表魁伟，在父辈良好的教育和影响之下，他从小就酷爱学习、胸怀大志，颇有进取之心。他曾对朋友说过："大丈夫若遇主逢时，必当立功立事，以取富贵。岂能甘心寻章摘句，做迂腐书生！"及长，李靖不但博学经史，而且精通兵法战策。他的舅父韩擒虎是隋朝名将，每次与他谈论兵事，无不拍手称绝，并抚摩着他说："我一直研究孙、吴兵法，但要谈论兵法，除了李靖，谁还能配得上？"报国之志的牢固树立和兵法战策的刻苦钻研，这是李靖后来成为著名军事家的重要主观条件。

隋大业十二年（616），李靖怀着一颗为国建功立业的强烈心愿而步入仕途，初为长安（今陕西西安）县功曹，后任皇宫殿内直长、驾部员外郎。他的官职虽然卑微，但其才干却闻名于隋朝公卿之中。吏部尚书牛弘称赞他有"王佐之才"。左仆射杨素也抚着坐床对他说："你迟早要坐在这个位置上！"

李靖没有入仕之前，正逢隋炀帝杨广南幸江都（今江苏扬州市），左仆射杨素留守京城长安。一天，李靖昂然进谒，纵谈天下大事，英才逼人。

这时有一歌妓手执红拂，立于杨素身侧，屡次注目李靖。当天深夜，李靖忽然听到敲门声，他打开门一看，进来的竟然是一位非常美丽的少女，仔细审视，正是杨素家中执红拂的女子。李靖问她何事，她说："妾在风尘之中，得以看清许多人的面目。今天看到您仪表绝伦，才气过人，希望能像丝萝攀缘乔木，终身有所依托，所以这才私下里和你相会。"英雄末路的李靖，乍逢知音，相邀俱坐，欢叙生平，畅谈衷曲，遂结为伉俪。后来害怕杨素追究这件事，双双投奔太原去了。

二人在路途中，偶然遇到虬髯客。红拂女的美貌也深深吸引了风尘大使虬髯客。红拂女在客栈梳理长发之时，虬髯客看得目不转睛，为之着迷。红拂女何等聪明！她看出虬髯客不是一般人物，遂主动与虬髯客打招呼，表示愿意与他结为兄妹，并介绍李靖与虬髯客相识。于是，三人并马而行，浪迹天涯。后来虬髯客慷慨赠给李靖和红拂女巨宅重金，成就一桩美事，自己飘然而去。这就是后世传为佳话的"红拂女慧眼识英雄"的故事，李靖、红拂女、虬髯客，便是传说中的"风尘三侠"。

这虽然只是传说，但李靖青年时的确身材魁伟，相貌俊美，胸怀治国安邦之策，志向远大，不甘落拓一生。

李靖虽然得到了当世很高的评价，但由于隋朝已到了日暮途穷的境地，他的才华一直没有得到施展的机会。

当太原留守李渊趁突厥犯境之机，集兵万人，斩杀监军大将时，李靖当即觉察到李渊父子名为抗击突厥，实则意在叛隋。为了避开关卡盘诘，及时向隋炀帝报警，李靖急中生智，自入囚车，让人把他飞速传送江都。但由于李渊先一步占领长安，李靖被中途截获。李渊因他险些坏了自己的大事，心中气恨，便命人推出斩首。李靖这时面无惧色，高声说："公起兵为天下除暴乱，本是正义，但想成就大事，难道可以因私怨就杀害有识之士吗？"李渊的二儿子李世民非常赞赏李靖的胆略，极力为他说情。因此，李靖得以释罪，被纳入军中幕府，很快成为军事活动中举足轻重的谋划者和决策者之一。

唐高祖李渊原来是西魏上柱国、大将军李虎之孙。其父李昞曾任北周安州总管，袭封唐国公。隋王朝建立以后，李渊先后任谯州（今安徽宿县），陇州（今陕西陇县),岐州(今陕西凤翔)刺史。杨玄感起兵时,隋炀帝调李渊为弘化(今甘肃合水)留守,节度陇右诸军。后李渊又被调任山西河东抚慰大使,镇压毋端儿起义。大业十三年(617),李渊以太原留守兼任晋阳宫监。晋阳(今山西太原)是军事重镇,兵源充足,粮秣富裕。在农民起义风起云涌的形势下,李渊即准备"以家代国",夺取政权。他令长子李建成广结英雄豪杰,令次子李世民于晋阳密招豪友,为夺取政权进行准备。

大业十三年(617)七月,李渊于太原起兵,挥军南下,先后打败隋将高德儒、宋老生,夺取西河郡、霍邑(今山西霍县)等军事重镇,后又进围临汾(今山西临汾),攻克绛州(今山西新绛)。为了防止北方突厥从背后攻击,李渊又联结突厥,相约称臣,以保后方不失。与此同时,李渊之女平阳公主和李神通在关中举兵,接应李渊兵入关中。

大业十三年十一月李渊入长安,拥立炀帝孙代王杨侑为帝,是为恭帝,改元义宁,恭帝封李渊为大丞相,号唐王,并封长子建成为世子,次子李世民为京兆尹、秦国公,三子李元吉为齐国公。次年五月,李渊废杨侑而自立,改国号为唐,定都长安。李靖就是这个时期进入唐军幕府的,不过他的主要活动是在李世民身边。

这时,隋朝大臣宇文化及缢死隋炀帝后,假奉炀帝萧后旨命,扶炀帝之子杨浩即帝位,自己称大丞相,打着恢复隋朝统治的旗号,率十万之众北上,直奔中原。于是,两个政权对峙起来,各地纷纷动乱不已,但是,李唐王朝还是得到更多人的拥护。

李靖归附唐王朝之时,唐王朝统一全国的战争正在如火如荼地进行之中。

李唐王朝建立后,在周围存在着诸多武装势力。隋王朝东部洛阳有王世充,中原有李密为首的瓦岗军;刘武周率领一支地主武装,以马邑(今山西朔阳)为中心,勾结突厥,一再南攻,威胁李渊发迹之地晋阳;梁师部统领的武装,国号梁,据有雕阴(今陕西绥德)、弘化(今甘肃庆阳)、延安(今陕西延安)等郡,北连突厥,是唐王朝北方的一大威胁;薛举父子以金城(今甘肃兰州)为中心,国号西秦,尽有陇西之地,拥众号称三十万,不断东进,欲染指关中;李轨自称河西大凉王,以武威(今甘肃武威)为中心,占据河西走廊,以观天下之变。

面对群雄逐鹿的复杂局势,李唐王朝将采取什么样的战略,既能保住新建政权,又能逐步统一全国呢?

李靖建议应首先以关中为中心，在西北地区扩大统治地盘，等政权得到巩固后再向东出击以争天下。李世民经过思考，认为这种战略符合实际情况，就向李渊提了出来。

的确，这种先西后东的战略部署是符合李唐王朝当时面临的客观条件的。

关中东有潼关、崤关和函谷关之险，挡住了实力强大的王世充的西进之路；王世充与李密互相牵制，谁也无暇西顾，且又相互消耗，为唐王朝坐收渔人之利创造了条件；关中的西、北，地广人稀，经济条件远不如关中地区，所以唐王朝去征服这些地方，人力、财力绰绰有余，具有明显的优势。因此，先西后东的战略是正确的。唐王朝初期几年，李渊、李世民父子正是这样做的，李靖也经常率部出击，为扩大地盘发挥了重要作用。

二、平定萧铣

隋朝末年，后梁宣帝的曾孙萧铣自立为帝，据守荆州，建都江陵（今湖北江陵县）。隋朝派将征讨，屡败不克。唐朝初年，萧铣拥兵四十万，控制三峡以东、汉水以南的大部分地区，势力强大，意图与唐朝会猎中原。武德元年举兵西侵，大败唐将许绍。

武德三年，唐高祖诏令夔州（今四川奉节东）总管赵郡王李孝恭出兵征讨，任命李靖为行军副总管，到前线协助李孝恭。

李靖归唐之时，隋朝虽已灭亡，但各地群雄纷起，割据一方。削平群雄，统一天下，是摆在李渊、李世民父子面前的首要战略任务。这时，李靖随从秦王李世民东进，平定在洛阳称帝的王世充，以军功授任开府。从此，李靖开始崭露头角。

当迎击王世充的战役打响不久，盘踞在江陵（今属湖北）的后梁萧铣政权派舟师溯江而上，企图攻取唐朝峡州（今湖北宜昌）及巴、蜀等地，被峡州刺史许邵击退，遂退守安蜀城及荆门城。为了削平后梁萧铣这一割据势力，唐高祖李渊调李靖赴夔州（今四川奉节县）对付萧铣。

李靖奉命，率数骑赴任，在途经金州（今陕西安康）时，适遇蛮人邓世洛率数万人屯居山谷间，庐江王李瑗进讨，接连败北。李靖闻讯，为庐江王出谋划策，一举击败了蛮兵，俘虏甚多。于是顺利通过金州，抵达陕州。这时，由于萧铣控制着险塞，再次受阻，迟迟不能前进。李渊却误认为他滞留不前，贻误军机，秘密诏令峡州刺史许绍将他处死。许绍爱惜他的才干，为他请命，才免于一死。

不久，开州蛮人首领冉肇则叛唐，率众进犯夔州，赵郡王李孝恭率唐军出战失利，李靖则率八百士卒袭击其营垒，大破蛮兵。后又在险要处布下伏兵，一战而杀死冉肇则，俘获五千多人。当捷报传到京师时，唐高祖高兴地对公卿说："联闻使功不如使过，李靖果展其效。"立即颁下诏书，慰劳李靖说："卿竭诚尽力，功效特彰。远览至诚，极以嘉赏，勿忧富贵也。"李靖的精诚至忠得到了李渊的信用，改变了对他的成见，并亲笔写敕与李靖说："既往不咎，旧事我就忘之矣。"

武德四年（621）正月，李靖鉴于敌我双方的情势，上陈攻灭萧铣的十策，得到了唐高祖的重视，二月即任命李孝恭为夔州总管，擢任李靖为行军总管，兼任孝恭行军长史。高祖又以孝恭不太精通军旅之事，"三军之任，一以委靖"，使李靖实际上已成为三军统帅。

李靖组织人力和物力大造舟船，组织士卒练习水战，做好下游江陵的准备。同时，他见巴、蜀之地归附唐朝不久，各部族还不太稳定，为了解除后顾之忧，就劝说李孝恭把各部族酋长子弟都召集到夔州，根据才能的优劣分别委以官职，安置在左右，"外示引擢，实以为质"。这对于稳固巴、蜀政局起了积极的作用。

这年九月，唐高祖诏令调发巴、蜀士兵，集结于夔州，并任命赵君王李孝恭为荆湘道行军总管，李靖兼行军长史，统辖十二总管，自夔州顺流东进；又任命庐江王李瑗为荆郢道行军元帅，出襄州道，为北路军；黔州刺史田世康出辰州道，为南路军；黄州总管周法明出夏口道，为东路军。四路大军分头并进，一齐杀向江陵，发起了一场规模巨大的军事攻势。

这时，正赶上秋天雨季，江水暴涨，流经三峡的滔滔江水咆哮着狂奔而下，响声震撼着峡谷。萧铣满以为水势汹涌，三峡路险难行，唐军不能东下，因而休养士兵，不加防备。唐将也大都望而生畏，请求待洪水退后再进兵。只有李靖以超人的胆识和谋略，力排众议。他说："兵贵神速，机不可失。今兵始集，萧铣尚未得知。不如乘水涨之势，突然攻到城下，所谓迅雷不及掩耳，此兵家上策。纵然敌方知道，仓促征兵，无法应敌，只能束手就擒。"李孝恭听得有理，同意了李靖的建议，遂率战舰两千余艘，沿着三峡，冲破惊涛骇浪，顺流东进。由于萧铣毫无防备，唐军连破荆门、宜都二镇，并乘胜前进，十月即抵夷陵城（湖北宜昌）下。

这时，萧铣手下的骁将文士弘率数万精兵驻守在附近的清江。李孝恭大兵一到，就想进去。李靖不以为然，劝告说："士弘，铣之健将，士卒骁勇，今新失荆门，尽兵出战，此是救败之师，恐怕不可当也。宜且泊南岸，勿与争锋，待其气衰，然后奋击，破之必矣。"李靖的避其兵锋，挫其锐气，然后一战可擒的战术无疑是高明的。然而李孝恭由于连战告捷，得意扬扬，错误地估计了敌人的力量，没有听从李靖的劝告，遂命李靖留守军营，自己率兵出城。事情果然不出李靖所料，双方一交战，孝恭军大败，即逃奔南岸，损失很大。文士弘获胜以后，即纵兵四出抢掠，士兵肩扛手提，多有收获。李靖见敌军大乱，遂不失时机，迅即指挥唐军出战。文士弘军队一时难以收拢，措手不及，结果被唐军打得落花流水，被杀死及溺水而死者将近一万人，还获得舟船四百余艘。

攻下夷陵之后，李靖又马不停蹄，率轻骑五千为先锋，直奔后梁都城江陵，李孝恭率大军继后。李靖首先攻克江陵外城，接着又占领水城，缴获了大批舟舰，却让李孝恭全部散弃江中，顺流漂下。诸将对此做法都困惑不解，认为缴获敌船，正好充当军舰，却为何遗弃江中，以资敌用？李靖胸有成竹地说："萧铣之地，南出岭表，东距洞庭，我悬军深入，如果攻城未拔，援军四集，我表里受敌，进退不获，虽有舟楫，又有什么用呢？今弃舟舰，使塞江下，援兵见之，必会以为江陵已破，未敢轻进，往来觇伺，动淹旬月，我军必定拿下。"李靖的疑兵之计果然奏效，长江下游的萧铣援兵见江中到处都是遗弃散落的舟舰，以为江陵已破，都疑惧不前。交州刺史丘积长史高士廉等将赴江陵，在行军途中听说萧铣已败，便都到李孝恭营中投降了。

唐军把江陵围得水泄不通。萧铣见内外隔绝，外无援兵，城内又难以支持，走投无路，遂开门投降唐军。李靖率军进入城内，号令严肃，秋毫无犯。这时，诸将都以为萧铣将帅抗犯官军，罪大恶极，建议籍没其家财产，用以犒赏官军将士。李靖立即出面制止，晓以大义。他说："王者之兵，吊人而取有罪，彼其胁驱以来，藉以拒师，本非所请，不容以叛逆比之。今新定荆、郢，宜示宽大，以慰其心，若降而藉之，恐自荆而南，坚城剧屯，驱之死守，非计之善也。"李靖高瞻远瞩，宽宏大度，不贪财宝，确比诸将更高一筹。他的这一做法，颇得人心，由是江、汉诸军纷纷望风归降。萧铣投降几天之后，有十几万援军相继赶到，听说萧铣已经投降，唐朝的政策宽大,也都放下兵器不战而降。

李靖佐助李孝恭出师,仅用了两个月的时间,就消灭了江南最大的割据势力后梁,战功卓著。唐高祖诏封他为上柱国、永康县公,赐物二千五百段。

攻取江陵的战斗历程,李靖表现出了杰出的军事才干,进一步得到唐高祖的倚重。战事刚一结束,即擢任为检校荆州刺史,命他安抚岭南诸州,并特许承制拜授。

这年十一月,李靖越过南岭,到达桂州(今属广西),派人分道招抚,所到之处,皆望风归降。大首领冯盎、李光度、宁真长都派遣子弟求见,表示归顺,李靖承制都授以官爵。于是连下九十六州,所得民户六十余万。自此,岭南平定了。高祖下诏劳勉,授任岭南道抚慰大使,检校桂州总管。李靖以为南方偏僻之地,距朝廷遥远,隋末大乱以来,未受朝廷恩惠,若“不遵以礼乐,兼示兵威,无以变其风俗”,遂率其所部兵马从桂州出发南巡,所经之处,李靖亲自“存抚耆老,问其疾苦”,得到当地人民拥护,于是“远近悦服”,社会安定。

三、智取丹阳

武德六年(623)原农民起义军首领、唐东南道行台左仆射辅公祏举兵反唐。

辅公祏乃山东临济人,隋大业九年(613)与杜伏威于山东章丘起义。不久,他们二人率义军南下江淮,队伍不断扩大,成为隋末农民起义三大军之一。唐高祖武德元年(618),杜伏威率部归降洛阳隋皇泰帝杨侗,被封为东南道大总管、楚王。次年九月,杜伏威率部归降唐王朝,高祖任其为淮南安抚大使、和州(今安徽和县)总管。

武德三年(620),为了稳定江淮地区,唐高祖封杜伏威为东南道行台尚书令、使持节总管江淮以南诸军事,扬州刺史、淮南安抚使,封关王,赐姓李。以辅公祏为东南道行台左仆射,封舒国公。命令他们征讨李子通领导的武装势力。

杜伏威、辅公祏与李子通激战江淮间,经过一年半的时间,平定了李子通部,并生擒李子通。

杜、辅等人虽然有功于唐，但仍心有余悸。武德五年（622），李世民率唐军征伐原为降将的刘黑闼、徐圆朗，杜、辅二人更为恐惧。为保全性命，杜伏威只身上京入朝，表白对唐的忠心。唐高祖拜杜伏威为太子太保，仍使兼东南道行台尚书令。每朝会时，使杜伏威列于齐王李元吉之前，以表宠异。但又不允许杜伏威返回江淮，留于长安，唯恐放虎归山。

辅公祏和杜伏威感情亲密，但辅公祏为人奸诈，很有心计。因辅公祏年龄大于杜伏威，所以杜伏威把他当作兄长相待，军中士卒也称辅公祏为伯父，都非常敬畏他。时间长了，杜伏威渐渐开始防范和猜忌辅公祏，命义子阚棱为左将军，亲信王雄诞为右将军，暗中剥夺了辅公祏的兵权。辅公祏对此深为怨恨，心情难平。友左游仙劝他不必因小失大，他遂与左游仙在一起，假装修炼不食人间烟火的道术，竭力隐藏自己的锋芒，静待时机。

杜伏威进京前，使辅公祏镇守丹阳（今江苏南京），又命王雄诞协助辅公祏，暗中掌握兵权。杜伏威提醒王雄诞说："我这次前往长安，如果没有什么事，千万不可使辅公祏暗中闹事。只要我平安，你们千万不能乱动。"杜伏威走后，左游仙提醒辅公祏时机成熟。可是，兵权握在王雄诞手中，辅公祏无法调动兵力。左游仙又为辅公祏献计，使辅公祏扬言接到杜伏威密函，称杜伏威怀疑王雄诞的忠心。王雄诞乃一介武夫，忠勇有余，却缺少心计，当听到辅公祏散布的谣言后，大不高兴，声称有病，不再过问公事。此举正中辅公祏下怀，他借机剥夺了王雄诞的兵权，并命同党西门君仪为他制订谋反计划。

事情发展至此，王雄诞方知中计，十分悔恨。他对辅公祏说："现在天下太平，吴王杜伏威在京师平安无事，唐朝的军事力量所向无敌。为什么不好好地活着，而去自找死路呢？我只有一死，也不敢跟随你叛唐；如果和你一块叛唐，也只是多活百日而已。大丈夫决不做不义之事！"辅公祏深知无法使他屈服，十分气愤地派人把他绞死了。

武德六年（623）八月九日，辅公祏公开叛唐。他声称吴王杜伏威被扣押，不能返回，便令他起兵相救。不几天，辅公祏便在丹阳登基称帝，国号宋，修葺南朝陈后主的故宫，作为自己的皇宫。并设文武百官，命左游仙为兵部尚书，东南道特使、越州（今浙江绍兴）总管，张善安为西南道大行台。然后，辅公祏指挥军队攻取州郡，掠民财物，其势似不可当。

辅公祏叛唐的消息传到长安不几天，唐高祖即诏命他的侄子、襄州（今湖北襄樊）道行台仆射、赵郡王李孝恭进军江洲（今江西九江）；命岭南特使李靖率交州（今印支半岛）、广州（广东广州）、泉州（今福建泉州）、桂州（今广西桂林）军队，北上宣州（今安徽宣城）；命怀州（今河南沁阳）总管黄君汉率军至谯州（今安徽亳州）；命齐州总管李勣自泗水入淮，诸人皆受李孝恭节制，共同讨伐辅公祏，平定江淮。

各路军马汇集江淮后，李孝恭召集李靖等诸路将领议事。议事后设宴招待各将领。宴席间，清水忽呈血色，在座的人无不脸色惊变，以为不祥之兆。李孝恭不露声色，和平常一样，对大家说："这是辅公祏人头落地的征兆啊！"李靖及李勣等人也附和着说："是啊，此征兆象征辅公祏必亡！"并建议在座将领喝了血水，以图胜军之兆。大家共饮血水，军心士气大振。隋末天下大乱以来，数十年间兵火连绵，人心思定，李唐王朝统一天下已为民心所向。辅公祏逆流而动，确是自取灭亡。李靖精辟地分析了敌方形势，认为辅公祏留守的也是精锐部队，他们极力坚守，"我若师至丹阳，停留旬月，进则公祏未平，退则惠亮为患，这时，我腹背受敌，恐非万全之策"。而惠亮、正通虽然据城持重，"今若攻其城，乃是出其不意，灭贼之机，唯在此举"。孝恭依从其计。李靖遂率黄君汉等水陆并进，经过浴血奋战，杀伤敌军万余人。冯惠亮招架不住，落荒而逃。接着李靖又乘胜而进，率轻骑兵直抵丹阳城下。辅公祏惊恐不安，兵虽众多，但人无战心，不得不弃城出逃，后被活捉，于是"江南悉平"。

李靖运筹帷幄，判断准确，很快平定了辅公祏的反叛。唐高祖为了嘉奖他的军功，赐物千段，并赐奴婢一百口，良马一百匹。设立东南道行台，授任他为行台兵部尚书。高祖十分钦佩他的军事才干，极口赞叹说："靖奈铣、公祏之膏肓也，古韩（信）、白（起）、卫（青）、霍（去病）何以加！"

四、北灭突厥

自隋末以来，天下大乱，中原地区十数年连遭兵火，各种势力都想独霸天下，致使西北部少数游牧民族势力不断增强。他们侵犯内地，插手中原战事以武力威胁中原地区，给中原战乱火上浇油。唐王朝建立之后，其战略的主攻方向在于剪灭中原各地的武装势力以平定天下，无暇顾及西北部地区，这就导致了一些西北方部族不断侵扰内地。尤其东突厥势力的发展以达到顶峰，其力量足以与唐王朝相抗衡。

唐王朝平定中原各地之后，就开始把战略重点逐渐转移到西北部地区，欲平定边乱，最终完成多民族国家的统一。

武德八年（625），唐高祖下诏恢复过去撤销的关中十二军的建制，命太常卿窦诞等分别担任各军将军，并使挑选士卒、战马，加强战斗训练，以应对东突厥发动的大规模攻击。于是，唐工朝在关中京畿附近的同州（今山西大荔）置羽林军、华州（今陕西华阴）置骑官军、富平（今陕西富平）置玄戈军、礼泉（今陕西礼泉）置京钺军、邠州（今陕西彬县）置招摇军、宁州（今甘肃会宁）置折威军、泾州（今甘肃泾州）置天纪军、西麟州（今陕西乾县）置苑游军、岐州（今陕西岐山）置平道军，以拱卫京畿地区。

就在这种情况下，东突厥统治集团还是错误地估计了形势，不断发动攻击。这一年的四月，东突厥进攻唐凉州（今甘肃武威）；六月，东突厥进攻唐华亭（今甘肃华亭）；七月，东突厥长驱南下进攻唐相州（今河南安阳）……

七月二十四日，唐代州（今山西代县）行军总管蔺谟在新城（今山西宁武县北）阻击东突厥北还，但被东突厥击败。东突厥军在该地休整未几，即又驰骋南下。唐高祖即诏命行军总管张瑾率军到石岭（今山西忻州石岭关），右武侯大将军李高迁率军进抵太谷（今山西太谷），共同阻挡东突厥南下。

为了防止东突厥突破石岭、太谷两道防线，进击关中，高祖诏命秦王李世民率军进驻蒲州（今山西永济），全权负责河东战事。

东突厥强攻石岭，张瑾不支，败退太谷。东突厥突破石岭，攻占并州（今山西太原）、榆次（今山西榆次），直到太谷城下，与唐军对峙于太谷。同时，东突厥又分兵进袭沁州（今山西沁源）、韩州（今山西襄垣）和潞州（今山西长治），大有从南迂回合围太谷之势。

河东局势十分严峻。秦王李世民在蒲州仔细分析了形势后，觉得张瑾等人据太谷凶多吉少，必须选派能力强的将领去替换，否则太谷唐军必败无疑。

李世民首先想到的就是李靖，其次是李勣。

这时，李靖任唐安州（今湖北安陆）大都督、李勣任唐齐州都督，二人均距河东前线较远。但李世民非常着急派飞骑星夜传令，要李靖率部急速过伏牛山渡黄河进击潞州一线。要李勣只身前来潞州，协助李靖破东突厥。

唐王朝的决策者把重大的历史责任压在了李靖等人肩上。

八月十一日，张瑾不听李世民坚壁不战的命令，擅自指挥唐军与东突厥军会战于太谷。结果，因指挥失误，导致全军覆没。适逢李靖、李勣二人率军赶到韩州（今山西襄垣），张瑾只身奔逃李靖处，行军长史温彦博被东突厥俘获。

面对如此严峻的局势，李靖和李勣二人在韩州共商破东突厥之计。李靖与李勣在江淮平定辅公祏时，曾并肩作战，二人配合默契，多有建树，尤其是李靖，其兵法韬略更高一筹。这时，李靖认为，东突厥此次攻掠河东，目的原是为了进攻关中，扰掠长安。但入关中必经蒲津渡口，而此处已由李世民据守，东突厥的战略意图很难实现。在这种情况下，东突厥失去了既定的战略目标，结果只能是在河东扰掠，如果唐军发动强大攻势，其必定会退还。

李勣完全同意李靖关于战势的分析，又建议李靖说："东突厥留河东一日，我大唐百姓就受一日扰掠。听说东突厥的首领颉利可汗正在朔州（今山西朔州）坐镇指挥，并大肆劫掠，我军可把攻击的目标放在朔州，发奇兵直接去攻击其首领，这样，东突厥不日即可退兵。"

李靖赞同这一建议。二人遂组织精骑两千，采取跳跃式进击的战术，越太谷，过并州，又冲过石岭，不日即到代州，距朔州只有数十里的路程。

东突厥的首领颉利可汗在朔州城中，听说唐军已经兵临城下，急忙率众撤退。南下各路东突厥军，得知其首领已退，即率军北还。

李靖和李勣见颉利可汗北退，马上率精骑南下，于太谷附近聚歼东突厥军两千余。东突厥这次南下终被唐军击退。

随后不久，颉利可汗即遣使与唐讲和，保证再不南犯。

李世民认为，东突厥贪婪成性，永远不会满足。暂时的讲和只是求得一个喘息的机会。战争仍无法避免，将来必须通过战争解决最后问题。因此，他建议唐高祖把李靖和李勣继续留在北方前线，随时对付东突厥的进攻。

于是，武德八年（625）十月，唐高祖诏命李靖为灵州（今宁夏灵武）总管，李勣为并州（今山西太原）总管，使他们率军护卫京畿左右。待一旦时机成熟，二人彻底击垮东突厥。

武德九年（626）四月，东突厥分兵两路，东攻朔州，西攻原州（今宁夏固原），分别被李勣和李靖击退。尤其是西路，由颉利可汗亲自率领，他攻原州不下，便长驱直入，进抵泾州（今甘肃泾川），大肆抢掠一番，便挥师北退。李靖于硖石（今宁夏广武堡）设伏，截其退路。两军大战一整天，东突厥损失惨重，退兵北还。

此后不久，李靖与李勣奉诏入京，与朝臣共议唐王朝府兵征调事宜。

这时，正是秦王李世民与太子李建成争夺皇位的关键时刻。

秦王李世民和太子李建成之间的矛盾由来已久。唐高祖李渊诸子中李建成是长子，按嫡长子继承皇位的传统，李渊即位后便立建成为太子，建成将来继承皇位似乎没有多大问题。但是，从太原起兵到统一全国的一系列战争中，次子李世民的功业远远超过了其兄李建成。李世民本人又气度不凡，具有远大的政治抱负，他不可能仅仅满足于当一个秦王，必然要力图争夺皇位继承权的殊死斗争。这场斗争在全国基本统一，唐王朝统治地位稳固的条件下，便更加明朗化。

在这场斗争中，齐王李元吉站在长兄李建成一边。

斗争的双方为了自己的利益，都积极采取措施壮大自己，打击对方，瓦解对方；双方都拉拢朝臣中的主要官员以获取他们的支持，同时又都在地方上设法培植自己的势力。李世民在平定王世充、窦建德时，便积极招纳山东豪杰。李建成也不甘落后，在地方上培植自己的亲信。所以，当时唐王朝朝廷内外的重臣，都被自觉或不自觉地划分在太子集团或秦王集团中。

李靖被划分在秦王集团中。在秦王集团中有陈叔达、萧瑀，他们二人当时掌宰相大权，此外还有长孙无忌、房玄龄、高士廉、尉迟敬德、侯君集、程知节、张公瑾等人。太子集团中有曾掌宰相大权的裴寂和封德彝，魏征当时以太子府洗马的身份为李建成出谋划策。

在双方你死我活的斗争中，魏征不止一次地向太子建成建议，要他借机削弱秦王李世民的势力，自己逐渐掌握军政大权。但建成每日沉湎于酒色之中，根本没有把魏征的建议当成一回事。

李靖根据当时双方剑拔弩张的形势，觉得爆发流血的冲突无法避免。他无法改变这种形势，但只想将自己置身事外，以免将来遭到杀身之祸。同时，他还与李勣出于友谊而相互告诫。

随着太子与秦王斗争的日趋激烈，秦王麾下的一些人力劝秦王李世民赶快行动，以免受制于建成和元吉。李世民也想彻底解决问题，遂共同谋定发动玄武门之变。在事变的前一天，李世民对麾下诸人说："大家都建议我行动起来，在目前这种局势下，我只好听从大家的建议。但我实在不愿做骨肉相残的事情啊！另外，东突厥屯兵塞上，我朝若有变故，他们定会乘机攻掠，这也不得不防。所以，在行动之前，必须再征询两个人的意见，这两个人就是李靖和李勣。他们二人都与我交情不薄，而且对太子和齐王也多有不满，都会赞成我的行动。但是，他们二人身负抵御东突厥的重任，得使他们二人不为我们举事而惊恐，以着全力防备东突厥的乘机进攻。"遂命人将李靖和李勣请来。

秦王李世民有请，李靖和李勣已基本明白了所请的用意。待秦王李世民将准备诛杀建成和元吉的计划相告后，李靖和李勣都好像和平常一样，没有感到惊恐，都没有作声，只是望着李世民。李世民又一次征询他们二人的意见。李靖和李勣相互看了一眼，都对李世民轻松地微微一笑，还是没有作声。

这一笑，李世民不但放心了，而且更敬重他们了。因为李世民觉得，处大事而不乱，临大节而不危，是一般人很难做到的。他们二人虽然没有直言，但二人轻松一笑的表情所表示的态度，可以使李世民彻底放心下来。

六月四日晨，李世民发动玄武门之变，建成、元吉伏诛。在事变中，魏征被李世民擒获。李世民责问魏征说："你不过是一个村野书生，附我大唐后，不图为朝廷尽忠尽心，为什么要挑拨我们兄弟间的矛盾？"魏征毫不畏惧地回答说："太子若早听我的建议，及早动手，恐怕不会落得如此下场，真正被诛杀的或许就是你！"李世民听后，非常恼怒，便令推出去斩首。李靖、李勣走上前去，连忙劝阻，高喊"刀下留人"。李靖说："俗话说人各为其主。魏征身为太子洗马，他为太子出谋划策是他的职责，也就是为朝廷尽忠尽心，这有什么错！"李勣说："魏征才誉山东，是个很难得的人才，之所以现在被擒获，是生不逢主，遇上了太子那样的主人，才使他有如此下场。所以，这是太子的罪过，魏征是没有错的。秦王您怎么能杀一个没有罪过的人呢？"

李靖、李勣的劝解，深深地打动了李世民。李世民也觉得魏征没有罪，并早就听说过魏征的才能和为人，便下令释放了魏征。

李世民初任魏征为詹事主簿后擢拜为谏议大夫，又迁为秘书监，参与朝政，终成为辅弼良臣。

玄武门之变的当天，唐高祖诏命朝廷事物均要向秦王请示，由他裁决。

六月七日，高祖立李世民为太子，又诏命今后无论大小军政之事，先由太子裁决后，再行奏报。

八月八日，唐高祖李渊正式将皇帝传位给太子李世民。次日，李世民登基称帝，为唐太宗。同时，大赦天下，改元次年为贞观。调整皇室群臣，以高士廉为侍中，房玄龄为中书令，萧瑀为左仆射，封德彝为右仆射，长孙无忌为吏部尚书，杜如晦为兵部尚书。

李世民即位之初，因受国力财力等诸多因素的制约，对东突厥仍然难以采取力胜的手段，而是以智退为主。在战略态势上，仍然是防御为主，不敢贸然采取战略进攻。

这一年的八月，东突厥颉利、突利又率军南下，十余万骑兵过泾州，掠武功，又转攻高陵（今山西高陵），行军总管尉迟敬德在泾州阳（今陕西泾阳）与东突厥会战，双方损失惨重。颉利率军直达渭水北岸，虎视长安。

为了探听唐朝虚实，颉利派心腹执失思力以和谈为名，到长安城中去见唐太宗。执失思力在唐太宗面前夸耀说："颉利和突利两可汗，率兵百万，今日即可攻取长安。"唐太宗听后非常气愤，责备他道："我和你们的可汗，曾当面和解，送给你们的金银绸缎难以计数，但你们还要背约而行！我今天先砍下你的人头再做回答。"执失思力非常害怕，连忙求饶。左仆射萧瑀和右仆射封德彝也都劝阻太宗。太宗对他们说："我若将他放回，颉利一定认为我怕他们，这样的话，他们就会更加放肆。"遂将执失思力囚禁起来。

唐太宗马上率侍中高士廉和中书令房玄龄等六人，骑马出玄武门，直达渭水南岸。东突厥军见数骑来到，仔细一看，竟是原来的秦王、今日的唐朝皇帝，都非常吃惊，纷纷下马遥拜。这时，唐军赶来，旌旗招展，铠甲耀日，遮蔽原野。颉利见此情形，内心十分恐惧。李世民下令唐军稍向后列阵，自己单独留在岸边，高声责问颉利可汗。萧瑀认为太宗过于轻敌，挡住马头劝阻。太宗说："我单人匹马出阵，表示并不怕他。他不敢把我怎样！"颉利见唐太宗只身与他隔水对话，甚为疑惑，于是答应和谈罢兵。几天后，太宗与颉利在渭水便桥上斩白马盟誓，相约不再兵戎相加。

此后，唐太宗仍然时时感受到东突厥的威胁，常常坐不安席，食不甘味，总是勉励朝臣要奋发图强，树立平定东突厥的雄心壮志，以雪屈辱之耻。

贞观三年（629）十一月，唐太宗李世民在充分做好准备的前提下，以颉利曾助梁师都攻唐为借口，正式下诏对东突厥发动进攻。并命令兵部尚书李靖为襄道行军总管，并州都督李勣为通漠道行军总管，华州（今陕西华阴）都督柴绍为金河道行军总管，灵州大都督薛万彻为畅武道行军总管，共集结兵众十余万，各道俱受李靖节制，代州都督张公瑾为副。

贞观四年（630）正月，朔风凛冽怒号，天寒地冻。李靖率领三千精锐骑兵，从马邑（今山西朔县）出发，向恶阳岭挺进。颉利可汗万万没想到唐军会突如其来，兵将相顾，无不大惊失色。他们判定，如果唐兵不是倾国而来，李靖绝不会孤军深入。于是突厥人心惶惶不可终日。颉利不敢迎战，只得率部队北逃。李靖探知这一消息，密令间谍离间其心腹，使其亲信康苏密前来投降。李靖随即进击定襄（今内蒙古和林格尔东北），在夜幕掩护下，一举攻入城内，俘获了原隋齐王的儿子杨正道及原隋炀帝的萧皇后，他们是当年投奔突厥的。

这时，颉利可汗带着数万人马逃至铁山（今阴山以北），派使者去向唐太宗请罪，答应举国投降，自己可以入朝作人质。唐太宗连忙派鸿鸿胪卿唐俭等人前往抚慰，并命令李靖率大军前往受降。李靖看出颉利可汗一贯反复无常，背信弃义，这次投降，意在拖延时间，想等到草青马肥，然后逃入大漠以北。

李靖与李勣合兵之后，二人商议说："颉利虽然战败，但其部众为数甚多。如果容忍他逃过漠北，投靠回纥，必留后患。而且道路艰险，难以追赶。现在使节正在突厥营中，他们定会以为平安无事。眼下如果挑选一万精兵，带足二十天食用的粮草，急速掩袭，一定可以擒获颉利。"李靖把这一计划告知副帅张公瑾，张公瑾说出了自己的顾虑："皇帝已经下诏，准许颉利投降，况且又有使节留在敌人军中，怎么可以进兵呢？"李靖说："这是韩信利用使节郦食其作死间稳住齐国，然后一举破齐的计策。为了国家的安宁，个人做出牺牲又有什么可惜的？"于是，李靖不顾唐太宗的诏令，抓住战机，督率大军连夜启程，直扑颉利的驻地。李勣率本部人马随后接应。大军来到阴山，遇到上千座突厥营帐，李靖命令把敌军统统抓获，随军而行。

颉利可汗见到唐朝使者时，大喜过望，以为自己的计谋得逞了，正在暗暗得意。这时，李靖派大将苏定方率二百名骑兵为先锋，趁着大雾，迅速接近突厥营帐。在距颉利牙帐七八里的时候,才被突厥士兵发觉,报告颉利。颉利连忙骑上快马,夺路而逃。其余突厥部众失去了主帅,很快被击溃。由于这次行动快捷,出敌预料,唐使者唐俭等人得以安全脱身。李靖的大军斩杀了上万名敌人,俘虏男女人口十多万,缴获牛羊等牲畜数十万。颉利率领近万人企图渡河北窜,事先埋伏在这一带的李勣,迅速率军阻截。颉利部下的头领们见走投无路,纷纷率众投降。颉利在逃跑途中,被大同行军总管捉住,并献到京师长安。

东突厥就此灭亡,唐朝的疆域被拓展到大漠以北。

自隋朝以来,突厥是西北的强国。李靖等灭了东突厥,不仅解除了唐朝西北边境的祸患,而且也洗刷了唐高祖与太宗向突厥屈尊的耻辱。因此,唐太宗颇有感慨地说:“朕闻主忧臣辱,主辱臣死。往来国家草创,突厥强梁,太上皇以百姓之故,称臣于颉利,朕未尝不痛心疾首,志灭匈奴,坐不安席,食不甘味。今者暂动偏师,无往不捷,单于稽颡,耻其雪乎!”太上皇李渊也欣喜万分,他把太宗、贵臣十几人,还有诸王、王妃、公主等召至凌烟阁,设宴庆祝。他一时兴起,还亲自弹起了琵琶,太宗起舞,大臣们也接连起身举杯祝贺,一直延续到深夜。

唐太宗认为李靖善于审时度势,敢于决断,高兴地说:“汉代的李陵有五千士卒,却被匈奴俘虏,而青史上还记述了他的功劳。今李靖只率三千骑兵,横扫突厥,真是古来未有的奇功啊!”李靖班师后,御史大夫萧瑀上书弹劾,说李靖治军无方,对士卒约束不严,致使突厥珍宝被抢掠一空,请求司法部门对李靖审查论罪。太宗虽一时不明缘由,却驳回了这封奏疏,不许弹劾李靖。不过等李靖入朝时,太宗还是狠狠地数说了李靖一顿。李靖只是顿首谢罪,不为自己辩解。太宗思考了一会儿说:“隋朝的史万岁击败达头可汗,有功不赏,横遭杀戮。我不能这么做,我将记下你的功勋,宽免你的过错。”于是,加封李靖为左光禄大夫,赐绢一千匹,加实封户,通前为五百户。后来,太宗知道李靖受了诬告,又赐绢两千匹,并由兵部尚书晋升为右仆射,成为宰辅。

五、西击吐谷浑

唐王朝平定东突厥后,让李勣等将领驻守塞上,求得了北部地区十多年来的安宁，使北部的社会经济有了进一步的发展。与此同时，唐太宗在李靖的策划下又把战略的重点转移到西部，以重新开通丝绸之路为目标对西域地区破坏和阻碍丝绸之路畅通的各个割据政权和势力发动了一系列的进攻。

丝绸之路是汉武帝时期开通的一条连接亚欧大陆的东西方交通要道。它东起长安，穿过河西走廊，分别沿着塔克拉玛干大沙漠的北缘和南缘，汇合于帕米尔高原（古称葱岭），然后进入中亚、西亚，直达地中海沿岸。这条道路的开通，成为东西方文化交流和友好往来的桥梁，也成为东西方经济交流的大动脉。汉武帝为保证丝绸之路的畅通，曾派著名将领卫青、霍去病数次远征匈奴，卫、霍二人因征匈奴而彪炳青史。至汉宣帝时，汉王朝在西域设置了西域都护府（治所在今新疆库尔勒西），使其成为汉王朝在西域固定的行政机构，所管辖的地域范围包括巴尔喀什湖在内的帕米尔及其以东以南的新疆、青海广大地区。

从汉末到隋王朝的统一，其间近四百年，中原地区战火频繁，始终没有形成统一的强有力的中央集权，故使西域地区失控，丝绸之路也时通时断。丝绸之路沿线及其附近地区，诸多少数民族或割据自立，或建立政权，相互征伐，抢劫商旅，破坏了丝绸之路的畅通。

至唐初，在东突厥的庇护下，丝绸之路沿线及其附近的割据势力直接与唐王朝对抗，严重破坏了多民族国家的统一，破坏了东西方文化交流。在这种情况下，唐太宗在李靖等率部平定北方的东突厥后，便开始把战略重点转向了西域地区。

唐太宗听取李靖的建议，把战略目标对准了吐谷浑。

吐谷浑属原鲜卑族的一支，生活于青海湖一带，有地数千里，建都伏俟城（故址在今青海湖西岸），是唐王朝西部的一大势力。唐朝建立后，其主慕容伏允一面遣使来朝，一面掠唐鄯州（今青海乐都），给唐王朝带来了很大危害。为此，唐太宗曾想通过和亲手段来牵制，但慕容伏允及其部族不受其制，曾多次扣押唐使，进犯唐境。

李靖少年时代曾锐意进取，然而一旦富贵在身，又深惧盈满，能知足而退。到了贞观八年（634）十月，担任宰相职务刚满四年的李靖就以足疾辞任，而且言辞恳切。唐太宗明白李靖的心意，并十分欣赏李靖的这一举动，派遣中书侍郎岑文本转告他的话：“朕观自古以来，身居富贵，能知止足者甚少。不问贤智，莫相自知，才虽不堪，强欲居职，纵有疾病，犹自勉强。公能识达大体，深足可嘉。朕今非直成公雅志，欲以公为一代楷模。”特颁下诏书，加授特进，赐物千段，尚乘马两匹。让他先离职在家，待足疾稍好一些，每两三天可到中书、门下平章政事。不久，又特赐李靖一条灵寿杖，以帮助他疗养足疾。

此事还不到两个月，就发生了吐谷浑进犯凉州的事件。近年来，在唐朝忙于平定内乱、进攻突厥的时候，西部边界以外吐谷浑部族的力量悄悄地壮大起来，屡次越过边界，骚扰边境居民和军队，攻占城邑，掠夺人口，有时甚至拘留唐朝派往西域的使节。贞观八年发生吐谷浑进犯凉州时，唐太宗下令大举讨伐吐谷浑。

在任命大军统帅时，唐太宗又想到了足智多谋、威名震撼边庭的李靖，认为他是最合适的人选，可惜足疾尚未完全康复。但是，这位年过花甲的老将军一听到朝廷将远征吐谷浑的消息，顿时精神抖擞起来。他顾不上足疾和年事已高，主动去求见宰相房玄龄，请求挂帅，亲自远征。唐太宗闻讯，大喜过望，这年十二月，即任命老将军为西海道行军大总管，又分别任命兵部尚书侯君集、刑部尚书任城王李道宗、凉州都督李大亮、利州刺史高甑生等五人为各道行军总管，统由李靖指挥。于是，一场大规模的反击吐谷浑的战争序幕拉开了。

李靖奉命赴任之时，正值寒冬腊月季节。他一路踏着冰雪，风餐露宿，艰辛备尝。第二年闰四月，唐军在库山（在今青海天峻）与吐谷浑交战。李道宗部大败吐谷浑，唐军首战告捷。

狡诈的吐谷浑可汗伏允一面往西败退，一面令人把野草烧光，以断绝唐军马草。干草已被烧光，青草尚未萌生，诸将大都认为战马瘦弱，不可长途追击。侯君集认为吐谷浑已“鼠逃鸟散，斥候亦绝，君臣携离，父子相失，取之易如拾芥，此而不乘，后必悔之”。李靖完全同意他的意见，决定不给敌人以喘气的机会。于是兵分两路：李靖与薛万均、李大亮等从北路，侯君集、李道宗从南路，两路大军一齐进发。

当时唐军对大漠腹地的情况不熟悉，所以李靖的这一决策具有很大的危险性。为了确保大家顺利获胜，李靖派人用重金收买当地的一些牧民作为向导，各部不停顿地向大漠腹地进军。

李靖部将薛孤儿在曼头山击败吐谷浑的一支部队，斩杀了这支部队的主帅，缴获大批牛羊，解决了唐军粮食短缺的困难。随后，大军在荒无人烟的地段长途跋涉两千余里，克服了重重险阻，分头经过数次激战，终于将吐谷浑击溃。可汗伏允见大势已去，再无回天之力，便自缢而死。

这次战役，使整个吐谷浑部族几乎被扫荡净尽，残余部分归降后，李靖奉诏安置，帮助他们重建吐谷浑国，然后整军回朝。

李靖在统兵西平吐谷浑的作战中，认真汲取以往的教训，对部队严格要求、严格管理、严格约束。行军总管高甑生因贻误军机，受到李靖的严厉督责，高甑生以此怀恨在心。待作战结束回朝后，高甑生串通广州都督府长史唐奉义诬告李靖谋反。李靖对此泰然处之，不因自己受冤作任何申辩。唐太宗令人查清此事纯系诬告后，将高甑生谪配到边远地区。自此以后，李靖更加严于律己，采取了“阖门自守，杜绝宾客，虽亲戚不得妄进”的谨慎自重的处事态度。

唐太宗为了嘉奖李靖的大功，改封他为卫国公，使他得到了当年卫青、霍去病那样隆厚的荣宠。

贞观十七年（643），李靖与长孙无忌等二十四人图像置于凌烟阁，被尊奉为功臣，并进位开府仪同三司。

这时，在东方的高丽（即朝鲜）出了个名叫盖苏文的酋长。他杀了高丽国王高建武，取得了政权，把高丽官员杀了一百多人，又进攻半岛南半部的新罗和百济。新罗和百济派使者向唐朝求救。于是，唐太宗决定东征。

贞观十八年，唐太宗亲自征伐高丽，把李靖召入阁内，对他说：“公南平吴，北破突厥，西定吐谷浑，唯高丽未服，亦有意乎？”这位年过七旬的老将军虽然染病在身，仍表示愿意从行，对太宗说：“往凭天威，得效尺寸功。今疾虽衰，陛下诚不弃，病且瘳矣。”太宗见他实在年老体衰，没有同意他远征。

李靖虽然没有从征高丽，但对前线的战事非常关注。唐太宗进至驻跸山（今辽宁辽阳南）时，高丽兵倾国出动，内部空虚。李道宗曾请求率精兵五千，奇袭平壤，太宗未答应。事后回京，太宗询问李靖说：“吾以天下之众，困于蕞尔之夷，何也？”素以出奇制胜的李靖以为太宗未能听从李道宗的计谋，便说：“此道宗所解。”太宗遂询问李道宗，道宗说明了当时的建议未被采纳一事，太宗听后怅然说：“当时忽遽不忆也。”

李靖明察事件，善于见微知著，多谋善断。唐太宗深为钦佩，要他教给侯君集兵法，李靖不能不答应。然而过了一段时间，侯君集却上奏太宗，说李靖有谋反之意，因为每到精微之处，李靖就不教授，看来藏了一手。太宗听后责备李靖，李靖却回答说："倒是君集此人有反意。今中夏乂安，臣之所教，足以安制四夷矣。今君集求尽臣之术，专门对权谋感兴趣，用于应对，可以看出此人将有异志。"此时，侯君集还没有任何反迹，所以太宗似乎不太相信。一次，朝后回尚书省，侯君集越过省门数步尚未发觉。李靖见到这种情况，便对人说："君集意不在人，必将反矣。"至贞观十七年四月，侯君集果然与太子承乾谋反，事情败露后被杀，证明了李靖的预见准确无误。

六、李卫公兵法

李靖一生的大部分时间，是在为开创大唐事业的军旅生涯中度过的，他不但是一位功勋卓著、经验丰富的军事指挥家，而且是一位硕果丰硕的军事理论家。他边征战，边总结实践经验，著书立说，为继承和发展古代军事思想做出了杰出贡献。

据《旧唐书·经籍志》、《新唐书·艺文志》、《宋史·经籍志》等史书记载，李靖一生撰著的兵书有十余种，诸如《玉帐经》一卷、《六军镜》三卷、《韬钤秘术》一卷、《韬钤总要》三卷、《三军水鉴》三卷、《用兵手诀》七卷、《出军占风气候》十卷、《卫国公手记》一卷、《兵钤新书》一卷、《弓诀》一卷、《射法指诀》一卷、《左仆射李靖兵家心术法》一卷、《明将秘要》三卷，等等。可见李靖军事著述的内容是十分广泛的，但可惜的是，这些军事论著大多早已散佚失传了。我们现在所能看到的，仅有清代汪宗沂根据唐杜佑《通典》、宋李昉《太平御览》和明唐顺之《武编》等书存录的李靖论兵的部分内容辑成三卷本的《李卫公兵法》。现在广为流传的《唐太宗李卫公问对》，是以李靖用兵史实为依据，以君臣论兵的问答形式而由宋人编撰的一部兵书。它虽非李靖的亲笔之作，但仍不失为研究李靖军事思想的一部有价值的军事论著。

在李靖的军事生涯中，亲自指挥了几次大的战役，取得了重大的胜利。在《李卫公兵法》中，管中窥豹，其中可见有关李靖的治军带兵、行军作战、扎营斥候等都有所记载。

李靖严于治军,赏罚分明,不避亲疏与仇雠,以惩恶劝善,激励将士。《李卫公兵法》中说:“尽忠益时、轻生重节者,虽仇必赏;犯法怠惰、败事贪财者,虽亲必罚;服罪输情、质直敦素者,虽重必舍;游辞巧饰、虚伪狡诈者,虽轻必戮;善无微而不赞,恶无纤而不贬,斯乃励众劝功之要术。”他非常欣赏诸葛亮挥泪斩马谡的军法严明,又称道曹操因违犯军纪而割发示众。为了严肃军纪,提高军队的战斗素质,李靖申明了二十四条法令,如:泄露军事斩之;背军逃走斩之;或说道释,祈祷鬼神,阴阳卜筮、灾祥,讹言以动示众,并于其往还言议者斩之;吏士所经历掳掠者斩之;奸人妻女及将妇人入营斩之;吏士破敌滥行杀戮、发冢焚庐、践稼穑、伐树木者斩之……这样,就能创造出一支战斗力强、军纪严明、深得民心的军队。

在对敌作战方面,李靖特别主张善于因势利导。《李卫公兵法》说:“凡事有形同而势异者,亦有势同而形别者。若顺其可,则一举而功济;如从未可,则暂动而必败。故孙膑曰:‘计者,因其势而利导之。’”他认为:“如我方士卒已齐,号令已行,奇正已设,布阵已定,誓众已毕,上下已怒,天时已应,地利已据,鼓角已震,风势已顺,敌人虽众其奈我哉?”他还比喻说,面对张牙舞爪的猛虎,头有利角的凶兕,自己手无寸铁,身无庇护,却要与之搏斗,势不可能,其道理也是非常明白的。他总结道:兵有三势,一曰气势,二曰地势,三曰因势。“如果将勇轻敌,士卒乐战,三军之众,志励青云,气等飙风,声如雷霆,此所谓气势也。”如果关山狭路,大阜深涧,道如“龙蛇盘阴,羊肠狗门,一夫守险,千人不过,此所谓地势也”。如果因敌怠慢,劳役饥渴,“风波惊扰,将吏纵横,前营未舍,后营未济,此所谓因势也”。善于因势利导,是克敌制胜的重要条件。

在以步兵、骑兵作战为主的当时,李靖认为善于利用地形、地物是至关重要的。《李卫公兵法》中指出,《军志》云:“失地之利,士卒迷惑,三军困败,饥饱劳逸,地利为宝,不其然矣。”他指出,要根据双方的有利条件,及时决定自己的战略战术。例如,彼此都具有有利的地形,这时就要采取“让而设伏,趋其所爱而傍袭之”的战术;如果彼此地形都不利,则采用“引而佯去,待其半出而邀击之”的战术;在平旷的地方,使用骑兵冲杀,则要“率骑而与阵”;在地势险隘之处,则适于步兵作战。他还指出几点指挥者禁忌的地方:在阴暗的沼泽之地,“沮洳幽秽,垣陷沟渎,此车之害地也”。在有进无出之地,“大阜深谷,污泥堑泽,此骑之败地也”。他善于利用地物,在“深林盛薄”之地,主张使用矛铤杀敌;在“芦苇深草”之地，则必用风火。他总结道：“凡战之道，以地为主，虚实为佐，变化为辅，不可专守险以求胜地也。仍须节之以金鼓，变之以权益，以逸待劳，掩尽为疾，不明地利，其败不旋踵矣。”

李靖认为，为了战胜敌人，使用反间计，促使对方相互猜忌，上下离心离德，这是瓦解敌人，战而胜之的有效策略。《李卫公兵法》说：“夫战之取胜，此岂求之于天地，在乎因人而成之。历观古人用间，其妙非一也。即有间其君者，有间其亲者，有间其贤者，有间其能者，有间其助者，有间其邻好者，有间其左右者……”他还进而指出了行使反间计的方法：“且间之道有五焉：有因其邑人，使潜伺察而致词焉；有因其事，故泄虚假，令告示焉；有因敌人之使，矫使其事而返之焉；有审择贤能，觇彼向背虚实而归说之焉；有佯缓罪戾，微漏我伪情浮计使之亡报之焉。”要更好地使用反间计，达到预期的目的，“皆须隐秘，重之以赏，密之又密，始可行焉。”李靖还进一步指出，在我方使用反间计的同时，还要提高警惕，严防自己中敌人的反间计。他说：“且夫用间以间人，人亦用间以间己，己以密往，人以密来，理须独察于心，参会于事，则不失矣。”这样才能万无一失。如果只考虑己方使用反间计，却不提防敌方也会使用反间计，就可能出现螳螂在前、黄雀在后的危险局面。

李靖十分重视将帅的作用，在《李卫公兵法》中专门列举了将帅不善于练兵作战的十大失败因素：“军中有贤能而不能用者败；上下不相亲而各谈己长者败；赏罚不当而兵士多怨者败；知而不敢击，不知而击者败；地利不得，而卒多战厄者败；劳逸无别，不晓车骑之用者败；觇候不审而轻敌懈怠者败；行于险道，而不知深沟绝间者败；阵无选锋，而奇正不分者败。”之所以会导致这十败，是因为指挥者不善于用人抚士，不知己知彼，不懂地理，不懂阵法等造成的。因此，他结论说：“凡此失败，非天之殃，将之过也。”

李靖对下营安寨及斥候也有一套理论。《李卫公兵法》指出：在平原广袤、无险可守之地扎营，要作方营，即把部队分为七军，“中军在中央，六军总管在四畔，像六出花。”为了防止敌人偷袭，必须放哨警戒，安排好斥候，哨兵“须择勇敢之夫，选明察之士，兼使向导，潜历山原，密其声，晦其迹”，哨兵必须精明强干，见微而知著，“见水迹则可以测敌济之早晚，观树动则可以辨来寇之驱驰也”。

七、高度的评价

唐贞观二十三年（649），李靖病情恶化，唐太宗亲临病榻慰问。他见李靖病危，涕泪俱下，十分难过地对李靖说："公乃朕生平故人，于国有劳，今疾若此，为公忧之。"这发自肺腑的话语，不仅表达了太宗对李靖伤痛惋惜的真挚感情，并且再次高度评价了李靖为国建树的卓越功勋。

这年四月二十三日（7月2日）李靖溘然逝去，享年七十九岁。唐太宗册赠司徒、并州都督，给班剑、羽葆、鼓吹，陪葬昭陵，谥曰景武。坟墓如同卫青、霍去病故事，筑坟形同突厥内燕然山、吐谷浑内积石山二山形状，以纪念李靖当年在这些地方作战时的功勋。

在皇宫内三清殿旁的凌烟阁，前些年唐太宗为怀念当初一同打天下的众位功臣，命阎立本在凌烟阁内描绘二十四位功臣的图像，皆真人大小，命褚遂良题之，其中卫公李靖排第八。太宗时常前往观摩怀旧。

上元元年（760），唐肃宗把李靖列为历史上十大名将之一，并配享于武成王（姜太公）庙。

李靖跟随李渊父子三十余年，南征北战，东挡西杀，屡建奇功，被唐太宗引为生平故人。他为人忠厚，才兼文武，不炫耀功劳，不掩饰过失，故而深得唐太宗信赖，一路出将入相，为唐朝的统一与巩固立下了赫赫战功。唐太宗曾给予高度评价："尚书仆射代国公靖，器识恢宏，风度冲邈，早申期遇，夙投忠款，宣力运始，效绩边隅，南定荆扬，北清沙塞，皇威远畅，功业有成。"同时，他治军、作战都积累了一套成功的经验，丰富和发展了我国古代的军事思想和理论，他著有多部兵书，《唐太宗李卫公问对》在北宋时期列入《武经七书》，成为古代兵学的代表著作，一直流传至今。笔者即拥有此书，所以在本文中有所介绍、引用，也希望同好者共同研究。因为军事家虽然不少，但李靖有其独特的军事思想，给人以不同凡响启发。其出将入相的德识才学和处世态度，尤其值得重视。

传奇将军巴顿

巴顿（1885~1945），美国陆军四星上将，第二次世界大战著名军事统帅。参加过第一次世界大战。第二次世界大战历任装甲旅长、师长、军长、集团军司令等。率部参加北非、西西里岛登陆战役，法莱斯、阿登战役等。他作战勇猛顽强，重视坦克作用，强调快速进攻，有“铁胆将军”、之称。1945 年 12 月 9 日，巴顿在外出打猎时突遇车祸而受重伤，12 月 21 日在德国海德堡一家医院辞世，享年 60 岁。

在第二次世界大战中，美国陆军上将乔治·史密斯·巴顿是欧洲战场上最杰出、最受人尊敬的盟军军事领导人之一，尤以“血胆将军”之名而著称。

一、早年的生活和教育

1885 年 11 月 11 日，巴顿出生在加利福尼亚州圣加布里埃尔一个富裕并且具有军事传统的家庭。父亲乔治·史密斯巴顿（1856~1927）是一名地方检察官，1877 年毕业于弗吉尼亚军校，曾担任加利福尼亚州圣马力诺首任市长，之后继承了巴顿外公威尔逊的事业，生活富裕。母亲露斯·威尔逊，外公本杰明·威尔逊是帕萨迪纳市大地主、洛杉矶首任市长，也是加利福尼亚州最大的葡萄酒和白兰地酒制造商。乔治·S. 巴顿排行老大，有一名妹妹妮达·巴顿（1887~1971）。

巴顿祖先原为苏格兰人，是苏格兰东部亚巴登的地主。巴顿家族第一个从苏格兰移民到美国维吉尼亚州的祖先是罗伯特·巴顿，是一名契约工，后来迎娶安妮·戈登·摩塞为妻而跻身上流社会。家族中有多人参与过美国重要战事与殉职者，其中包括罗伯特·巴顿的岳父，独立战争中的休尔·摩塞准将。摩塞将军在特伦敦袭击战中表现突出，之后在普林斯顿之战中负伤而死亡。

父亲一名朋友的祖上约翰·史格顿·莫斯比是美利坚联盟国中的骑兵英雄及游击战领导人，经常给巴顿讲述南北战争中的英雄事迹。巴顿崇拜联盟国将领“石壁”杰克逊将军,家族的多位成员都曾在杰克逊麾下任职。这些人作战勇敢、指挥有方、充满自信、战绩赫赫,成为巴顿效法的楷模。

巴顿相信灵魂转世的说法,认为自己是从迦太基统帅汉尼拔、古罗马军团战士、拿破仑麾下元帅、古希腊重甲步兵、东罗马贝利撒将军的骑兵、斯图亚特王朝的苏格兰高地人等多个著名、善战、勇敢,不同时代的军事角色转世而来。年少的巴顿认定自己将来成为一名将军与英雄是必然的事情。巴顿以及其他家族成员,也都宣称曾经明确目睹祖先的灵魂。

他的曾祖父是家族第一个叫乔治·史密斯·巴顿(1833~1864)的人,南北战争期间曾担任联盟国上校团长,后阵亡。南北战争结束后,曾祖母带领三个孩子来到洛杉矶,改嫁给曾祖父的表兄弟,时任加利福尼亚州参议员的乔治·休尔·巴顿。父亲为了纪念其继父而于 1868 年改名为乔治·史密斯·巴顿。姨母安妮·威尔逊对小巴顿疼爱有加,曾在他就读西点军校期间与他做伴陪读。

巴顿少时特别淘气,只贪玩,不爱学习,常常打群架,欺负别的小伙伴。他父母管不住他,便把他送到军队子弟学校,想靠军队的纪律对他有所管束。后在弗吉尼亚军事学院学习一年。

这个时期,巴顿一面上学,一面在他姑妈的熏陶下,接触了很多有关战争的书籍,如《三个士兵》、《三个火枪手》、《间谍》、《亚瑟王与桌骑士》、《十字军的故事》、《船长的勇气》、《蒙特罗斯传奇》、《海盗》、《湖女》,等等。战争激烈而动人的场面常常萦绕在巴顿的脑际。特别是读了《湖女》以后,就用女主角命名自己建造的第一只小舟,称“伊莱妮”号,又称自己心爱的马为“加拉哈德”,唤家里的小狗为“兰斯洛特”。他常常爬上农场一棵最高大的棕榈树上侦察“敌情”,然后骑上“加拉哈德”追赶“敌方”骑士,用自制的短剑与人比武。总之,一切称之为“孩子们的战争”的游戏,巴顿无不心醉神迷,花样翻新。可是,他的数学却是倒数第一。

1904 年,巴顿获准进入西点军校学习。但由于他朗读困难,影响了学习能力,成绩较差,便被“留级”一年,只能与 1909 届学员一起毕业。

在留级后的这段时间里,巴顿非常用功,并为自己制订了三个目标:要在训练队列中夺冠;至四年级必须升为学员副官;在体育运动项目上要打破学院纪录。为了实现这三个目标,他付出了极大的努力。他的衣食住行都是军事化的。

他的军服是由纽约市一家价格昂贵的裁缝店缝制的，显得笔挺而整齐。就这样，为了保持裤子的平整挺拔，他还买了一个熨斗，每天洗烫，从不间断。夜间，他把裤子平放在两块木板中间夹着，压在垫子下面，人睡在上边。每个星期六上午，学员们背诵队列条令，巴顿每次都去得很早。背完后，开饭就不到一小时了，同学们都利用这个机会松弛一下，他却赶回宿舍擦枪，准备午饭后的检阅。

队列操练总是在星期六下午进行，可是巴顿常常在星期天就开始按预料的科目，苦练下个星期的动作了。这样，一个星期勤练不息，到星期六，他的动作已经达到了近乎完美的程度。

西点军校像其他传统的学校一样，高年级生对低年级生是严厉而苛刻的。但是，每次操练检阅完毕，回到营区时，指挥官常常利用15分钟时间进行点名，而这时，高年级生对低年级生两腿分开的姿势丝毫也不干涉，许多低年级生就乘机松弛下来。巴顿却仍然一丝不苟，两腿按操典要求，尽力分开站稳，一动不动……

留级的打击，并没有挫败巴顿想当一名将军的理想。他仍然一如既往，衣着整洁，举止端庄，刻苦勤奋，全心全意地参加重复多次的操课训练。不仅如此，轮到他值日时，他也像以前一样，倾注着满腔热情。由于他在军事勤务方面的严厉，同学们给他起了个“豪猪刺”的绰号。他一切都按照军事职责去做，谁违反军纪或玩忽职守，他都毫不留情地给予惩罚和汇报。为此，他在班上成了一名不受欢迎的学员。

但是，他终于赶上去了。由于竭尽全力，终于如愿以偿地实现了三个目标。如体育，除了军校的体育课和其他共同项目外，他还做柔软体操，去体育馆活动，参加打橄榄球、踢足球、游泳、长途步行等，尤其是剑术和马术，他更是“志在必胜”，从不会输掉。

一次打橄榄球，他被人冲撞，肩关节脱臼，许多人劝他放弃这项活动，但他皱着眉头，忍着疼痛，仍然不下球场。后来，他在球队一直坚持了四年。

就在这时，巴顿由于遗产和婚姻使他得到了100万美元的财产。由一个穷当兵的摇身一变，成了百万富翁。这使不少同学为之眼红。100万美元，可以使任何一个人过上优越富裕的生活。如果在100万美元和战场操场之间选择，可能不少人会选择前者。但巴顿却不然，他不因自己成为富人而放弃追求和理想。

他仍然把自己置身在部队的行列中，照样训练，照样操课，照样每天晚上把裤子夹起来，放在身体下面的垫子上压着……

正是这样的选择和精神，使巴顿在未来的军旅生涯中，战胜了许多难以想象的困难，取得了一个个辉煌的成就，成为一代名将，赢得了人们的高度敬仰。

巴顿被分配到骑兵部队。1912 年夏季，巴顿参加了在瑞典首都斯德哥尔摩举行的第 5 届奥运会，取得五项全能项目的第 5 名，成为参加这一运动项目的第一位美国人，特别是获得击剑的第 3 名，号称“军中第一击剑高手”，并获得过“剑术大师”的荣誉称号。

参加奥运会后，巴顿到法国索米尔军事学校学习击剑课。在这里他发现法国骑兵使用马刀的方法远远超过美国骑兵，原因很简单：法国人是用刀尖去刺杀，而美国人则是用刀刃去砍杀，刺杀能更快地接近敌人，作战效率更高。怀揣改进骑兵军刀的想法，巴顿调到了弗吉尼亚的迈尔堡。这是一个骑兵驻地，有军队里最优秀的骑手，有美国出身最好的军官，他们熟悉华盛顿的几乎每一位要人。在这个“离上帝最近的地方”，血气方刚的巴顿决定大干一番，改进骑兵军刀就是他的“敲门砖”。“从法国式的直剑取代美军盛行的弯刀。”巴顿把自己的想法明白无误地写进文章里，并把文章交给迈尔堡骑兵团团长格拉德上校。格拉德是位老骑兵，当然看出了巴顿的主张有多么重要的意义，就建议巴顿再增添一些内容，把文章寄给《骑兵月刊》。受到鼓舞的巴顿没有听从团长的建议，他把目光投向了更高级别的军事刊物。他知道，小小的《骑兵月刊》不足以引起军界高层的注意。他在给妻子的信中写道：“我希望这篇文章引起轰动，我相信一定会的。”1913 年 1 月 11 日，颇有影响的《陆海军杂志》刊登了巴顿的文章，并立即引起了军界的关注。“我想我要出名了！”巴顿异常兴奋。几个月后，陆军参谋长伍德将军命令按照巴顿设计的样式和规格，打造 2 万把新军刀。这种新型骑兵军刀是直线型设计，刀有 940 毫米长，刀身的宽度为 257 毫米，刀刃非常长，是一种理想的击刺武器，能够方便地用于刺杀。巴顿的钻研和思考终于结出了果实。

新军刀选在斯普林菲尔德的工厂铸造。为保证军刀的生产质量，巴顿被专门派去负责检查验收。美国军械部次长也对巴顿设计的新军刀很满意。他说：“巴顿作为一位击剑手的技巧和经验，对于军械部价值无限。”新军刀还需要新的训练教程。春风得意的巴顿于是开始编写《军刀教员讲义》。1914 年 3 月,《军刀教程》一书由陆军部批准出版。巴顿在书里进一步强化了他附着在新军刀中的“刀尖”精神,指出:“要记住刀尖是压倒一切的重点,富有活力,勇于进取的勇士要像刀尖一样,在进攻中刺穿敌人的身体……”批量生产的新型骑兵军刀在骑兵部队中广泛使用,并以“巴顿剑”闻名天下。1916 年 3 月,巴顿调任布利斯堡骑兵团时,高兴地看到团队使用的军刀全是自己设计的“巴顿剑”。这一发现让巴顿激动得热泪盈眶。然而凌厉的枪弹使骑兵的军刀渐渐失去了用武之地,“巴顿剑”更多地成了骑兵们的标志性装备,很少在实践中使用。即使成名后的巴顿,也没有机会以他的胆量和“巴顿剑”再去与纳粹军人单挑了。

二、参加第一次世界大战

1915 年,巴顿被调到得克萨斯州第 8 骑兵队。次年 3 月离开该队,参加墨西哥远征军,给 J.J. 潘兴将军当助手。1917 年 5 月巴顿晋升为上尉,跟随潘兴到法国参加第一次世界大战。

可以说,巴顿是美国坦克部队的创始人之一。这时,他非常热衷于坦克部队的组建工作。当时的坦克还是一个“未满周岁的婴儿”,由于技术上的缺陷和使用不当,受到不少人的非议和嘲笑,有人把它称作“带轱辘的棺材”。巴顿对是否到坦克部队工作,也曾犹豫不决。他去信征求岳父的意见,那位波士顿纺织业家回信说:“我是一个爱好和平的人,对战争一无所知。我对你的劝告是,你应该选择那种对敌人打击最沉重,对自己伤亡最小的武器。”巴顿从中得到启示,于是定下了去坦克部队的决心,并从此与坦克结下了不解之缘。

巴顿到坦克部队后,他的具体任务是训练和指挥两个坦克营。这两个坦克营后来组成坦克兵第 1 旅。巴顿对于训练坦克部队没有任何经验,只能从零做起,他先后到英国的博文顿学校和法国的夏普勒坦克学校学习,刻苦钻研坦克技术,研究坦克战例,摸索使用规律。1918 年年初,巴顿奉命在马恩河上游的格勒附近建立了美国坦克训练中心,接受了法国捐助的 22 辆坦克,开始了艰苦的训练工作,到 7 月,组建成了 6 个坦克连。

8月22日,领临时中校军衔的巴顿奉命率领第304坦克旅参加圣·米耶尔会战,他乘坐坦克第一次参加了战斗。当时坦克的性能很差,既无通信设备,汽油又不足,很难协同一致地行动。巴顿跑前跑后地指挥部队,勇猛果断地孤军深入敌军防线。9月26日,巴顿第二次参加作战时,负伤住院。因他组建坦克部队有功,作战勇敢,先后荣获优异服务十字勋章和服务优异勋章各一枚。当1919年离开法国时,他已成为一名上校。

第一次世界大战结束后,巴顿回到国内,仍热心研究坦克的技术和战术,到了痴迷的程度。经费不足,他就自己掏腰包购置技术设备,并资助机械师研制新型坦克。为了使陆军部的将军们对新坦克加深印象,他让自己的妻子做驾驶表演。但巴顿的热情却遭到了冷遇。1920年,美国国会通过了国防法案,改组和消减陆军,把装甲兵置于步兵建制之下,一辆坦克的全年经费只有区区500美元。于是,巴顿离开坦克部队,又回到了骑兵部队。

在战后的大复员中,巴顿回到上尉军衔,但不久又晋升为少校。

三、爱“放大炮”的人

1925年至1928年,巴顿在夏威夷驻军中任职。在此期间,爱“放大炮”的巴顿总是对上司横加指责,不但使上司颇为难堪,自己也失去了不少人缘,被同事们称为“和平期间的捣乱分子”。

1925年巴顿到夏威夷的斯科菲尔德军营中担任师部的一级参谋。一年后,他被晋升为三级参谋。巴顿的主要工作是负责对战术问题和部队的训练提出建议并进行检查,但他经常越权行事。1926年11月,他观看了第22旅的演习,对这次演习非常不满,便直接向旅指挥官递交了一份措辞激烈的意见书。他的这种做法是纪律所不允许的,因为他只是一名少校,无权指责一名准将指挥官。这样一来,他便招致了上司的非议和怨恨。

但巴顿并未吸取教训。1927年3月,在观看了一场营级战术演习后,他又一次大光其火。他指责营指挥官和其他人员训练松懈,准备不足,没有达到预定目的。虽然这次他很明智地请师司令部副官代替师长签了名,但其他军官心里很清楚，这又是巴顿搞的鬼，所以联合起来一致声讨巴顿。众怒难犯，师长没有办法，只好把这位爱放大炮的参谋从三级参谋的位置上撤下来，降到二级。

由于巴顿先毕业于骑兵学校，后又毕业于利文沃斯堡的参谋学校，因此，他在 1928 年至 1931 年调至骑兵司令部办公室任职。1932 年，巴顿进入陆军学院学习，1934 年晋升为中校，三年后又晋升为上校。1938 年至 1940 年，巴顿任第 3 骑兵队队长。

四、在非洲战场

在美国介入第二次世界大战前夕，由于美国扩军，巴顿晋升很快。1940 年 7 月，他任治亚本宁堡第 2 装甲师第 2 装甲旅旅长，领临时准将衔。

第二次世界大战初期，当德国大量使用机械化部队横行于欧洲大陆，闪击波兰、蹂躏法国，准备入侵英国的时候，美国持有孤立主义思想的人，对于在战场上已显示巨大威力的坦克，仍然熟视无睹。面对这种形势，巴顿带着强烈的兴趣注视着欧洲战争的发展，贪婪地阅读代表当时创新思想的有关军事人物的军事理论和作战指导原则，极力主张发展机械化部队。巴顿的观点得到一些领导人的重视，并让他参与组建机械化部队，从而为后来美军参战打下了一个很好的基础。

1941 年，总参谋部规划了一次美国历史上规模最大的实兵对抗演习，共组成 4 个野战集团，约 100 万人参加。刚接任装甲第 2 师师长、晋升为临时少将的巴顿率部参加了这次演习。演习指挥部企图通过演习来证明防坦克武器的优越性，而坦克不过是“破烂货”。演习开始后，巴顿按照新的坦克战术原则，指挥坦克部队大胆地进行侧翼迂回，穿插敌后，充分显示了坦克迅速推进、所向披靡的威力，从而证明坦克部队在未来大纵深作战中将是一张不可缺少的王牌。通过演习，巴顿一举成名，成为全军最出色、最勇敢智慧的坦克指挥员。

后来，在实践中，巴顿的新的作战思想得到了充分运用。如后来在阿伦奇斯的突破战役中，巴顿使用 2 个装甲师进入交战，引导步兵深入突击，猛打穷追，迫使德军仓皇逃遁。

巴顿领兵，十分强调军事纪律，重视严格治军。他认为，纪律的基础，在于珍惜军人的荣誉，在于互相尊敬与信任。纪律养成了，可以成为官兵高昂士气的主要因素，提高战斗力的潜在力量。如果不严格执行纪律，就等于潜在的自杀。为了使每个军人养成严格的纪律，他对士兵的仪表举止要求非常严格。他有一句口头禅："不整洁的士兵，不会在战斗中战胜。" 无论是平时还是战时，他要求士兵必须戴上钢盔，打好绑腿、领带，随身佩带武器，严格按照规定执行。他自己，也非常重视用以身作则的方法培养部队的作风纪律。他的着装十分讲究，总是非常整洁，仪表堂堂，引人注目。

巴顿认为，把普通平民变成有纪律的战斗兵，最根本的手段是训练。他自信通过严格的训练，能在一星期之内使任何部队激起高昂的士气。他十分重视模拟实战训练。在北非作战之前，他把部队带到加利福尼亚的灼热的沙漠地区，进行越野行军、战车演习、炮兵射击、挖掘战壕，以及构筑坚固的野战工事。十分紧张的训练，士兵虽有很多怨言，他却毫不姑息，认为平时多流一滴汗，战时可以节省一加仑血。在一天训练之后，每个人都已精疲力竭，但他还要求大家再坚持跑一英里路，而他自己却要跑 1.25 英里。巴顿能够做到这一点，与他平时重视参加踢足球、骑马、击剑、长途步行和游泳等多种体育活动有关，这些运动使他练就了坚强的体魄，为从事艰苦的军事训练和紧张的战斗奠定了基础。

巴顿初到北非时，是第 1 装甲军军长，在北非登陆成功之后，奉命留驻该处。当时，深入北非与德军作战的是第 2 装甲军，该军军纪涣散，屡吃败仗。为使该军振作起来，艾森豪威尔上将便把巴顿调任第 2 装甲军军长。按艾森豪威尔的说法，巴顿的使命便是要重振萎靡不振的第 2 军，使其斗志昂扬。巴顿到第 2 军后，立即着手进行整顿。他的做法是，首先规定早餐必须在 7 点 30 分完毕的办法，迅速结束参谋人员上班迟到的现象。接着制订严格的军风纪律条例，如规定每个军人必须时刻戴着钢盔，包括医生护士在内。开始，军内一些人持怀疑观望态度，巴顿便亲自出巡，寻找那些不戴钢盔的官兵，叫他们排队，对他们训话，就这样，在很短的时间里，使第 2 军出现了新的面貌，增强了纪律性，提高了凝聚力、战斗力。巴顿后来这样总结：在机械化战争的惊人速度中，懒散的人，缺乏信心的人，服从迟缓的人，都要失败。我们领导者，如果没有严格的纪律要求，就会变成一个谋杀者或自杀者。

巴顿个性粗暴，作风蛮横，有时甚至打人骂人。但更多的时候是恩威并重、奖惩分明。他关心士兵的疾苦，对作战有功人员及时进行奖励和授勋。他认为军官懂得照顾士兵，比懂得战术更重要。他常对军官们说，绝不可节省弹药，因为浪费弹药比浪费生命好得多。从婴儿到士兵至少要养育18年，而生产弹药只要几个月就可以了。保全士兵的体力，是一件很重要的事情。巴顿的原则是，在战时，只要有机会乘车，绝不让士兵走路。为做到这一点，他利用一切可利用的车辆（战车、装甲车、炮弹的拖车、卡车等），让士兵乘坐。有些将军认为，用这种方式行军，军容太不雅观。巴顿却说，这种行军方式，既可以前进迅速，又可以把疲乏减到最低限度。他要求军官们不仅在战斗中关心士兵，在平时也要对士兵的健康负责。一个军官，必须在进入掩蔽部时走在最后面，前进时走在最前面；必须时常关心士兵的口粮和福利，注意士兵的鞋子穿着是否舒适；必须预料天气的转变，适时发给士兵适宜的被服和鞋袜。

巴顿非常欣赏拿破仑的"如果有足够的勋章，我可以征服世界"这句名言，认为做好奖励工作，是鼓舞和保持士气的一种有效办法。他常说，在战争中如果士兵感到指挥官在时刻关心着他们，他们就能忍受任何艰难困苦，并用对指挥官的忠诚、服从和尊敬作为报答。

巴顿重视军官的作风建设，主张以实际行动训练部队。他认为，机械化的大兵团作战，地域辽阔，兵种复杂，流动性大，各级指挥官的决策、命令的贯彻执行，诸兵种战斗行动的协调配合，都依靠参谋人员的和谐与全体官兵的协同作战能力，没有这种合作精神，绝不能赢得战争。他责令指挥官深入第一线，主张高级军官应该主动去看望下级军官，只有当几个指挥官共同商定并协调计划的时候，才把他们召到司令部。和下级军官在一起时，自己不做的事，绝不要求他们去做。对于如何做好领导，他形象地拿一根湿面条做示范。他把湿面条放在桌上，将手指插入中央，然后推向前方。他说，这就是领导。他强调高级指挥官只有到前线视察，才能了解到实际情况。这样做，可能随时有受伤或阵亡的危险，但这种危险能扩大其视察的价值。

在北非，巴顿接任第2装甲军军长后，有一位资深的上校认为，在他的钢盔上漆上一只鹰，无异于自杀。巴顿发现后，他这位在钢盔、两肩及手枪上都绘着或挂着三颗星的中将，让这位上校坐上他的吉普车，一起前往前线视察。他的吉普车经过的地方，士兵们都向巴顿敬礼，并停下工作向他欢呼。巴顿指着士兵向这位上校说，那些士兵在等着你的领导，因为你没有军衔识别，所以他们对你不当回事，我也不是什么了不起，只是因为佩戴军衔。他还告诉上校，一个部队只有指挥官靠前领导，才能鼓舞士气。那位上校一个劲地点头称是，后来情绪也高昂了。

北非战局是二战期间德、意同英、美为争夺北非、近东和地中海等重要战略地区和目标所进行的一系列军事行动。还在 1940 年 9 月 13 日，在比利时、埃及边界展开的意大利集团军，以 6 个步兵师和 8 个坦克营的兵力开始进攻英国“尼罗河”集团军，企图侵入埃及。英军在埃及、比利时边境只有 1 个师，未及抵抗即仓促东撤。英军在得到增援并经准备之后，于 12 月 9 日以英军装甲师和印度步兵师总兵力为 4 个师的基本兵力突然发起反攻，意大利守军向英军投降，其余西撤。到 1941 年 2 月 11 日前，英军已进至阿盖拉、马拉达以东一线，并在此转入防御。英国政府决定向巴尔干转移力量，为了利用意军在希腊的失败和在希腊建立夺取巴尔干半岛的战略基地，一部分英军从北非调到了希腊。这使北非意军免遭彻底失败。为确保欧洲战场南翼的安全，挽回意大利在北非的败局，1941 年年初，法西斯德军统帅部以隆美尔为司令，将组建的德军非洲集团和一些航空兵部队调往利比亚，增援意军。此后，北非战场出现了更为激烈的局面。这年 3 月，专门经过沙漠战训练的德军“非洲集团”，在其被誉为“沙漠之狐”的司令隆美尔将军统率下，接替意军作战，迫使英军从利比亚撤退，退回埃及。11 月，英国第 8 军开始反击，迫使德军西撤。1942 年 5 月，隆美尔率德军再次发动进攻，在一场坦克会战中大败英军，把英军逐回埃及境内 250 英里。英军在从海岸附近的阿拉曼至盖塔拉洼地这块不毛之地中间筑起一道坚固防线。德军虽多次出击，却始终未能突破。10 月 23 日，蒙哥马利将军率英军第 8 集团军，在巴顿将军率美国部队的支持、配合下，对德军阵地实施猛烈炮击和轰炸后，发起猛烈进攻，突破德军防线，迫使隆美尔败回突尼斯。这就是著名的阿拉曼战役，它是第二次世界大战中最关键的战役之一。

在战役前夕，德、意联军非洲坦克集团在埃及阿拉曼以西占领了正面宽 60 公里的防御阵地，总兵力约 8 万人，坦克 540 辆，大炮 1219 门、飞机 350 架。经过 3 天的航空火力准备和 20 分钟的炮火准备之后，10 月 23 日傍晚，英军开始进攻，至 11 月 4 日全面突破敌军防线。为挽救德军，隆美尔下令撤退。意大利军运输车辆被德军抢掠一空，4 个步兵师缴械投降。英军随即进至突尼斯边境。

当阿拉曼战役正在进行的时候，巴顿指挥第 7 集团军与英军紧密配合，于 11 月 8 日在阿尔及利亚和摩洛哥的 3 大港口城市及阿尔及尔、奥兰和卡萨布兰卡登陆。经过 74 小时的激战，终于迫使驻摩洛哥的德军投降，为盟军顺利地完成北非战局部署创造了有利条件。随后，巴顿被任命为美国驻摩洛哥总督。

在战役中，巴顿充分展示的战术特点就是迅速、无情、勇敢、无休止地进攻。德军将领也认为巴顿是杰出的战术天才，敢作敢为，具有难以置信的创造性。

巴顿强调纪律，治军严厉，但他的性格并不僵硬，而是知道该什么时候放弃规定。在这个寒冬的冬季，他所率领的官兵用各种方法保暖，着装很不成样。这时的巴顿非但不追究此事，反而相应地改变了特别情况下的着装规定。巴顿并不是鲁莽武夫。的确，他身材魁梧、健壮，简直可以说有一副标杆式的军人仪表，但他与那些四肢发达的人所不同的是，他的学识比较丰富，他拥有 4000 册军事图书，在当时整个美国陆军中只有麦克阿瑟的私人藏书比他多。巴顿的写作能力也很强，不亚于一般的作家。口才也极好，他粗俗的言辞也许是出于对美国民族特性和西部精神的认识。巴顿这样写道："美国士兵唯一不具备的气质就是狂热。当我们与狂热者作战时，这是一个极为不利的因素。"也就是说，斯文的人一定打不过满怀仇恨的人。巴顿试图用那种泼辣、粗俗、咒骂、露骨的口语唤起士兵狂热的气质。他看重仪表，讲究风度，希望被士兵奉为偶像，这对于统率一支几十万大军的将领来说，也许是必要的。

1943 年 4 月 20 日，英美军队集中绝对优势兵力，两面夹击，于 5 月初占领了比塞大港和突尼斯城。至 5 月 13 日，北非德、意军队全部投降，英、美军队全部占领了北非。

五、西西里之战

北非战役于 1943 年 5 月 13 日完全结束之后，英美军决定进军意大利，开始西西里战役。

英美军进攻西西里的作战代号为"赫斯基"。该战役的作战计划早在 1 月就已经开始制订。卡萨布兰卡会议之后，联合参谋长委员会于1月23日任命美国艾森豪威尔将军为"赫斯基"作战行动的总司令，英国亚历山大元帅为副总司令，海军上将坎宁安为海军部队指挥官，特德为空军部队指挥官。艾森豪威尔受命成立一个特别参谋部来计划和准备这次作战行动，亚历山大被任命为地面作战总指挥官。2月11日，艾森豪威尔任命了他属下的几个指挥官。两天后，联合参谋长委员会同意了这些任命。地面部队指挥官为：蒙哥马利领导东部特遣部队，最初被称为545特遣部队，实际上就是英国第8集团军，下辖第13和30两个军；巴顿领导西部特遣部队，即第343特遣部队，包括美国的第2军（由奥马尔·布莱德雷直接指挥）等部队，第2军后来升级为美国第7集团军。这两支特遣部队在亚历山大的司令部的指挥下作战。在该战役的计划阶段，该司令部称为第141部队，后来则简单地把所辖的两个集团军的番号加在一起，称为第15集团军群。

4月23日，蒙哥马利到开罗与德·甘冈及其幕僚人员讨论"赫斯基"计划。这时已经制订出7个计划，但没有一个使蒙哥马利感到满意。4月24日，他给亚历山大发了一份很长的电报，包含了3个要点：1. 所有的计划都有毛病，因为每一个人都想从自己制订的计划中获得好处；2. 蒙哥马利坚决要求制订他自己的集团军的计划；3. 第8集团军必须在锡拉库萨和南部的帕基诺半岛之间登陆。接着，他补充说："我不能判断这种解决办法会对整个战役产生什么影响。"

4月29日，亚历山大在阿尔及尔主持会议。蒙哥马利卧病在床，让奥利弗·利斯代他前往参加。从会议的审议情况看，蒙哥马利提出的解决办法产生了很大的影响。特德拒绝了蒙哥马利的计划，理由是，按这个计划不能夺取大量机场，并且不能获得空中优势。而坎宁安则称这个计划不能保护靠近海岸的船只免遭空袭。但亚历山大认为，从陆军的观点来看，这个计划的基本概念是正确的。于是，艾森豪威尔这时来行使他的权力了，他于5月2日召开了一次最高级会议。在会上，蒙哥马利提出了一个全新的计划。根据这个计划，美国人要放弃在战役初期夺取巴勒莫的主张，改为在南部的杰拉一带海岸登陆。而英第8集团军则仍在原来建议的地方登陆。结果，他的计划成为最后被采纳的进攻西西里的计划。

也许蒙哥马利的计划是正确的，但在战役初期却把美国人降低为一个次要的角色。谁都知道巴顿不是一个甘居次要地位的人，因此，这必然会伤害他的感情。这一点，艾森豪威尔是完全清楚的，但出于对共同事业的忠诚，他还是接受了蒙哥马利的计划。

蒙哥马利的计划被接受之后，英军与美军的地面行动实际上已浑然一体。双方在战斗中都需要相互的直接支援，其后勤也需要相互帮助。显然，协调、指挥与控制需由一位集团军司令和一个联合参谋部负责。蒙哥马利向亚历山大提出了这一看法，亚历山大表示赞同，于是向艾森豪威尔提出，但艾森豪威尔未表同意。他认为，组织上还是英、美两支军队分开，但归亚历山大统一指挥。

进攻西西里登陆后，战役怎样展开？蒙哥马利认为，为了快速占领西西里岛，防止驻岛敌军逃回意大利，因而提议："两支军队并肩在南岸登陆后，应该迅猛地向北挺进，把这个岛屿切成两半，接着组织一个向西的防御侧翼。两支军队集结起来迅速驰往墨西拿，以防止敌军渡越海峡逃跑。海空军也必须紧密合作，不使任何敌军由海上逃跑。"亚历山大表示同意。但是俗话说"计划赶不上变化"，真打起来就是另外的样子了。

盟军为了保守机密，迷惑敌人，采取了一次特殊行动。4 月 30 日，盟军故意将一具尸体抛于西班牙海岸附近的海中，尸体上带有英国皇家海军军官的证件和一个装有重要文件的公文包。这些文件谈到盟军将实施战役的几种方案：如在地中海东部登陆的地点定在奔尼撒半岛沿岸的两个地段；而在地中海西部则对西西里岛采取牵制行动，对撒丁岛的部队实施主要突击。西班牙当局于 5 月 7 日发现这具尸体后，立即向德国首脑机关报告，德国首脑机关对这些文件信以为真，未能识破盟军的真实意图。7 月 9 日，即英美军在西西里岛登陆前夕，德军统帅部的凯特尔还通知"南方"集团军群和"东南"集团军群司令官说：预定入侵撒丁岛和西西里岛的部分英美军已调往地中海东部的几个地域，准备在希腊实施登陆。

登陆前的两个月内，盟军空军对主要机场、港口、潜艇基地以及分布于西西里岛、撒丁岛和亚平宁半岛南部的工业中心实施了连续的空袭。到登陆战役开始时，这些目标已遭到严重破坏，英美空军已取得了绝对空中优势。

7 月 9 日，所有护航运输船队均抵达会合地域：英军船队集中在马耳他岛东南，美国和加拿大船队集中在果佐岛以西。因风大浪高，船队在此停留。德军潜艇乘机对英美舰船实施袭击，击沉了 3 艘。

7 月 10 日，蒙哥马利和巴顿同时开始登陆行动。英第 8 集团军第一天就攻占了宽 100 公里、深 10 至 15 公里的登陆场。巴顿的部队作战很难，他们在南部海岸登陆受到了风和海浪的很大影响，而且岸上敌人的抵抗也很凶猛，还遭到了几次骚扰性空袭。尽管如此，到这一天结束时，美第 7 集团军 3 个师的突击部队还是上了岸，进占了杰拉和利卡塔，夺占了 3 处各宽 12 至 15 公里、深 3 至 5 公里的登陆场。当然，在登陆过程中，英美军也各自付出了惨重的代价。

如果说墨西拿是意大利大门的话，那么具有许多丘陵和大山群的埃特纳火山就是这扇大门的门槛了。埃特纳火山耸立在卡塔尼亚平原的北面，它俯视着西西里这个三角形岛屿的东南角。如果要从南面或西面接近和占领墨西拿，就必须经过埃特纳。

7 月 12 日，蒙哥马利给亚历山大打电报说："我的作战情况非常好……我建议让我的集团军向北进攻，以便将这个岛截成两半。"但是在蒙哥马利看来，这样做需要把美第 7 集团军用作一种静止的侧翼警卫部队。巴顿闻讯，这次再也不愿充当支援角色了，他的雄心更大，到 7 月 13 日的时候已经注视着巴勒莫了。那天，亚历山大去看望巴顿时，巴顿主动请战，亚历山大允许他有限地向前推进。亚历山大傍晚刚刚回到司令部，就接到蒙哥马利的电报，内说在断裂多山的西西里岛作战的指挥官，必须拥有可供使用的良好公路。而当时只有两条良好的公路可供第 8 集团军使用。一条是经过埃特纳火山的东侧翼向北延伸的 114 号公路，蒙哥马利准备让第 13 军使用。而另一条 124 号公路位于美军的作战地幅内，而且布莱德雷也像蒙哥马利所打算的那样，准备把这条公路用作第 2 军的进攻轴线。于是，英军偷偷地抢先使用了这条公路。美军于 7 月 13 日傍晚在 124 号公路发现了英第 51 高地师。午夜时分，亚历山大竟下达了一个"绝对命令"，指示布莱德雷将这条公路移交给蒙哥马利。

这样，亚历山大就好像用盐来擦巴顿和布莱德雷的伤口。本来由于蒙哥马利的鼓吹导致了"赫斯基"作战行动计划的修改，从而降低了美第 7 集团军的作用，成了配角。现在，在亚历山大的纵容下，蒙哥马利又从他们手中抢走了一条宝贵的公路，以便他得意扬扬地进入墨西拿，甚至不允许美军向巴勒莫推进。巴顿憋了一肚子气，但他尽量控制着没有发火，或撂下挑子，作为军人，他服从了命令。

但是,美军交出124号公路并没有成为现实。7月13日希特勒决定迅速赶调两个师到西西里,另外再加一个由赫布将军领导的军司令部。此外,墨西拿的控制和防御已经完全“德国化”,并且随着战斗的发展,德国人接管了作战指挥,特别是接管了西西里岛的指挥。德军南线总司令凯塞林在6月底前就到了西西里,并把他的观点强加给了意大利地区指挥官吉佐尼。结果,蒙哥马利在东南部就面临着由那不勒斯师和里窝那师组成的第16军、若干较小部队、赫尔曼装甲师以及第15装甲师的一个步兵群。

在东部,由于希特勒通过凯塞林进行遥控,德军的抵抗强硬起来。不过,希特勒的遥控逐渐改变了调子,最初是要求把盟军赶下大海,最后是决定在西西里东北部保持一个桥头堡,以便掩护德军和比较忠诚的意军向意大利本土撤退。防线将由赫布来控制。

德军制订出一个明确的计划,并且正在把兵力集中在一个十分适宜于防御的、断裂的和没有道路的地区。这样,英军的装甲部队是没有用武之地的。德国坦克部队从7月13日起,将蒙哥马利的部队阻止于奥古斯特以北,英军多次试图向卡塔尼亚推进,但均告失败。因此,取得西西里战役的胜利越来越困难了。由于蒙哥马利的两条进攻轴线都进展缓慢,亚历山大向英国参谋总长报告说,他打算用第13集团军经由卡塔尼亚向墨西拿进攻,并派埃特纳火山西面的第30军先到圣斯特凡海岸,然后再转回来向墨西拿进攻。亚历山大是想对蒙哥马利施加压力,要他抢在德军继续加强防线以致能够从意大利本土调来增援力量以前拿下墨西拿。7月16日,亚历山大以指令的形式把上述计划下达给各集团军指挥官。

这个指令更加严重地伤害了美国人的感情。美第2军军长布莱德雷写道:“它证实了我早先的疑虑,只有蒙哥马利才被允许去进攻墨西拿。”巴顿深信自己也能到达墨西拿,对分配下来的任务十分不满,因为分给他的任务是对付岛上力量软弱一端的敌人。于是,骂过之后,他乘飞机去找亚历山大讲理,要求得到向巴勒莫推进的许可。亚历山大权衡形势之后,批准了巴顿的要求。

7月22日,巴顿的部队抵达西西里岛北岸,进占巴勒莫。而在头一天,蒙哥马利命令第13军在卡塔尼亚前转入防御,并决定用第30军在左翼进行主攻而遭到了一次局部失败。

7月25日，亚历山大召开了一次协调会议，会上美国第2军受领了向东突进的任务。到7月27日，美军就占领了圣斯特凡诺和尼科西亚，从而南面开来的第30军加拿大师则占领了阿吉拉。这样，第15集团军群终于到达敌人主要防线的边缘了。但是，从7月26日起，这条防线起了新的变化，因为意大利首脑墨索里尼于7月25日被赶下了台。

从墨索里尼下台后，原来就不积极抵抗的意军更是成批地投降。德军不得不只靠自己的兵力防守西西里岛。坦克第14军所辖的“戈林”坦克师、摩托化第15师和刚调到岛上的摩托化第29师，奉命扼守西西里岛东北部圣斯特凡诺、尼科齐亚、卡塔尼亚一线。德军既无力完成这一任务，又得不到增援的可能。于是，凯塞林于7月27日命令赫布进行撤离准备。因此，德军当时的任务，就是尽可能快地、尽可能安全地撤离西西里。

英美军在增调兵力后，于8月4日对德军防御进行突破。经过长时间的航空火力和炮火准备之后，英军首先发起进攻。到8月5日，第13军推进到埃特纳火山与海之间的狭长地带，而第30军则推进到了火山另一侧的丘陵地带。8月6日，第13军占领卡塔尼亚。蒙哥马利决心艰苦作战到底，他甚至把已经抽出来准备进入意大利本土的第5师又调回了前线。第8集团军于8月16日傍晚进入了墨西拿。但接待他的是巴顿的部下第3师第7步兵团。原来巴顿一直让他的部队沿着北面的海岸推进，沿途只遇到一些退却的意大利军队，而没有遇到坚决的抵抗，因此，美军比英军早一步进入墨西拿。

近一段时间以来，巴顿一直憋着气，这时才兴高采烈起来。

在西西里战役中，意军伤亡约13.2万人（主要是战俘）；德军伤亡约3.2万人；盟军伤亡约2.28万人。

下一步该怎么办？美国政府和英国政府的首脑从政治上考虑，各有各的打算，对是否继续进攻地中海，产生了意见分歧。因此，艾森豪威尔很难给他属下的指挥官规定一个明确的指导方针。在7月31日至9月8日这段时间里，英美军制订出许多作战计划，其代号分别为“酒杯”、“敲板”、“滑膛枪”、“煽动叛乱者”、“硫黄”、“支柱”、“巨人1”、“巨人2”、“雪崩”和“贝镇”。在这么多的计划中，只采纳了最后的两个。“雪崩”是马克·克拉克将军的第5集团军9

月9日在萨莱诺登陆的代号,以那不勒斯港为作战目标。但要实施“雪崩”之前,需实施“贝镇”计划。“贝镇”计划由蒙哥马利负责实施,其目的被亚历山大写在半张纸上:“你的任务是在意大利半岛的趾部地带获得一个桥头堡,以便我海军部队通过墨西拿海峡作战。如果敌军从意大利南部,即趾部地带撤退,你得全力追击。记住,你愈能把意大利南端之敌拖住,那么你对‘雪崩’军事行动的贡献就愈大。”

9月3日凌晨4点30分,蒙哥马利属下第30军的炮兵开始猛烈攻击墨西拿海峡对岸。由于他们从巴顿的第7集团军借来了80门中型炮和48门重型炮,这次炮击的火力格外猛烈。与此同时,15艘战舰袭击了海峡南端的敌军防御部队。后来一路艰难,但到9月10日,蒙哥马利的部队还是到达了卡坦扎罗一线,在7天之内前进了100英里。接着继续打下去……

好战的巴顿哪里去了呢?就在西西里期间,巴顿打了两个无伤病住院的士兵几个耳光,骂他们是“懦夫”、“胆小鬼”,称他们是在逃避责任。这一事件在前线和国内都引起轩然大波,也导致巴顿被留在西西里执行占领任务,未能参加在地中海的下一步战斗。

六、在欧洲战场

1944年1月,巴顿被召往英国,参加制订盟军进攻驻法国德军的计划。到达英国后不久,巴顿就成了一项设计周密、代号为“坚忍”计划的中心人物。这是一个欺骗计划。为了使希特勒及其高级指挥官把加来海峡看成主要的危险地点,继续让德军第15集团军在此驻扎,在海岸上修筑大量防御工事,所以巴顿与蒙哥马利设计了这个计划,以便让德国人深信盟军的进攻将发生在7月的第3个星期,而在主要进攻加来海峡之前,盟军还将从苏格兰进入挪威,还设法使德国人认为,对诺曼底的任何攻击都仅仅是一种佯攻。

这一巧妙的作战计划是在苏格兰东南部制造一个假象,使敌人相信那里存在着一个完整的集团军及辅助的空军部队,而总指挥将是巴顿。蒙哥马利借助于以往各种设施的残余和少量部队,模拟了令人信服的司令部、兵营以及进攻用的装置，还把无线电通信增加到与一个集团军相称的程度。“坚忍”行动的逼真，使隆美尔在5月21日这样说：“盟军的主要突击力量在英格兰南部和东南部集结，蒙哥马利和巴顿的司令部均位于伦敦以南所证实。”德军的其他将领也这样说：“斯凯尔特和诺曼底之间的主要正面仍然是英美军最可能进攻的地点。”

英国皇家空军和美国陆军航空队的频繁活动，越发加强了这种欺骗作用。正是在“坚忍”的行动欺骗下，德国人将大批部队部署在加来海峡地区，准备抗击巴顿集团军群将要发动的进攻。也就是说，这一假象在希特勒以下的德军高级指挥官的脑子里还处于支配地位。因此，德军第7集团军只能依靠自己的力量作战，本来能从第15集团军调过来的5个步兵师和两个装甲师还在原地未动，甚至第7集团军本身的坦克战略预备队也不能马上派上用场。虽然党卫军第1装甲师和勒尔装甲师可以投入战斗，但党卫军第1装甲师、第17师和第2师还远离战场。这样，所谓德军用步兵挡住美军而用装甲部队把英军赶下海去的貌似宏伟的战略，在执行此项任务的党卫军第1装甲军军长迪特里希看来只是纸上谈兵。

实际上，“坚忍”这项巨大的欺骗计划正在牵着敌人的鼻子转。德国人随后调来的装甲部队就像预期的那样开往卡昂，像预期的那样零零散散地准备投入战斗。1944年6月6日，盟军最高司令官艾森豪威尔果断指挥盟军进攻欧洲大陆。数千艘运输船、登陆艇和军舰载着英国、美国、法国、加拿大和其他盟国的军队横渡气候恶劣的英吉利海峡，在法国西北部登陆。登陆作战开始前，美国空军和海军曾对法国沿海的德军防御工事多次猛烈轰炸。但在盟军登陆后发现，敌人依然阵地坚固、武器完好。巴顿等指挥的美军就在犹他、奥马哈两个海滩遇到敌人的顽强抵抗。同时，东面的英军在加拿大军队增援下猛攻德军固守的卡昂港。尽管德军充分利用诺曼底地区极利于防守的地形，但经过7周激战，盟军在7月底已建立起牢固的滩头阵地。

8月1日，在欧洲大陆上的美军的21个师重新组建为第1和第3集团军，第1集团军由霍奇斯指挥，第3集团军由巴顿指挥。这两个集团军组成美国第12集团军群，由布莱德雷统辖。布莱德雷同蒙哥马利会商后，于8月3日要求巴顿用“最少量的部队”夺取布列塔尼半岛，而用其余的部队向南、向东突击，扫清卢瓦尔河以北地区，然后按蒙哥马利所说的“横扫小树林地带以南地区”。

这是巴顿梦寐以求之事,他立即着手进行“这一看来不能做但却做成功了的事”。阿夫朗什大桥那边只有一条公路,白天黑夜都处于德国空军的定期攻击之下,但巴顿却在72小时内将其7个师通过阿夫朗什这条公路。这样的前进速度一直保持到他的前卫第15军冲过开阔地带。到8月7日,巴顿的部队差不多进了勒芒。

8月7日凌晨,冯·卢克格根据希特勒的命令,用集中起来的装甲部队,取道莫尔坦发动反攻,企图夺回阿夫朗什,切断巴顿的补给线。先冲过来的坦克意外地袭击了正在“休整”之中的装备不堪的美军第30师。但该师顽强坚守,连续战斗6昼夜,始终将敌军顶住,直到其他部队赶来增援为止。德军的反攻一刻也没有挡住巴顿的前进。他的第15军现在已从勒芒向北直指阿郎松。这样,希特勒开始担心B集团军的后侧,于是8月15日允许冯·卢克格从莫尔坦做“小小的撤退”。一天以后,巴顿给布莱德雷打电话说:“我的部队已经进入阿让唐。让我前进到法莱斯,我们要把英国佬赶下海去,让他们再尝一次敦刻尔克的滋味!”这当然是开玩笑,但也是有意讽刺和侮辱英军。不过巴顿这样说并不公平,因为当他的坦克正在宽阔的公路上向前飞奔时,北面的英国人却一直在困难的地形条件下与凶猛抵抗的敌人做斗争。

为了扎起德军莫尔坦攻势所形成的口袋口,蒙哥马利与巴顿率领的从南面而来的美军会师了,两位将领都笑逐颜开。随即把攻下法莱斯的任务交给了加拿大第1集团军。

到8月17日,德军后卫部队仍在顽强抵抗,掩护着溃败的其余部队源源向东后撤。敌我双方胶着混战在一起。

德军仍在做垂死挣扎,拼命抵抗着英、美、加、波诸军的进攻。到8月18日,德军还是撑开着一道6英里宽的缺口。可是,这时盟军的作战飞机和大炮发挥了极其强大的威力,实际上已将这道缺口封死。德军被紧紧逼入急剧收缩着的袋形阵地内,纷纷沿着公路,穿越田野,拼命向东逃窜。在德军力图从缺口处逃命的那6天中,他们大约有1万人战死,此外还有5万人被俘。在从缺口中逃出的2万至5万人中,有很多人还没有到塞纳河畔就被打死了。被分割包围在其他地区的数千名德军,也缴械投降了。德军有8个步兵师和两个装甲师的人马,几乎是一个不漏地全部束手就擒。希特勒希望用来粉碎西线盟军的整个军队,已被彻底击溃。这时,艾森豪威尔、巴顿和蒙哥马利握手庆功了。

1944 年 12 月,当经过补充的第 3 集团军在梅斯地区准备发动攻势时,德军发动了阿登攻势,这就是著名的突出部战役。巴顿停止进攻,率军向北挺进,插入德军突出部的南翼,并于 1945 年 1 月中旬将这支德军消灭。盟军随后转入进攻,突破德军的齐格菲防线,继而打进德国境内。

巴顿积极进攻,迅猛推进,第 3 集团军穿越莱茵兰,并于 3 月 22 日在奥本海姆渡过莱茵河。在突破莱茵河之役,巴顿为了加速进攻步伐,竟不惜一切代价、不择手段地搞油料。他授意其下级冒充兄弟部队去友邻冒领油料,甚至采取偷窃、抢劫的手段把友邻的油料搞到自己手里。作为集团军司令,他自己竟开着只剩最后一点汽油的吉普车,到上司那里强行加满油箱。他的这些越轨行为无疑使他的上司大为光火,但是他用这些非常手段得来的油料却打了一个大胜仗,一举率先突破了德军的莱茵河防线,从而为美国陆军争了光。连那位从骨子里瞧不起美军的英国名将蒙哥马利都因此而对美国刮目相看。

巴顿率部突破莱茵河之后,德军的抵抗开始瓦解。这时,巴顿指挥第 3 集团军一鼓作气,横扫德国,并抓获了数千名失魂落魄的战俘。在 1945 年 5 月 7 日结束敌对行动时,巴顿的集团军已进入捷克斯洛伐克境内。

七、胜利之后

战争结束了,二战名将巴顿的命运也从辉煌的巅峰转入厄运。

在盟军完全占领德国之后,巴顿参加了盟军的阅兵式。阅兵式后,苏军将领出于对这位美国四星上将的钦佩,特派联络官和一名翻译来邀请巴顿去饮酒。巴顿本来就对苏联有偏见,他认为苏联在中欧的存在对该地区的稳定是个极大的威胁,这时不想应邀,居然愤怒地吼道:“告诉那个俄国狗崽子,根据他们在这里的表现,我把他们当成敌人,我宁愿砍掉自己的脑袋,也不同意同我的敌人去喝酒。”他的话吓住了翻译,不敢翻,他却命令翻译一字一句地翻译过去。这就酿成了一次非常不愉快的外交事件。因为当时美苏都是同盟国的主力,为了消灭法西斯,美国罗斯福、苏联斯大林、英国丘吉尔费了九牛二虎之力才结成了同盟,岂能因巴顿的耍脾气而影响政治利益?

不料巴顿屡教不改,不断惹是生非。他非常粗鲁,出口成"脏",常常开口闭口"他妈的",曾因打骂两名士兵而差一点儿受到军法审判,只是因为战争需要和上司艾森豪威尔的庇护,才免遭议会那些人以"人权"为借口的追究。

然而这时战争已结束,巴顿却依然"祸从口出"。在他以第3集团军司令兼驻巴伐利亚军事长官的身份举行的一次记者招待会上,他对盟军的肃清纳粹党员的计划公开提出了非议:"如果军管政府雇用更多的前纳粹党员参加管理工作和作为熟练工人,那么军管政府会取得更好的效益。"事实上,他已任用了至少20名纳粹党员在政府中工作。有记者追问:"将军,大多数德国的普通人参加纳粹党,难道不就是与美国人参加共和党或民主党差不多吗?"激动的巴顿没想到这是圈套,竟然乖乖地钻了进去,信口答道:"是的,差不多。"于是,美国及全球许多报纸上出现了一个赫然的大字标题:"一位美国将军说,纳粹党员就像共和党人民主党人一样。"这样,就把祸闯大了!当时美国执政的是民主党,怎么能与德国纳粹党相提并论?两党制是美国根本的政治制度,岂能说两党与纳粹一样?

他的上司艾森豪威尔虽然表面上不问政治,实际暗地里却正为实现其政治抱负而努力,岂能容忍巴顿这个不断给他添乱的下级?不过,工于心计的艾森豪威尔还是先给巴顿一个台阶让他下,而没有马上处理。他让巴顿公开收回他的那番信口开河的话。巴顿照办了,但又画蛇添足地说了许多为自己辩解的话。巴顿的辩解终于让艾森豪威尔忍无可忍,在社会舆论和各种政治力量的压力下,最终采取了果断措施,下令免去巴顿第3集团军司令和驻巴伐利亚军事长官之职,而任命为有名无实的15集团军司令。这是一个空架子的集团军和空头司令,他的任务只是带一些参谋和文职人员,整理二战欧洲部分的军事史料而已。

八、要命的车祸

在离开生死与共、横扫欧洲的第3集团军时,身经百战、出生入死不眨眼的巴顿泪水涟涟,哽咽得说不出话来,好不容易才读完了他那十分简短的告别演说。

巴顿自此从精神上毁灭了。他心中愤愤不平,表面上却玩世不恭。他用打猎之类的消遣来麻醉自己，以抚平心头的伤痕。就在1945年年底，他的轿车与一辆军用卡车相撞。他受了重伤，颈部折断，颈部以下全部瘫痪。同年12月21日，他在海德堡的一家医院里与世长辞。

据说巴顿死得非常平静，似乎并未感到有多少痛苦，或者说他不把肉体上的痛苦当作痛苦。就在他生命的最后三天，他仍然不时地与护理他的女护士开玩笑，幽默风趣的语言逗得小护士们嘻嘻哈哈地笑个不停。他似乎是要以微笑来面对死亡，似乎是在盼望这一刻的到来。

这正是他的心中所想，他曾不止一次地说过："一个职业军人的适当归宿，就是在最后一战中被最后一颗子弹击中而干净利索地死去。"本来他的这一愿望是可以实现的，只是因为侥幸，才使他多次死里逃生。在战争结束之际，他乘坐的飞机曾遭到攻击，一位没经验的英国飞行员驾驶的战斗机误将他当作了敌人，险些送了他的命，而幸亏此人没经验，他才捡回来一条命。还有一次，他乘坐的吉普车与一辆牛车相撞，牛车上的一根长杆撞伤了他的头部，幸而没有伤命。自战争结束后他已经预约了死亡，强烈地感觉到在和平时期将无所事事，还不如死了更愉快、更可取。他曾不止一次地对孩子们讲，他再也见不着他们了。当孩子们制止他说这类丧气话时，他说："真的，有人已经向我透露了。"现在，当他盼望的时刻就要到来时，就像他制订的一项作战计划就要实现时，他当然只有嫌迟而不会怨恨，只有"幸福"而不感觉痛苦了。

巴顿虽然被解除了第3集团军司令之职，但他的遗体仍然与第3集团军的6000名阵亡者葬在一起。他未像某些安葬在华盛顿公墓的将军那样显赫、排场，而是埋在了异国他乡。但是，按照他的性格逻辑，他比其他将军们显然要幸福得多，因为他也许永远不会孤独，总有6000名部下官兵做伴。或许他也不用对付那些来自各方面的明枪暗箭，免遭其不愿承受的羞辱，而永远可以安静了。

他的墓碑上，只有两行必不可少的字："乔治·史密斯·巴顿，第3集团军上将，军号02605"，近乎无字碑，没有一点歌功颂德的话。不过二战的历史已为他写好了墓志铭。《纽约时报》的一篇评论写道："他不是一位和平人物。也许他宁愿在他所热爱的部下都在忠诚地跟随着他的时刻死去。他的祖国会以同样的忠诚怀念他。"

九、不同的评价

纵观巴顿的一生,可以看出他呈现出鲜明的个性特点,粗鲁、野蛮是他在战争中留给人们的印象,潘兴元帅甚至把他叫作“美军中的匪徒”,引起世人不同的评论。很多人认为他是“一位统率大军的天才和最具有进攻精神的先锋官”和“20世纪的拿破仑”;但也有人认为他“勇猛有余、智谋不足”,“骄傲自大、华而不实”。军事学者指出:“作为统帅人物,巴顿将军的最大特点就是以他自己的尚武精神去激励部下,用他的个性去影响部下在战场上奋勇向前。”他勇猛顽强,指挥果断,善于发挥装甲兵优势实施快速机动和远程奔袭,被部下称为“血胆老将”。

美国统帅艾森豪威尔给巴顿下结论说,他有一种“非凡而又残酷的推动力”。英国亚历山大元帅评论说,巴顿是一个推进器,随时准备去冒险,他应该生活在拿破仑战争年代——他会成为拿破仑手下一位杰出的元帅。德国的布卢特里特将军说,我们对巴顿将军的评价极高,认为他是盟军中最敢作敢为的“装甲兵将军”,一个具有令人难以置信的创造性和雷厉风行的人,他和我们自己的“装甲兵将军”古德里安很相似。巴顿的直接对手、德军的赫尔曼·巴尔克坦率地指出:“巴顿将军是第二次世界大战中杰出的战术天才。我至今仍将曾与他对抗看作是一种荣幸和难忘的经历。”

巴顿所以能成为一员名将,有很多原因,但主要得益于战争和主要领导人的支持。

所谓得益于战争,是指巴顿的军事才能是在一战和二战中才得以发挥的。从1916年到1918年的22个月中,他很快就从中尉晋升到中校,而后在法国指挥一个旅,晋升为上校,晋升之快连他自己也感到吃惊。在二战中,从1940年至1945年,5年之内他由准将、少将、中将一直晋升为四星上将。按照巴顿的话说,这全靠战争。

巴顿在战争中能够扶摇直上,除了他个人的才能外,跟上级的赏识和支持是分不开的。巴顿虽然有出众的军事才能,但他的性格莽撞,自命不凡,讲话不慎，蔑视同僚，因而常常受到非议，人际关系非常紧张。1942 年，美军在物色到北非登陆的指挥官时，陆军参谋长马歇尔和盟军最高司令官艾森豪威尔都认为巴顿是个非常合适的人选。这一主张提出后，却遭到陆军部不少人的反对，有些人甚至说巴顿连指挥一支小部队都不能胜任。但是最后还是决定让巴顿担任这项任务。后来又发生了一系列事情，如在西西里，巴顿因打士兵的耳光受到舆论谴责时，艾森豪威尔认为“巴顿必须爱护”，马歇尔则坚持晋升巴顿。后来在英国因讲话不慎，又发生了“纳兹福德事件”，众口嚣嚣，要求遣送巴顿回国。艾森豪威尔又承担风险，保留巴顿继续指挥第 2 集团军。可以说，整个战争期间艾森豪威尔都是巴顿坚定的支持者。巴顿本人也承认，如果没有艾森豪威尔强有力的干预，让他参加了“火炬”战役，他就会被留在后方做平庸无聊的工作而自作自受。巴顿为此曾向马歇尔和艾森豪威尔表示没齿难忘的感激。

笔者认为，巴顿是一位充满传奇色彩的人物，对他有各种不同的评论是不足为奇的，而且各自反映了他的某一侧面。但也有共同点，那就是巴顿确实是出类拔萃的军事统帅，人们也是把他作为军事家来评论的。总的来说，他指挥有方，敢打硬仗，被称为赫赫有名的“血胆将军”。不过，他的缺点、弱点和失误也是突出而鲜明的，特别是他不懂政治。作为纯粹的军事家，固然未必也是政治家，但是，又不可能不涉及政治，不可能远离政治。巴顿的教训就是根本不懂政治，在谈及有关政治的敏感问题上也出言不慎，甚至信口胡言，为此，他最终付出了沉重的代价。这是我们后人从巴顿的战绩中受到激励，和从他的挫折中吸取教训，是同样重要的。

对日大海战之王尼米兹

尼米兹（1885~1966），美国海军五星上将，第二次世界大战著名海军统帅。日军袭击珍珠港后，任太平洋舰队司令、太平洋战区总司令，曾指挥珊瑚海、中途岛、莱特湾等海战，以杰出的智慧和超常的指挥艺术多次创造了以少胜多的战例，彻底歼灭了日本海军舰队。尼米兹逝世后，美国海军为纪念尼米兹，而将其去世之后所建造的第一艘，也是当时最新锐的航空母舰命名为“尼米兹级”核动力航空母舰。著有《大海战——第二次世界大战海战史》。

尼米兹是美国海军五星上将。在第二次世界大战中,曾担任太平洋舰队兼太平洋战区总司令,指挥过许多重大战役,打败了猖獗一时的日本山本五十六联合舰队,为美军消灭日本海上力量,争取对日作战最后胜利起了重要作用。

一、早期生活

1885 年 2 月 24 日, C.W. 尼米兹出生于美国得克萨斯州弗雷德里克斯堡。其父 C. 伯纳德在尼米兹出生前就已去世,尼米兹由祖父 C. 亨利帮助抚养,直至母亲再婚。尼米兹家族祖籍德国,自称其祖先原属于条顿骑士团。1840 年,C. 亨利移居到得克萨斯州,在那里建起一座小旅馆,因经营有方,声名远扬。

1900 年,尼米兹申请报考美国西点陆军军官学校,但该州的国会议员告诉他,此后几年内所有的名额都已满员。当得知安纳波利斯美国海军军官学校还有一个空额时,他便于 1901 年 4 月参加并通过了入学考试, 9 月 7 日, 16 岁的他宣誓成为海军学员,在令人兴奋的气氛中开始了他的军人生涯。他的班上有 131 名学员,是海军军官学校 1845 年创建以来人数最多的一个班。由于招来的新学员太多,学校的宿舍不够用。结果,尼米兹和班里不少同学不得不在临时性的木屋里居住。这种房子,夏天特别热,冬天又特别冷。

为了补上中学时没有上过的课程,尼米兹保持了他的老习惯:早上 4 点半起床,一直学到吹起床号。和他同班的新学员丘奇也同他一样,勤奋而刻苦地学习，使他俩的成绩在班里名列前茅。但是好景不长，尼米兹得了一场重病。那是一个下午，他在户外干活时出了一身汗，正站在通风的地方等候进入洗澡间的时候，感到全身发冷。结果，由于体质虚弱，转成了肺炎，不得不住了一个月医院，使学习上远远落在其他人的后面。

怎么办？

“追！我有信心赶上去，我有信心超过他们！”

弥补时间上的损失需要付出巨大的努力。他错过了部分法语基础课，数学课必须先预习几何和对数的知识，而这两门他过去都没学过。在一段时间里，尼米兹对法语感到头疼，但他勤奋刻苦，头脑也聪明，所以很快就跟上了趟。在数学上，他勤学、勤问、勤练，缺的课也很快补了上来。有一天，他被教官叫到黑板上做一道数学题，他没照书本，而是按照自己的设想方法求出了准确答案。教官极为惊讶：“尼米兹，你这道题是怎么想出来的？”

到了年底，尼米兹的学习成绩又赶上了丘奇，跻入了全班的前列。

最后一学年结束了。在114名同届毕业生中，尼米兹的各科总成绩名列第7。他考得最好的学科是现代语、军械课、数学、领航，巡航实习获得了最高分。在海军军官学校年鉴《幸运的环境》上，有个学员以他特殊的洞察力，用一行诗来赞扬尼米兹“是个对明天充满了信心的人”。作者还说他“具有荷兰人勇往直前、从容不迫的性格”。

1905年，尼米兹和他的同学们毕业了，来到了“俄亥俄”号战列舰上实习，该舰奉命作为美国亚洲舰队的旗舰驶往远东。没过3个月，洛根上校在向海军军官学校学术委员会的第1季度报告中就写道：“学员尼米兹来到‘俄亥俄’号舰的表现很好。”第2季度末，尼米兹担任了实习舰一名军官，洛根上校又在报告中写道：“学员尼米兹是一个优秀的军官，我高兴地推荐给学术委员会，请给予最优先的考虑。”

二、走上舰艇

当“俄亥俄”号奉命回国时，尼米兹却选择留在远东，因此他被调到巡洋舰

“巴尔的摩”号上。1907 年 1 月 31 日,他被任命为海军少尉。此后不久,他出任驻菲律宾的“班乃岛”号炮艇艇长,后来又任驱逐舰“德凯特”号舰舰长。

他信心十足,一心想当个“海上勇士”。可是,他做梦也没想到,正在这时,他突然碰到了一件意想不到的“不幸事件”:

那是 1908 年 7 月 7 日晚上,才上舰几个月的尼米兹由于疏忽大意,当军舰进入港湾时没有测方位,只是估计了一下舰位,也没有检查是潮涨还是潮落。突然间,测探员大叫一声:“长官不好啦,船不动了!”

起初,尼米兹感到莫名其妙,后来才发现驱逐舰在泥岸上搁浅了。他心里很难过,想把军舰退出来已不可能了。尼米兹后来回忆这件往事时说:“在那漆黑的夜里,我想起了祖父的教导,‘车到山前必有路’!”

“信心是黑暗中的灯塔,任何时候,决不能扔掉信心!”

拂晓后不久,来了一只小汽艇,扔过来一条缆绳,把“德凯特”号从泥岸拉入了深水。按照美国海军条令,造成搁浅要进行调查,必要时对肇事者给予处分。于是,尼米兹被以“犯有失职罪”出庭受审。

珍惜人才又公正的审判官鉴于港湾地区的海图不清楚,法庭减轻了对尼米兹的指控。但是,审判官们认为尼米兹确实有过错,就以“疏于职守”之名,由基地海军司令给了他一个“当众警告”处分。

虽然处分很轻,这场官司还是给尼米兹带来无穷的苦恼。不过,值得庆幸的是,这件事并没有影响他的前程。18 个月之后,他由于工作出色,反而由海军少尉晋升为海军上尉,越过了海军中尉这一级。

1909 年 1 月 25 日,尼米兹被调到潜艇第 1 支队,任“潜水者”号潜艇艇长。

刚开始,尼米兹对分配在潜艇工作感到失望。那时,在潜艇上工作很苦,尼米兹又总觉得“潜艇是一种非驴非马的东西”,因此要求到作战任务多的战列舰上面去工作,因为战列舰是舰队里具有吸引力、作战力强的军舰。而且,潜艇作为攻击型的战斗武器,它的这种特殊作用当时还没有显露出来。

不过,尼米兹很快克服了失望情绪,全心全意地投入了新的工作。很快,他获得了一个极重要的体会:大部分工作,不管多么乏味,只要专心致志,刻苦钻研,就一定会获得有益的成果。于是,他相继成功地指挥了“潜水”号、“甲鱼”号、“一角鲸”号潜艇之后,他开始活动,要求拆除潜艇上的汽油发动机,因为它排泄毒气和易于爆炸，建议用新的柴油机代替汽油发动机。

1911 年 10 月，尼米兹被任命为大西洋舰队第 3 潜艇分队长。1912 年升任大西洋潜艇纵队长。

1913 年 4 月，尼米兹与 C. 弗里曼结婚。第二个月，就根据他的要求，奉命到欧洲，在德国和比利时学习柴油发动机技术。

尼米兹主张用柴油发动机潜艇的异想天开，得到了不少专家的赞同。回国后不多久，他就因此而被公认为“柴油发动机权威”。

于是，尼米兹被调往布鲁克林海军造船厂，监督油船“莫米”号上柴油发动机的制造和安装工作。1916 年当“莫米”号建成后，尼米兹被任命为该船副船长兼轮机长。

三、在战争时期

第一次世界大战爆发了。

1917 年 4 月 6 日美国与德国开战后，“莫米”号油船奉命驶往大西洋，为驱逐舰加油。8 月，尼米兹晋升为海军少校，担任大西洋舰队潜艇部队司令官 S.S. 罗比森海军上将的随从参谋。在战争中，尼米兹跟随罗比森海军上将多次视察英国海军基地。因为英、美都是协约国成员，所以美国海军非常关注英国海军的作战能力。

美国的备战运动在 1914 年至 1915 年冬季就开始了。领导核心有些是美国的著名人士，鼓吹备战的社会团体如雨后春笋般地涌现出来，最有名的是“国家安全联盟”，这样给早已存在的“海军联盟”增添了新的力量。大城市的日报，几乎毫无例外地投入这一运动中。陆军和海军对备战工作均持强硬立场，尼米兹非常关心和支持海军部的这种立场。

威尔逊总统转向备战运动，打开了美国史无前例的扩军计划的道路。

在那个年代，普遍认为美国海军力量的标准仅次于大英帝国。迟至欧战爆发 4 个月之后，仍然以这个标准作为海军力量的指导原则。但是一年之后，这种指导原则被威尔逊总统突然抛弃了。

应威尔逊总统的要求作为专家的建议，鲍尔德上将草拟了一个报告书，明确地重申了他以前的观点，主张美国海军“最终要同世界上任何国家所保持的最强大的海军力量相匹配，并在不迟于1925年达到这种地位”。鲍尔德提出一项庞大的5年组建计划，这个计划经过某些修改后，于1915年12月提交国会，以总统建议的形式直接立法，并授权总统执行。

结果，政府的计划是到1921年建成如下一支海军：27艘第一流的战列舰，6艘战斗巡洋舰，25艘第二线的战列舰，10艘装甲巡洋舰，13艘侦察巡洋舰，5艘一级（非装甲的）巡洋舰，3艘二级（非装甲的）巡洋舰，108艘驱逐舰，18艘舰队潜水艇，157艘海防潜水艇，6艘低舷铁甲舰，20艘炮舰，4艘补给船，2艘军火船，以及8艘其他辅助船只。与此同时，还大量增加兵员。

当时通常所说的最大的军舰或超级军舰的排水量一般超过2.5万吨，其长度为500至600英尺，时速在21至25节之间。这种船装有8至12门大炮。最大的炮带有可以射穿装甲、破坏力强、重量约为1吨的炮弹，射程达13英里以上。为了防御敌舰大炮的射击，战舰在吃水线之上装有转炮塔，在其他要害部位装有坚固的钢质装甲，其厚度为10至14英寸。这种军舰以3或4艘为一组，组成一个舰队的核心，成为这个舰队战斗力的主要指标。

一支力量平衡的舰队，还需要其他各种各样的战舰、辅助船只。有小型、快速的驱逐舰，用它来保护大军舰不受鱼雷的攻击，并在紧急时发放烟幕，其本身还装有鱼雷，用以攻击敌舰。一支作战的舰队还配备比驱逐舰大一些的侦察巡洋舰，其作用是寻找敌人的舰队，在战斗舰未到达前一直跟踪敌舰。为了维护舰队的侦察屏幕，突破敌人的驱逐舰和巡洋舰的警戒，还配有一种战斗力更为强大的快速战舰，这就是战斗巡洋舰。这种最新式的战舰比第一代战舰大，有些装有与超级战舰威力相同的大炮。其根本目的是为了提高航速进行侦察，因而需要增加马力。考虑到因使用较大的柴油机并增加燃料的用量，将使舰只的重量增加很多，因而必须做出牺牲，要么减少火力，要么降低装甲的保护作用。结果是战斗巡洋舰必须在大炮数量上减少和装甲厚度上的降低两者之间进行权衡取舍。如何取舍，则视舰只、舰队的情形而定。

美国海军的扩军备战，为一心热衷于舰艇制造、海军基地建设和率舰队出海战斗的尼米兹，提供了更为广阔的用武之地，使他在海军各种岗位上轮流工作，随时听候战争的召唤。

1918 年，尼米兹在华盛顿海军部潜艇设计委员会任高级成员，被视为专家。次年，他任战列舰“南卡罗米纳”号副舰长。1920 年 6 月，尼米兹被派往夏威夷珍珠港筹建潜艇基地。1922 年，晋升为海军中校，然后进入海军学院学习。次年海军学院毕业后，尼米兹被调往加利福尼亚州圣佩德罗，分配到太平洋舰队的旗舰“加利福尼亚州”号战列舰上。他再次在海军上将罗比森手下工作，先后任随从参谋、助理参谋长和作战军官。作为罗比森的助理参谋长，尼米兹成为被派往美国各大学组建海军后备军官训练团的 6 名军官之一。尼米兹在伯克利的加利福尼亚州大学领导海军后备军官训练团达 3 年之久。1927 年 9 月，晋升为海军上校。1929 年 6 月，他担任作战舰队潜艇分队长。与此同时，还兼任圣迭戈的第 20 潜艇分队长。1931 年，尼米兹被任命为圣迭戈的驱逐舰队司令官。

1933 年，尼米兹被任命为“奥古斯塔”号驱逐舰舰长。该舰后来被指定为亚洲舰队的旗舰派往中国上海。在远东服役 2 年之后，尼米兹于 1935 年被调往华盛顿，担任海军部航行局（后来改为人事局）局长助理。1938 年 7 月，尼米兹被擢任为海军少将。被任命为圣迭戈第 2 巡洋舰分队长后，他因疝气手术未能到任履职。康复之后，尼米兹被改任为第 1 战列舰分队长，他的旗舰是“亚利桑那”号战列舰。

1939 年 1 月，尼米兹被委任为第 7 特混舰队司令官。该舰队下辖“亚利桑那”号战列舰、1 艘巡洋舰、1 艘航空母舰、7 艘驱逐舰和一些辅助船只以及 1 艘油船。对尼米兹来说，这是个十分惬意的领导职位，但却十分短暂，因为当年 6 月即被调任海军航行局局长。

四、太平洋舰队总司令

1941 年 12 月 7 日，星期日。上午 7 时 50 分，日本鱼雷轰炸机和俯冲轰炸机在战斗机的支援下，袭击了泊在夏威夷珍珠港内的美国太平洋舰队主力。第一波轰炸使美国人惊慌失措，招架不及。第二波 170 架飞机顺利完成袭击任务。上午 9 时 45 分，攻击结束。美军的损失情况是：2 艘战列舰被击沉，6 艘战列舰受重创，159 架飞机被炸毁，2334 名美国人被炸死，1341 人受伤。当时,美国太平洋舰队的 3 艘航空母舰正在海上游弋,因此平安无事。潜艇基地、船坞和庞大的地下储油库也完好无损。

次日,美国总统罗斯福通过电台向全国发表讲话,称此次袭击是美国“一个永远蒙受耻辱的日子”。国会立即投票通过了战争拨款。4 天后,德国和意大利向美国宣战,这场战争真正发展到了全球规模。

日本偷袭珍珠港,使美国参加第二次世界大战。作为海军部人事局局长,尼米兹面临的艰巨任务是为战时的海军配备人员。1941 年 12 月 31 日,在海军部长 F. 诺克斯的推荐下，F.D. 罗斯福总统任命尼米兹为太平洋舰队总司令官,授海军上将军衔。1942 年 4 月,尼米兹又被任命为太平洋战区总司令官,实际上是与被任命为西南太平洋战区盟军最高司令官的 D. 麦克阿瑟陆军上将平分太平洋战区的指挥权。

在太平洋,尼米兹的首要任务就是保卫夏威夷群岛和中途岛,保护美国通往夏威夷和澳大利亚的海上交通线;第二项重要任务是向太平洋的日军发动攻势,以便转移日军对新加坡和荷属东印度洋群岛的注意力。面对占上风的日本海军力量,尼米兹决定海上和空中实施一系列打了就跑的作战行动,以便消耗敌人的力量。这些作战行动虽仅使敌蒙受很小的损失,但对鼓舞美军士气作用却很大。

在这些作战行动中,尼米兹得到海军情报部门的鼎力相助。

开战之初,日本联合舰队在山本五十六的指挥下,偷袭珍珠港之后,又按照精心策划的部署,在菲律宾、马来西亚海域连连得手,取得了巨大的胜利。日本军国主义分子为其赫赫战绩所陶醉,全国上下狂欢不已。收音机里不断播放《军舰进行曲》,高呼万岁的口号声不绝于耳,街头上排着长长的队向海军捐款捐物的人们到处可见。在日本陷入一片狂热之中的时候,作为舰队司令的山本五十六的声誉也开始达到高峰。

珍珠港事件后的几个月里,日本所征服的地区好像一把打开的扇子,扇柄就在东京,扇子的半径长达 3000 多英里,向东伸展到中太平洋,向南伸展到澳大利亚沿岸,向西直达印度的海岸。“大东亚共荣圈”正在迅速地确立,似乎显示了日本军事力量的不可战胜。于是尼米兹指挥的美国太平洋舰队与山本五十六指挥的日本联合舰队不可避免地大打起来。

五、珊瑚海之战

1942年3月8日，日军在攻占了新几内亚东部的莱城和萨拉摩亚之后，控制珊瑚海的最后基地就只剩下了位于新几内亚东南岸的莫尔兹比港和所罗门群岛南端的图拉吉了，只要占领了莫尔兹比港，退可以保障腊包尔的安全，进可袭击澳大利亚北部的机场，为以后进犯新喀里多尼亚、斐济和萨拉摩亚奠定基础。这正是日军所梦寐以求的。于是山本接受了幕僚们的建议，决定进攻莫尔兹比港，并将这次作战定名为“MO”作战，指挥官由特鲁克岛的第4舰队司令官井上成美中将担任。由于从2月起，美国航空母舰“约克城”号就一直在澳大利亚东南海域游弋，于是山本又给井上的第4舰队加派了第1航空舰队的第5航空母舰战队“瑞鹤”号、“翔鹤”号和第5巡洋舰战队及若干艘驱逐舰，轻型航空母舰“祥风”号也临时拨给了第4舰队，规模巨大，可谓浩浩荡荡。

然而，美国此时已从开战初期的败战中站了起来。尼米兹海军上将以他特有的智慧，决心给日本人以当头一棒。在他的手中，有山本无论如何也意料不到的王牌。原来在1942年1月20日傍晚，美海军成功地从被击沉的日“伊-124”号潜艇中打捞到日军密码本，加上魔术般神奇的破译能力，使尼米兹4月17日以前就弄清了日军南下作战的企图：占领莫尔兹比港，切断美澳供应线。他甚至还准确地掌握了即将南下的两支日本机动部队的兵力编成、行动计划以及登陆部队从腊包尔出发的日期。

恶战迫在眉睫，可是尼米兹手中可调动的兵力很有限。“萨拉托加”号航空母舰在1月11日被“伊-6”号潜艇击伤，正在美国西海岸修理；“企业”号和“大黄蜂”号航空母舰在4月18日空袭日本东京后正在返航途中，预定4月25日才能返回珍珠港；唯一可调派的只有奥布里·菲奇海军少将率领的以“莱克星顿”号航空母舰为中心的特混编队。为了不失战机，尼米兹命令菲奇少将率领舰队紧急驶出珍珠港，赶赴珊瑚海，以便与弗莱彻海军少将指挥的以航空母舰“约克城”号为首的另一支特混舰队会合。同时，英国海军少将格赖斯指挥的“芝加哥”号、“澳大利亚”号和“霍巴特”号重巡洋舰受命,从新喀里多尼亚的美海军基地和澳大利亚火速去增援。5月5日,这些海上兵力合编成美第17特混舰队,尼米兹命令由弗莱彻少将担任总指挥,编队进入作战状态。

对目前所发生的一切全然不知的日本第4舰队仍按原计划进行。由于井上中将的两支舰队都要参加即将开展的中途岛战役,山本命令井上要尽速完成对莫尔兹比港的占领。井上中将按照计划,指挥第6战队的重巡洋舰“青叶”、“加古”、“衣笠”、“古鹰”和改装航空母舰“祥风”号,掩护搭载着陆军南海支队的运输船从腊包尔出发,以第5航空战队、第5战队(重巡洋舰2艘)为主力的机动部队从特鲁克岛出发,支援莫尔兹比港登陆作战。

5月1日,机动部队从特鲁克岛、攻击部队从腊包尔分别出发。5月3日,攻击部队顺利占领了图拉吉。但日军还没有来得及庆贺,5月4日,便遭到美军自“约克城”起飞的40架飞机的两轮轰炸,致使1艘驱逐舰、3艘登陆驳船和几架飞机被摧毁。由于“瑞鹤”号和“翔鹤”号两船在腊包尔等待补充分机和加油时间而耽误了一天,结果错失了与美舰“约克城”号交锋的机会。

就在这一天,日本由海军特别陆战队和工兵共约4000人组成的莫尔兹比港攻击部队,按计划分乘14艘运输船,在1艘轻巡洋舰、6艘驱逐舰、4艘扫雷艇和2艘猎潜艇护卫下,驶往莫尔兹比港。世界海战史上第一次航空母舰之间的大战终于拉开了序幕。

5月6日,高木海军中将指挥日本机动部队从所罗门群岛东南驶入了珊瑚海。与此同时,美国特混舰队也一直向西北疾驶。这天夜里,由于天气恶劣,尽管两支敌对的特混舰队都在彼此搜索,但两支舰队擦身而过,谁也没有发现对方。

7日上午7时30分,日本从“瑞鹤”号航空母舰起飞的侦察机传来报告:“发现敌航空母舰1、巡洋舰1、驱逐舰3。”早已等得不耐烦的高木中将马上下令:“立即投入战斗!”

刹那间,在充满轰鸣声的日航空母舰甲板上,一片忙碌。由岛崎少佐指挥的轰炸机36架、攻击机24架,在18架零式战斗机的护航下立即起飞,直扑美特混编队而去。

可是,就在这支空中攻击机群离舰不久,第5航空母舰战队航空兵指挥官原忠一少将又收到侦察机发来的报告:“敌情有误!美特混编队的真正位置是在路易西亚德群岛以南。”然而已经来不及了,庞大的机群正按照第一次报告的方向进攻。

而此时,美国从“约克城”号及“莱克星顿”号起飞的 93 架攻击机队已快飞临“祥风”号航空母舰的上空了。

原来,几乎就在高木机动部队接到侦察机发挥的错误报告时,美国弗莱彻海军少将也发现了日军的行踪,做了相应部署。据尼米兹将军在战后所写的《大海战——第二次世界大战海战史》中记载:“7 日晨,担任该方向侦察任务的美国侦察机开始报告敌情。8 时 15 分,一飞行员报告:在米西马岛以北不远的海面发现航空母舰 2 艘和重巡洋舰 4 艘。于是弗莱彻命令 2 艘航空母舰上的突击机群出动。93 架飞机在侦察机返航之前就已出击。据后来查明,由于密码译错,上述情报失实。侦察机的报告本来是:发现巡洋舰 2 艘和驱逐舰 2 艘。”这样,美国和日本均因情报不准而使攻击机群徒劳往返。

当时岛崎少佐率领的 78 架攻击机群在到达攻击地点之后,才发现所谓的“特混舰队”不过是 1 艘驱逐舰和 1 艘大型油船。这艘 3.35 万吨的“尼奥肖”号大型油轮,昨日给“莱克星顿”号航空母舰及其警戒船只刚加油完毕,现在正在“西姆斯”号驱逐舰的护卫下,绕道返回美国。78 架飞机对这支几乎没有反抗能力的船队进行了猛烈的攻击。“西姆斯”号在几分钟内连中了 3 枚 500 磅的炸弹,迅即沉没。“尼奥肖”号中了 7 枚炸弹和几枚鱼雷,引起大火,完全丧失了航行能力。但所幸的是由于它那巨大的油舱已经被抽干,从而具有密封舱那样的浮力,使它没有立即沉没,而一直在海上漂流了 4 天。到 5 月 11 日,美国“亨利”号驱逐舰前来救援,将仍在这艘油船上的 109 名船员和 14 名“西姆斯”号的幸存人员救出。“亨利”号奉命用鱼雷将油轮击沉,直到此时,这艘外号叫“胖贵妇”的大型油轮才消失在波涛之中。

美国舰队虽然当时也得到同样的误报,但弗莱彻没有让他的突击机群去攻击日军登陆部队。他认为既然发现了登陆部队,附近肯定有更合适的攻击目标。果然,不久“约克城”号的另一架侦察机传回报告说:“敌 1 艘航空母舰和 4 艘巡洋舰。距离 180 海里,敌航向 120 度,航速 20 节,西北西。”弗莱彻心中大喜,目标就在突击机群前去攻击的目标东南 35 海里处,只要该突击机群稍微修正一下航向,就能发现这个新的目标。

那天11时许,美突击机群开始集中攻击日“祥风”号航空母舰。当“祥风”号掉转船头,拼命地迎风驶去,准备放出布满甲板的舰载机时,美93架飞机当头罩下,先是鱼雷攻击,接着俯冲轰炸,在短短的几分钟内,“祥风”号就被命中13颗炸弹和7枚鱼雷,从舰头到舰尾燃起熊熊大火。11点35分,遭到攻击之后仅15分钟,“祥风”号像一块石头一样沉入大海——这是整个大战期间击沉战舰最快的纪录之一。全舰800余名舰员,死亡636人,而美军只损失了3架SBD侦察轰炸机。

“祥风”号虽然只是一艘改装的轻型航空母舰,但对日本海军而言,这是在战争中首次丧失航空母舰,因此,在日本海军首脑部引起很大震动。何况除了丧失“祥风”号航空母舰外,日军在这一天攻击还遭到很多挫折。当时,美军的重巡洋舰与机动部队是分开的,以重巡洋舰为主力的海面部队,准备打击日军在莫尔兹比港的登陆舰队。在日军发现后,从腊包尔基地派出了38架一式陆上攻击机去攻击美巡洋舰、驱逐舰编队,但却遭到美机痛击,有4架被击落,另有数十架被击伤,一无所获。

由于“祥风”号被击沉,使原忠一少将感到脸上无光,急欲报一箭之仇。可是距日落仅剩3小时了,等出击的机群返回航母时将是黑夜,飞行员能否在黑暗的海域里安然回到航空母舰上,原忠一少将并无把握。但他报仇心切,所以犹豫再三,最后还是决定让攻击部队再次起飞。他挑出擅长夜战的飞行员,驾驶12架轰炸机和18架攻击机,于16时15分向预想的美国航空母舰的方向飞去。不过这一冒险很不值得。因为此时密云连绵不断,狂风夹着暴雨,海面上能见度很低。日军飞机从弗莱彻舰队的附近飞过,却没有发现就在他们眼皮底下的美航空母舰。相反,弗莱彻舰队却用雷达发现了正在接近的敌机,遂令战斗机起飞迎战。由于日机没有护航战斗机,加之携带着笨重的鱼雷和炸弹,根本不是战斗机的对手。不一会儿,就有8架鱼雷机和1架俯冲轰炸机被打得凌空爆炸,剩下的日机不敢恋战,落荒而逃。开始偏偏慌不择路,当他们寻找己方的航空母舰时,正好路过美特混舰队上空,并误把美国航空母舰当成了日本的航空母舰。由于日机不知道美舰载机的着舰规则,打开航行灯就准备降落。美舰看出破绽,认定这些飞机就是刚刚逃走的那批日机。一艘驱逐舰立即用探照灯光将他们捕捉住,随即给予一阵猛烈的对空炮火。日机如梦初醒,赶紧关掉航行灯。在刚才结束的空战中已经扔掉了炸弹和鱼雷的这些日机，对目前的局势束手无策，一筹莫展，只好眼睁睁地错过大好时机，钻进漆黑的夜空飞走了。美“莱克星顿”号的雷达跟踪敌机，发现他们在美国特混舰队东面30海里的地方绕了一圈之后，便从荧光屏上消失了。这说明日本航空母舰就在附近。在这次出击的日机中，有10架被击落，另有11架着舰时坠入大海，原忠一少将能收回的只有数架而已。

至此，交战双方的指挥官都已知道了对方的大概位置，并曾谨慎地考虑过以水面舰艇实施夜间攻击，但双方都没有付诸实施，因为交战就在咫尺，双方都怕削弱自己的警戒兵力。这样，珊瑚海战的主要战斗就延到了第二天进行。这将是一场势均力敌、旗鼓相当的战斗。双方各有两艘大型快速航空母舰，美方有122架飞机，日方有121架飞机。美“莱克星顿”号和“约克城”号在轰炸机方面较强，日“瑞鹤”号和“翔鹤”号在战斗机和鱼雷机方面占优势。护航舰也各有优势，日方有4艘重型巡洋舰和6艘驱逐舰，美方有5艘重型巡洋舰和7艘驱逐舰。美方军舰有雷达，但这一有利条件，被具有丰富战斗经验的日本飞行员和在当时远比美方格鲁曼战斗机优越的日本零式战斗机的长处抵消了。美方所处的海域能见度良好，军舰行驶时留下醒目的痕迹；而日本军舰将在浓云密布和暴雨滂沱的海域进行机动，气象条件对日本人有利。虽然目前还不清楚谁能在实战中克敌制胜，但对双方的指挥官来说，有一点却十分清楚，那就是胜负将取决于8日晨能否先于敌人查明对方的位置。

5月8日拂晓，日本和美国航空母舰都争先派出侦察机，对周围海域仔细搜索，寻找对方。

8点22分，美国“莱克星顿”号的史密斯海军少尉驾驶的侦察轰炸机，向东北方向飞完225海里的规定航程，又飞行一段90度直角航线，在返航航线上首先发现了高木舰队。他激动地用无线电报告说：“2艘敌航空母舰，4艘巡洋舰。敌航向120度，航速20节。位置在东北175海里。”正在附近执行侦察巡逻任务的狄克逊海军少校闻讯驾机穿过低云和雨幕赶来，从一片晴空中也发现了日本舰队，补充报告说：“敌舰队距离200海里。”

恰好这封电报被原忠一少将所截听，心中暗暗叫苦：“糟了！”就在原忠一少将为失去先机而感到焦虑的时候，过了10分钟，日军的侦察机也发来了报告：“发现敌航空母舰2，方位205度，距日舰235海里。”

好,要追回落后的10分钟！原忠一少将立即发出命令:“第4战速！”

第4战速对“翔鹤”及“瑞鹤”来说,是时速30海里的最高速度,虽然耗油量大,但只要能赶回来宝贵的时间,就是值得的。

“攻击队出发！”

18架零式战斗机、33架轰炸机、18架攻击机,共69架飞机起飞。想起昨夜毫无意义地损失了20位熟练飞行员和攻击机,原忠一心中痛悔不已。所有飞机起飞是在上午9时15分,这和美“约克城”号上39架飞机升空的时间几乎相同。而美“莱克星顿”号上37架飞机稍后才起飞。这样，10分钟的时间日军已赶上。

10时32分,飞在前面的从“约克城”号起飞的美机群首先发现了日本航空母舰编队。这时,“翔鹤”号和“瑞鹤”号为躲避攻击已疏散开来,相距8至10海里,各有重巡洋舰2艘和驱逐舰3艘护卫。当日舰发现了美机时,“瑞鹤”号抽身向有雷雨的海域躲避,利用暴雨的遮掩躲开了美机的攻击。而“翔鹤”号则转向东方,逆风航行,企图让自己的护航机起飞迎战,不料却成了美机集中攻击的对象。

10时57分,美第5鱼雷攻击队领队泰勒少校指挥的鱼雷机和轰炸机,在“野猫”式战斗机掩护下向“翔鹤”号猛扑过去。由于日舰上的高射炮火正忙于对付鱼雷机，4架俯冲轰炸机在攻击中没受到高射火力的干扰,一弹正中“翔鹤”号舰艏右方,引起汽油燃烧,大火很快蔓延至飞行甲板。另一弹则击中舰尾部。两分钟后,美鱼雷攻击机冒着炽烈的日舰防空炮火,在1400米处纷纷发射鱼雷,但鱼雷速度慢得出奇,并有不发火的毛病,竟然无一命中目标。

由于气候恶劣,加之在接近日舰队海域时遭到警戒的零式战斗机的拦截,从美“莱克星顿”号上起飞的俯冲轰炸机、鱼雷机和战斗机在飞向目标时失散了。22架俯冲轰炸机未能发现目标,只有11架鱼雷机和4架侦察轰炸机发现了正在冒烟的“翔鹤”号航空母舰和两艘巡洋舰,至760米高度时迅速投弹,一枚炸弹准确地命中目标。而后,11架鱼雷机从800米高度盘旋而下,从“翔鹤”号正前方进行鱼雷攻击。“翔鹤”号见状不妙,立即向右转,美机紧追不舍，9架鱼雷机瞄准“翔鹤”号左舷,其余2架鱼雷机绕到右舷,实施了攻击。据美方人员现场观测,有5枚鱼雷命中目标。而实际上,竟无一雷命中“翔鹤”号。

"翔鹤"号连遭两次攻击,共中炸弹3枚,伤势很重,舰上已有108人死亡,40人受伤。火势虽被控制,但飞行甲板受损,已无法收容飞机,不得已改由"瑞鹤"号收回了它的飞机。

就在美机攻击日本航空母舰的同时,从"翔鹤"和"瑞鹤"号起飞的飞机也攻击了美"莱克星顿"和"约克城"号。

10时55分,"莱克星顿"号的雷达发现在距离68海里处有大批敌机从东北方向飞来。两舰开始转向顶风,让留在飞行甲板上的飞机全部升空。总共有17架战斗机起飞迎战,但只有3架在日攻击机航路上拦截日机。日攻击机遂后分成三个机群,其中两个是鱼雷机群,一个是轰炸机群,开始攻击。

美军的两艘航空母舰本来同在一个环形警戒序列中。但为了避免日机的攻击,分成了两队,护航舰也随之一分为二。这虽然是为了减少损失,但由于兵力分散,削弱了防御火力,反而有利于日机的攻击。

最先遭到攻击的"约克城"号在巴克马斯特舰长的操纵下,成功地躲闪了从海面上飞掠而来的鱼雷,不料却被一颗从空中坠下的重磅炸弹穿透了飞行甲板。炸弹在下面的储藏间里爆炸,当场炸死37人,炸伤多人,舰内起火,破坏相当严重,所幸的是航行能力和航空作战能力未受大的影响。不过比"约克城"号吨位大、机动性能差的"莱克星顿"号的运气却没有这样好了。日本攻击机冒着舰上密集的炮火,从两舷对"莱克星顿"进行了多方位的攻击。"莱克星顿"虽多次进行规避,但捉襟见肘,难以应付。舰长谢尔曼后来说道:"第一批鱼雷在舰尾旁过去了,我赶快转舵迎着第二群飞机航行。但是这个机群从两舷投雷,这样我们就很难应付了……记得当时我看见有两条鱼雷从左舷向我驶来,但我没有任何办法规避它们。"

11时20分,一枚鱼雷击中"莱克星顿"号左舷前侧。剧烈的爆炸使那里喷出一股夹着海水的巨大火舌,连整个"莱克星顿"号都猛然抖动起来。少顷,几乎在同一位置又中了一枚鱼雷。

紧接着,日轰炸机开始了攻击。一颗重磅炸弹正好落在左舷前炮位三门127毫米高炮中间,把那里的炮火全部炸哑,炮位上的人也大都被当场炸死。随即另一颗炸弹命中了烟囱,舰面碎片横飞,血流遍地。

整个攻击持续10分钟。11点30分,日机攻击结束。日本飞行员夸张地报告说:“敌两艘航空母舰被击沉,一艘战列舰或巡洋舰被击伤!”

此时,“莱克星顿”号已有6处起火,左舷隔舱进水,造成7度横倾。幸亏损管人员奋力抢救,“莱克星顿”号消除了横倾,并以25节的速度与舰队保持相对位置。

然而正当“莱克星顿”号继续向北疾驶时,12点47分,损管中央部位突然又发生了一次猛烈的爆炸,20分钟后,又爆发了一连串震撼舰体的巨响。原来是舰上几十个汽油舱在鱼雷爆炸时受到破坏,溢出的极易挥发的汽油着火,造成了爆炸。气浪把坚固的钢质水密门和舱口盖冲毁,水层以下几层甲板全被打通,气流通过破口自由流窜,烈火越烧越旺,爆炸的频率和强度不断增加,加剧着这艘大舰的损害程度。

18点30分,“莱克星顿”号又发生了一次大爆炸,显然是大火引爆了那些重磅炸弹和鱼雷。19点15分,弗莱彻少将命令舰队重新集中,向南转移,并命令“菲尔普斯”号驱逐舰将己方熊熊燃烧的“莱克星顿”号最后炸沉。当“菲尔普斯”号连放4枚鱼雷炸沉“莱克星顿”号时,船舰员们心情悲痛,或号啕大哭,或默默流泪。

海空攻击刚一结束,战局显然对日军有利,但高木中将决心停止第二次攻击,暂时脱离敌人,专注于燃料的补充和飞机的整修。在腊包尔的第4舰队司令官井上成美中将也认为日本方面保存下来的航空兵力不足以掩护攻击部队抗击敌岸基飞机的攻击,遂同意高木的请求,下令舰队停止攻击,脱离敌人,接着他又下令推迟莫尔兹比港攻击作战。

当井上的报告到达“大和”号上的联合舰队司令部时,山本五十六却被井上的“胆小如鼠”激怒了,亲自给第4舰队下达了命令:“应继续追击,歼灭残敌。”

接到山本的命令之后,井上下令第4舰队再次行动。5月9日,高木率部再度南驶,以便重新与敌接触,但接连搜索两天,毫无结果,最后在5月10日夜里撤出了战区。珊瑚岛海战至此结束。

在珊瑚岛海战中,美日双方各有损失。日方损失了1艘轻型航空母舰、1艘驱逐舰、3艘登陆驳船、飞机105架,另有1艘重型航空母舰受重创;美方损失了1艘重型航空母舰、1艘驱逐舰、1艘油船、飞机81架,另有1艘中型航空母舰受重创。从战略上看,珊瑚海之战是日本自发动战争以来,侵略锋芒在海上第一次受挫，这对美军士气起到了鼓舞作用。《纽约日报》夸大其词地宣称："太平洋大战，日军大败，日舰沉没或重创者达17至22艘，敌寇溃逃，盟军猛追。"的确，尼米兹将军的部队，成功地挫败了日本南下以便控制珊瑚海和澳大利亚的海上通道的战略计划。自珍珠港事件以来，日本海军不可战胜的神话第一次遭到沉重的心理打击，这是一个将使战略力量对比发生重大变化的事件。

美国太平洋舰队总司令尼米兹这样分析：日本在战术上略胜一筹，而美国则从战略上赢得了胜利。因此，尼米兹宣布："这是一个将产生决定性的具有深远意义的胜利。"

英国首相丘吉尔在他的《第二次世界大战回忆录》中写道："这次遭遇战所产生的影响与其战术上的重要性不成比例，就战略上而言，这是美国与日本交战以来第一次可喜的胜利。像这样的海战，从前是没有见过的，这是水面舰只没有互相开炮的第一次海战……这个消息传遍了全世界，产生了振奋人心的影响，给澳大利亚、新西兰与美国带来了莫大的安慰和鼓舞。以重大打击换来的战术教训，不久在中途岛战役中应用，得到杰出的战果。中途岛战役的序幕拉开了。"

六、中途岛的辉煌

珊瑚岛海战之后，尼米兹确信，日本人的下一个目标将是中途岛。情报部门通过计算，果然发现尼米兹的预测是正确的。

中途岛位于火奴鲁鲁（檀香山）西北约1900公里，地处太平洋东西两岸的中途，战略地位十分重要。该岛属波利尼亚群岛，由沙岛和东岛两个主要岛屿组成，陆地面积4.7平方公里。环礁围成的潟湖深处约20米，是天然良港。这里原是一片荒岛，岛上没有居民。1867年被美国占领，1903年起成为美国海军基地和夏威夷至菲律宾之间的海底电缆站。在第二次世界大战期间，中途岛是美国海、空军的重要前进基地。如果没有该岛作为前方观察哨所，美国的珍珠港将无法固守，太平洋也随之沦入日军之手。

1942年5月5日，东京帝国参谋本部以天皇名义谕令联合舰队总司令山本五十六发起"中途岛战役"。海军第18号命令布置了"中途岛战役"的具体计划:“联合舰队司令官同陆军合作,占领中途岛和阿留申群岛以西的战略据点。”这一命令发动了日本海军前所未有的一场最大的战役,并且倡导了一种战略,山本希望这种战略将会导致一场决定性的海战。他相信日本海军占压倒性的优势,会一举消灭美国的海军主力。

山本接到命令的那一天,正在停泊在广岛以南景色如画的柱岛锚地的旗舰上,同他的高级军官一起,举行情况介绍会和模拟作战演习。半年来,日本海军的主要舰艇,包括新服役的 8 万吨巨型战舰“大和”号,在它们的浮标周围摇荡着。现在,聚集在世界上最大军舰的宽敞密室里的海军将领们,终于得知这支舰队即将开往战场,参加一次大规模海战,就是日后闻名世界的“中途岛之战”。

5 月 20 日,日本海军力量已在柱岛内海锚地集结待命。这支力量拥有 11 艘战列舰、22 艘巡洋舰、8 艘航空母舰、2 艘水上飞机航空母舰、65 艘驱逐舰和 21 艘潜艇,连同后勤船只在内,总计 200 多艘。而预计美国所能集结的仅有 3 艘航空母舰、3 艘巡洋舰和 14 艘驱逐舰。因此,日本人认为胜利唾手可得,他们决心继珍珠港之后,再给美国海军以毁灭性的打击。

按照联合舰队的作战计划,日本进攻中途岛的舰队分为四支:山本率领一支主力舰队,准备同美国舰队进行决战;南云忠一中将率领的第 1 航空母舰舰队担任主攻,它有“赤诚”、“加贺”、“飞龙”、“苍龙”4 艘大型航空母舰,运载 261 架飞机,另外,每 1 艘航空母舰上还有 36 架基地空军驱逐机,准备在占领中途岛后布置到岛上;另一支入侵舰队护送 12 艘运输舰,载着 5800 名官兵,准备在中途岛登陆;15 艘潜艇组成的先遣队,要在中途岛和夏威夷之间的水域布置两道警戒线,以监视美国舰队的活动。此外,还有 3 支舰队开到北面去攻打阿留申群岛。

这时,美国海军司令部对日军暗中进行的一切,了解得一清二楚。尼米兹之所以没有上当,主要归功于他的情报处。该处约有 20 名工作人员,由罗彻斯特少校领导。日本联合舰队发出的密码电报,90% 都被这些情报人员破译了。5 月 20 日,日本发出的一封长电报被美国方面截获,这样,关于这次入侵行动的来龙去脉全都清楚了。山本的电报有 10% 美方没有收到,但这次行动的规模是显而易见的。唯一搞不清楚的是这次行动的目标,因为电报中只提到“AF”。罗彻斯特相当肯定地认为“AF”代表中途岛。尼米兹同意罗彻斯特的看法,并奉最高统帅部罗斯福总统之命，飞往中途岛，以确定要击退一次大规模两栖攻击还需要什么装备，需要增加多少兵力。他把腾出来的每一架飞机都派到了中途岛。尼米兹还把这个岛上的驻军增至 2000 人。建立了 3 个弧形潜艇巡逻区，下令增设高射炮群。

为了证实“AF”的位置，尼米兹让中途岛指挥官用普通英文发出紧急无线电报，就说岛上的水蒸馏塔坏了。为了继续欺骗敌人，第 14 海区司令布洛克海军少将立即回电说，有一艘供水船正前往该岛紧急供水。日本人果然上了钩。不出 24 小时，威克岛上的日方无线电台报告“AF”显然缺水，接着东京发出命令：“AF”部队要多带水。这就说明，日军就是将进攻中途岛。经这一证实，尼米兹决定给日军以迎头痛击。

5 月 21 日，尼米兹海军上将召集太平洋舰队司令部成员会议，进一步研究他们的战斗序列。会上情报处详细介绍了破译敌人的情况，大量的材料表明，日军的计划主要由两部分组成：“AL 行动计划”进攻阿留申群岛的最西部，两艘航空母舰在袭击阿拉斯加的美国基地后支援这个行动；“AL 行动”要求日军舰载机主要部队袭击中途岛，为在战列舰和巡洋舰的掩护下从塞班出发的部队登陆做准备。第一个行动是牵制行动，目的是吸引尼米兹的注意力，而进攻中途岛才是主要目标。东京没有给联合舰队战列舰主力舰队发出具体指示，由此可知它必定和旗舰一起停泊在柱岛。尼米兹推断出山本总司令将率领这支舰队，在太平洋舰队西进以保护中途岛时向它猛扑。

山本的总计划中，仍然没有暴露的关键部分是确切的日期和时间。为了保密，这些情报是用新的 5 位数字密码发出的。尽管如此，经过破译人员的全面分析，可以断定日军将在 6 月的第一个星期开始行动。根据这个推断，尼米兹可以指定他的对应战略。这个战略要求避免同优势之敌进行 1 比 1 的对抗。“我们必须以消耗战来削弱敌人的兵力——用潜艇和轰炸机袭击孤立之敌。”这位太平洋舰队总司令下达了指示，打算利用他的情报优势来弥补数量上的劣势，以便集中力量挫败日本的先头进攻部队。随后，他就调兵遣将，暗中部署。尽管他只有 8 艘巡洋舰、17 艘驱逐舰和 2 艘航空母舰，但他必须对付山本五十六强大舰队的挑战。尼米兹召见了指挥官弗莱彻和斯普鲁恩斯少将，命令他们“用强大的攻势最大限度地重创敌人”，要他们连续发动空袭，“并遵循盘算好了再去冒险的原则”。

在日军南云忠一的4艘航空母舰离开濑户的次日，斯普鲁恩斯乘“企业”号航空母舰驶出了珍珠港。起航前，尼米兹在“企业”号甲板上举行了检阅，为勇敢的飞行员授勋。“我想几天之后你有机会赢得另一枚勋章。”总司令对一位飞行员说，一面把一枚显贵的飞行十字勋章别在他的胸前。

当天下午，汽笛长鸣，水手们欢呼雀跃，迎接“约克城”号的归来。这艘在珊瑚海战斗中负了重伤的航空母舰慢慢靠港，后面留下一条长达10英里的浮着一层油膜的航道。拖船推着这艘航空母舰进入第1号干船坞敞开的闸门。几小时以后，水泵仍然在抽船坞里的水。尼米兹穿着长筒靴，和修船工一起检查宽大的船壳。他们仔细察看了日本贴近的炸弹在船底炸开的裂口，决定用钢板焊接的办法修补用木头支撑的船壳和水密舱。“我们必须在三天之内把船修好。”总司令这样再三叮嘱。“约克城”号恢复全速或滴水不漏，不到西海岸进行长期修理是不行的，但是可以将它临时修补一下，使它能和第16特遣舰队一起参战，何况它的舰载机很有可能决定这场海战的胜败。当天晚上，1400名修船工借着弧光灯开始修船。他们一口气干了两天两夜，终于使这艘航空母舰在2艘巡洋舰的陪同和6艘驱逐舰的护卫下，驶向战斗的最前线。

美国舰队此行要想取得成功，保密是至关重要的。为此，它们在离开夏威夷水城后严格实行无线电静默。但是，在5月30日上午，当“约克城”号的航载机在舰上降落的时候，突然增加的无线电通信传到了太平洋彼岸，被日本联合舰队旗舰的一名警觉的电报员接收到了。在此之前不久，日“大和”号航空母舰在2艘小型战列舰、1艘轻型航空母舰、1艘巡洋舰和9艘驱逐舰的陪同下驶离柱岛锚地。最前面的是近藤信竹海军中将的强大的攻击部队：2艘战列舰、1艘轻型航空母舰和1艘巡洋舰、3艘驱逐舰和4艘油船。所有这些舰只集中在中途岛附近水域，布置自己的埋伏。

两天以前，南云的4艘航空母舰已和8艘供应油船一起起航，陪同的有2艘战列舰、3艘巡洋舰和12艘驱逐舰。整个战役主要依靠这4艘航空母舰，舰上的官兵信心十足。在标图桌上最后一次演习“AF行动”计划时没有遇到障碍，大家畅饮了天皇赠送的米酒，预祝战役取得圆满成功。5月29日，15艘运兵舰载着前去占领中途岛的5000名官兵，在1艘轻型巡洋舰和10艘驱逐舰的严密护卫下驶离塞班。至6月1日,日本联合舰队参加中途岛战役的145艘舰船全部出海了。

在前进途中,山本五十六收到了3封令他烦恼的电报。最使他不安的是,1艘在中途岛附近水域巡逻的潜艇报告表明,中途岛的美军已处于严格的戒备状态,空中侦察十分频繁;还可以看见岛上有许多吊车,大概是在扩建防御工事。山本要把这份情报转给南云,但他的作战参谋坚持不让用无线电联络。山本曾写信给他的情妇——前"艺妓"梅龙,他写道:"现在已经到了关键时刻。"至于在他意料之中的这场决战,他在信中莫测高深地说:"我对它并不抱多大期望。"这同他在他的军官面前表现得信心十足,形成鲜明的对照。这令后人不可思议。

3日傍晚,日舰迅速地从西北方向朝中途岛聚拢,次日拂晓前将能抵达离目标200英里的起飞地点。当时弗莱彻和斯普鲁恩斯正在中途岛东北方向300海里之外的地方。统率特遣舰队的弗莱彻判断出侦察机发现的船只,不过是日本的运输舰而已,但是这说明航空母舰就在他们后面不远的地方。晚上7时50分,他朝西南方向驶去。他深信次日将是"美国海军史上最重要的日子"。到拂晓,他就能驶抵中途岛北面,恰好能袭击日军的进攻舰队。斯普鲁恩斯通过目视信号通知部下说,他们可能碰上优势的敌人,有四五艘航空母舰,因此这次战斗的胜利"对我国是极为重要的",并要求全体官兵做好迎战的准备。

6月4日凌晨2时45分,日舰"赤诚"号上的扩音器叫了起来,飞行员翻身下床,整装待发。这时,航空母舰正迎风全速行驶在中途岛西北240海里的海面上。4时30分,草鹿参谋长下达了进攻的命令。指挥起飞的军官挥了挥绿灯,第1架零式战斗机掠过灯火通明的起飞甲板,冲进了漆黑的天空。甲板上的人齐声欢呼起来,接着8架战斗机相继起飞,然后是18架俯冲轰炸机。没过15分钟,4艘航空母舰甲板上的飞机全部飞上天空。空中共有飞机180架,不过舰上的人只能看见一长串红灯和蓝灯朝中途岛方向飞去。

在中途岛,美军雷达于5时50分发现了正在飞往中途岛的第一批日本飞机。这时空袭警报尖声呼啸,美机匆忙起飞迎战。但是,日本的零式战斗机不但在数量上超过了美机,而且在质量上也远比美机优越。一会儿,美国海军陆战队的15架飞机被击落。日本的飞机扑向目标,此时已没有飞机拦截。俯冲轰炸机冒着猛烈的炮火频频俯冲，炸中了建筑物、油库和一个海上飞机库。当最后一架日机飞走时，中途岛的两个小岛，已经成了一片浓烟滚滚的火海。7时整，第一批轰炸中途岛的日机指挥官返航归来，报告对中途岛还要进行第二次轰炸。因此，7时15分，南云忠一中将命令第二批飞机准备进攻，卸下鱼雷，装上每个重800公斤的重磅炸弹。于是舰上人员又卸鱼雷，又装炸弹，忙得不可开交。13分钟以后，日本侦察机报告，在东北200英里处发现美舰10艘。这个消息使南云十分震惊，因为根据他的经验，这么大的舰队后面，一定有航空母舰。

7时45分，南云又下达准备攻击敌舰的命令。这时，第一批轰炸中途岛的飞机正返航归来，但第二批飞机还在甲板上，返航飞机无处降落。南云只好命令把飞行甲板腾空出来让返航飞机降落。8时18分，最后一架飞机降落完毕。于是南云命令舰队向北撤退，以便重新组织，把所有的飞机都加足油，装备好，然后向敌舰发动进攻。不久甲板上的飞机都装上了鱼雷。由于时间紧迫，卸下来的炸弹来不及送到下面的弹药库里，人们就随手把炸弹堆在一边。正在这时，美国舰队派出的飞机前来轰炸。日舰的50架战斗机腾空迎击，打落美机数十架，幸存的美机仓皇逃去。当日机回到舰上加油，水兵们欢呼胜利的时候，美国从“企业”号起飞的37架俯冲轰炸机向日“赤诚”号直扑而来。

“俯冲轰炸机！”日本舰载机指挥官渊田回忆说，10时24分警报响起来了，他抬起头来，惊恐地发现美国轰炸机瞬息之间赫然出现在眼前，他爬着寻找躲藏的地方，“我首先听到的是俯冲轰炸机的撕人肺腑的尖叫，然后是一颗直接击中的炸弹的爆炸声。闪光令人目眩，接着听到第二声爆炸，比第一声更响……舰中央升降机后面的飞行甲板被炸了一个大洞。升降机本身扭曲得像熔化的玻璃，摔到机库里。铁甲板卷成奇形怪状。甲板上的飞机翘起了尾巴，喷着火舌，吐着黑烟。当火势蔓延的时候，不由得泪流满面，害怕大火引起的爆炸断送这艘航空母舰。”

在燃烧着的旗舰的右舷方向，4颗炸弹使“加贺”号遭到了同样的命运。第一颗在它的右舷爆炸，第二和第三颗砸开了舰艄升降机，在舰桥的底下爆炸，使停着的飞机着火，并且炸死了舰长和不少军官。第四颗掉进机库，引起炸弹和鱼雷的连锁爆炸。救火队员奋力扑救席卷而来的火焰。当飞行官代替舰长指挥时，这艘航空母舰的速度开始减慢了。

南云还没有从他的旗舰遭受的袭击中清醒过来，抬头望见另外两艘航空母舰也起火了。美“约克城”号的俯冲轰炸机结果了“苍龙”号。由于莱斯利海军少校飞行技术熟练，由他率领的在“企业”号舰载机起飞后一个多小时才起飞的 18 架“无畏式”飞机，抄近赶到日本舰队上空，只比麦克拉斯基的飞机晚到几分钟。莱斯利虽然匆忙中开错了开关，过早地投下了炸弹，他还是带领飞机发动进攻。高射机枪开火了，两颗炸弹将航空母舰的升降机掀到舰桥上面，使停在甲板上的飞机着火燃烧起来，第三颗在机库爆炸了。

6 分钟的快速袭击，使日本人的防卫陷于瘫痪。“约克城”号的“无畏式”飞机没有一架受损，但麦克拉斯基的 16 名飞行员被追赶的日“零式”战斗机击落。不过美军毕竟取得了决定性的胜利。美国海军以 47 架飞机的代价，消灭了日本海军一支精锐的航空母舰突击舰队的四分之三的力量。

“苍龙”号的火势已经变得不可控制了，在袭击之后不到 20 分钟，这艘航空母舰就被首先下令放弃。柳本柳作舰长监督举行了将天皇的照片转移到一艘驱逐舰上的仪式，然后本着武士道的精神跳进火坑里烧死。一个志愿救火队重新登上这艘瘫痪了的航空母舰，为了扑灭大火而做努力。但到下午 2 时，布鲁克曼海军中校的美“鹦鹉螺”号潜艇赶上来发射两颗鱼雷，击中“苍龙”号航空母舰。2 小时后，“鹦鹉螺”号浮出水面，观察熊熊燃烧的“苍龙”号，只见它在下午 7 时后不久沉没，舰上 700 名官兵葬身于海底。

下午 1 时半，“加贺”号的代理舰长正要下令举行转移天皇照片的仪式，甲板下面的爆炸摧毁了轮机舱，5 时下令放弃该舰。2 小时后，储油罐受热爆炸，这艘航空母舰连同 800 名官兵沉到海底，许多人活活困在机房里。南云的旗舰“赤诚”号设法继续航行了20分钟，为了躲避4架鱼雷飞机的袭击，它急剧转弯，使操舵失灵。当它躲避即将到来的另一次袭击时，被炸坏的飞机着火燃烧，火苗直往舰桥上蹿。南云忠一离开了他的旗舰，一时呆若木鸡。稍事镇定之后，他才把这一灾祸报告了山本五十六。而这时山本正威风凛凛地坐在“大和”号上破浪前进。这个惨败的消息像一个晴天霹雳，惊醒了他稳操胜券的黄粱美梦。他像一个输红了眼的赌徒那样，命令驱逐舰发射鱼雷击沉了摇摇欲坠的“赤诚”号。但他又撒下弥天大谎，向手下所有的指挥官发出电令：“几乎已遭到全军覆灭的敌人舰队正向东退败。”6 月 5 日凌晨，山本又发出命令：“取消占领中途岛的行动。”

中途岛战役就这样结束了。日本损失大型航空母舰4艘、重巡洋舰1艘、飞机332架,兵员损失3500人。而美军仅仅损失航空母舰1艘、驱逐舰1艘、飞机147架,损失兵员307人。

中途岛一战,日本丧失了它在战争初期夺得的海空控制权,也丧失了战略主动权。此战之后,日本被迫停止了战略上的全面攻势,放弃了对斐济、摩萨亚、新喀里多尼亚等岛的进攻作战。日本首相中条英机听到中途岛失败的消息,犹如大火焚身,惊恐不已,但他竭力控制自己,轻声地对参谋次长说:“切勿把这一消息泄露出去,要绝对保密。”日军大本营不仅对陆军严密封锁消息,甚至对海军人员也保密,战斗中死里逃生的水兵集中管理,不准外出,随舰记者也遭禁闭。东京电台还大肆吹嘘占领阿留申的“赫赫战果”。

在美国,中途岛之战已家喻户晓,人们把这一仗当作太平洋战争的转折点来加以庆祝。清醒的尼米兹将军在6月6日的公报中声称:“珍珠港之耻已得到部分洗雪,必须将日本海上力量打得再无行动能力,否则不算完全报仇雪恨。”

七、转守为攻

中途岛之战使日军的攻势被遏制,主动权转到盟军手中。此时,尼米兹因势利导,转守为攻。他与麦克阿瑟将军一道,制订了太平洋战区的全盘战略,并为中太平洋地区盟军的进攻行动提供了战略指导。

1942年8月至1943年2月,尼米兹出色地指挥了对所罗门群岛的进攻。

1943年2月底,山本五十六为了粉碎美军的反攻行动,阻止南太平洋防线一举崩溃,他决心在南太平洋发起一次大规模的反击,这就是“伊号作战”。所罗门群岛方面的攻击称为X攻击,新几内亚方面的攻击称为Y攻击,预计攻击时间为4月5日。山本十分重视这次反击作战,除紧急调兵遣将外,他还决定亲自到腊包尔前线去协调指挥这次作战。

山本到腊包尔的第二天正赶上他59岁生日。似乎有什么恶兆一般,这天狂风大作,暴雨倾盆。山本十分扫兴,下令将“伊号作战”推迟到7日实施。

在“伊号作战”期间，日美双方各有胜负。就在接近尾声时，山本决定到靠近瓜岛前线的肖特兰等岛的各基地去视察。

4月13日，日军的电报发出不久，就被美国人截获。太平洋舰队情报处次日就破译了。情报官莱顿中校来到尼米兹的办公室，说道：“我们的老朋友，山本有消息了。”

尼米兹看了地图，并仔细追踪了山本将乘飞机和军舰对巴莱尔、肖特兰和布因兜巡一圈的路线之后，确认第一站将使这位帝国海军的头号海军将领正好处于从亨德森机场起飞的战斗机航程之内。他突然感到，这是剪除山本的机会，而除了天皇，只有山本的死，才能对日本人的士气构成沉重打击。

拦截山本的念头在尼米兹脑子里一闪而过，但似乎又有些举棋不定。“你看怎么办？”尼米兹问莱顿，“我们要不要设法把他干掉？”

莱顿毫不含糊地回答：“当然要干掉他，这件事会震撼整个日本！”

尼米兹说：“我考虑的是，他们是否会找到一位更能干的联合舰队司令官。”

莱顿回答：“山本确是日军中的头号人物，无人能比。”接着他做了一个有趣的比喻，“尼米兹将军，你知道，这就好像你如被他们干掉，没有人能接替你一样。”

尼米兹一笑，下决心拦截山本。他随即将这一情报电告了哈尔西，授权他起草一份行动计划。接着他又电告了首都华盛顿。海军部长诺克斯和作战部长当即把电报提交到总统的例行午餐会。

午餐会上，罗斯福总统断然决定：击落山本座机，干掉日本这个杰出的指挥官。

4月15日，尼米兹发动了执行“复仇行动”的命令，并在电报尾处以个人名义预祝哈尔西“交好运，马到成功”。

哈尔西把这一任务交给了所罗门群岛航空兵司令米切尔少将。

4月18日，米切尔及负责执行这一任务的约翰·米歇尔少校和托马斯·兰菲尔中尉痛痛快快地完成了任务。

4月19日，日军找到了山本五十六及其随从共11人的尸体。21日，尸体火化。6月5日，日本官方发布公告，追授山本大勋位，功一级、正三位和元帅称号，并准予按国葬规格进行安葬。

接着,尼米兹又先后于1943年11月20日至23日在吉尔伯特群岛、1944年1月31日至2月23日在马绍尔群岛成功地指挥了进攻战役。此后,尼米兹又把目光转向马里亚纳群岛,并于6月14日至8月10日指挥了对这些岛屿的进攻行动。在9月15日至11月25日指挥帕劳群岛的作战行动的同时,他还在新几内亚与麦克阿瑟联手,于10月20日对菲律宾的莱特湾发动大规模进攻。

12月15日,尼米兹被晋升为新设立的海军五星上将。

1945年1月,尼米兹将司令部移往关岛。他从那里指挥了2月19日至3月24日的硫磺岛战役和4月1日至6月21日的冲绳战役。尼米兹一鼓作气,继续指挥海军对日本发动进攻,直到8月14日日本宣布投降。

8月29日,尼米兹乘坐其旗舰——“南达科他”号战列舰驶入东京湾。9月2日,他登上“密苏里”号战列舰作为美国的代表在日本的投降书上签字。

为表彰尼米兹在作战时的巨大功绩,在首都华盛顿,10月5日被确定为“尼米兹节”。全国人民满怀感激之情,走上街头欢迎他们的英雄。

八、战后岁月

战后,尼米兹担任海军部长的愿望得到满足。1945年12月15日,他宣誓就任战后首任海军作战部长。尼米兹面临的任务既困难又棘手,但他忠于职守,勤奋工作,成绩斐然。

这时,尼米兹领导了战时海军的裁减复员工作,并协助确定了美国武装力量在未来的地位:最后确定保留参谋长联席会议,并组建各自独立的陆军部、海军部和空军部,设国防部长一职负责对上述部门的领导,国防部长是总统内阁的永久性成员。

在研制第一艘核动力潜艇上,尼米兹态度积极,努力推动,发挥了重要作用。

1947年12月15日,尼米兹辞去海军作战部长职务,退休后举家迁到加利福尼亚。第二年,他又担任了海军部长的特别助理。1949年3月,他应邀复出,担任美国驻联合国的亲善大使。稍后,他出任联合国驻克什米尔特使,直到

1951 年再次过起退休生活。

尼米兹在平静中度过了晚年。他抽时间与 F.B. 波特合著了《海上力量:海军史》一书,该书于 1960 年出版。1965 年 11 月,尼米兹接受外科手术,住院期间,他染上肺炎,健康状况每况愈下, 1966 年 1 月底陷入昏迷状态,从此再没有醒过来。

1966 年 2 月 22 日,星期天,尼米兹与世长辞。依照其意愿,安葬在金门国家公墓。

纵观一生,尼米兹堪称美国最伟大的海军军官之一。他是一位深谋远虑、能征善战、久经考验的指挥官。他精明强干,出色地完成了各种艰险困难的任务。在二战中,尼米兹指挥了一支庞大的海军,在太平洋上创造了前所未有的海战奇观。连他的对头日本人也把他与日本的东乡平八郎和英国的纳尔逊同列为世界上最出色的海军将领。

尼米兹自从投身海军就赤诚热爱,恪尽职守。他年轻时是海军高级柴油机工程师,月薪 240 美元,可当一家公司以 25000 美元年薪聘请他时,他却说:“我不会为了任何其他职业而抛弃现在的工作,我离不开海军。”

尼米兹除海军事业外没有任何政治野心。尽管他在军中以极富幽默感而闻名,可他从不爱在新闻记者面前夸大其词地侃侃而谈,也同样不在总统面前邀宠,可还是获得了几届总统的友谊和信任。在政治上多少流露出一些共和党的倾向,却从来没有介入党争中去。他终生是一个标准的职业军人。

尼米兹 78 岁那年,有一个记者在采访中,以含有讽刺意味的口吻问他:“上将,你认为还要为海军终生奋斗吗? ”尼米兹毫不迟疑地答道:“是的。”

笔者以为,这些正是尼米兹成功的真谛。E. 霍伊特在《太平洋战争史》(1970)一书中说得好:“尼米兹性格中的美好品质表现在他的脸上,反映在他的生涯中,体现在他的传统上。总而言之,这些因素塑造了尼米兹独特的自我,并将他置于历史上这一时刻的这一特定位置上。”

这一段话,笔者愿与读者诸君共勉。

二战名帅蒙哥马利

蒙哥马利（1887~1976），英国陆军元帅，第二次世界大战著名军事统帅。指挥北非战役，击溃隆美尔指挥的德军，继而挥师攻入意大利。1944年率军参加诺曼底登陆。战后历任英驻德占领军总司令和盟军对德管制委员会英方代表，帝国总参谋长，英、法、比、荷、卢常设防务机构委员会主席。1951年起任北大西洋公约组织最高司令部副司令。1958年退休。

第二次世界大战是人类历史上规模最大的一场战争，先后有20多个国家、60亿以上的人口卷入了这一全球性浩劫。在这场战争中，一切爱好和平的国家和人民，同仇敌忾，同德、意、日法西斯进行了长期的浴血奋战，最终赢得了胜利。在这场战争中，各国都涌现出一批能征善战、足智多谋的著名将领。杰出军事家伯纳德·劳·蒙哥马利就是这样一位战功卓著的英国元帅。

一、早期的经历

伯纳德·劳·蒙哥马利于1887年11月17日出生在伦敦肯宁顿圣马克教区的牧师亨利·蒙哥马利家中。英国的蒙哥马利家族有着悠久的历史，曾有辉煌的业绩。老蒙哥马利有9个孩子，蒙哥马利是第4个。1889年，老蒙哥马利就任塔斯马尼亚主教，全家移居到霍巴特。

蒙哥马利回忆道："老实说，我的童年不幸福。"他将此归咎于母亲的专横。1901年10月，蒙哥马利一家返回英格兰。蒙哥马利的哥哥在帝国义勇骑兵队任职。这或许影响了蒙哥马利，他在1902年进入圣保罗学校陆军班学习。在圣保罗学校学习的4年中，蒙哥马利在打板球和橄榄球上技高一筹，但在学业上则被视为"落后"学生。不过他后来为自己的"懒散"而感到羞愧。

1906年蒙哥马利参加竞争激烈的入学考试，于次年1月进入桑德赫斯特陆军军官学校学习。然而在授衔之前，他由于参与一次重大的"恶作剧"而险些被开除。后来在母亲的干预下，他才作为绅士学员而再度被接纳，不过他的任职时间从 1908 年 1 月推迟到当年夏天。这对他震动很大，下决心洗心革面，脱胎换骨，去掉爱开过度玩笑、不爱社交及傲慢和刚愎自用的习惯。

1908 年 9 月 19 日，蒙哥马利被公榜分入皇家沃里克郡步兵团，在该团驻印度的第一营服役。1913 年 1 月，该营返回英国后不久，他被任命为助理副官。

二、参加第一次世界大战

1914 年 8 月 4 日，英国对德国宣战。8 月 23 日，蒙哥马利所属的营抵达法国。3 天后，他率一个排参加了勒卡托的战斗。随后在战乱中，蒙哥马利被列入失踪者名单。

事情的经过是，当时英国远征军每千人配备两挺机枪，于德军装备上处于劣势。因此，英军在毫无计划的情况下便投入战斗，所以进攻是象征性的，当发现左右两翼的法军都已撤退时，便决定于 8 月 23 日开始从蒙斯撤退。这时，皇家沃里克郡团 1 营乘坐运输舰刚抵达波罗民，当晚即离开波罗民，24 日在勒卡托下车，在那里等待营后续部队。次日凌晨向西北行军，到达圣皮尔，准备在那里占领高地，掩护了一支南撤的英军之后，晚 6 时遭到敌炮兵的猛烈轰击。7 时接到命令，立即撤退。这时突然乌云翻滚，雷雨交加。到晚上 11 时，全营开始撤退。部队冒雨行进，于凌晨 4 时多到达一个小村庄，因疲惫不堪，就在一片玉米地里露营。

英军在空中侦察发现，德军有几个师的步兵和骑兵正在向勒卡托的前线集结。但这一情况却未报告给前线部队。因此，英军有的仍在原地固守，有的对敌实施阻击后继续撤退。

到清晨 6 时，德军已对英军第 4 师发动进攻。4 师防守正面宽 5 英里，没有粮食，缺乏弹药，也没有炮兵和骑兵，结果被打得落花流水，只好匆匆撤退，让皇家沃克里郡团所在的第 10 旅来收拾残局。

郡团第 1 营迅速梯次展开。第 1 梯队两个连占领前沿地形；第 2 梯队两个连部署在很远的后方。蒙哥马利所在连担任第 1 梯队。营长埃尔金顿中校骑着马飞一般奔向第1梯队，大声命令部队立即向高地前坡上的敌人发动进攻。第1梯队的两个连在没有侦察、没有火力掩护的情况下冒着德军密集的枪弹和弹片向高地冲去，士兵一排排地倒下，前仆后继，英勇无比。

在攻击中，蒙哥马利挥舞着指挥刀跑在队伍最前面，大声吼叫着。不幸的是，他只跑出一会儿，便被自己的刀鞘绊倒，指挥刀摔出老远。等他急忙站起身来，再跟着部队往前冲时，他发现自己排里的士兵大部分已经阵亡。

上午7时多，第一线的部队再次向高地发起进攻。攻占山顶后，因敌军火力太猛，便退回攻击前的阵地，顽强坚守。这两次进攻，使英军8名军官负伤，约200名士兵伤亡。蒙哥马利所在的连连长受伤，官兵伤亡惨重。后来，蒙哥马利带领第3连的两个士兵，回到山上救回一名伤势很重的上尉。由于没有担架，无法抬他随部队行动，只好把他留在村中的神父处。

埃尔金顿中校根本就不知道他的第一线连队的命运，带着后面两个连退到15英里以外，同意当晚即向德军投降。在这种混乱的情况下，英国陆军部把伯纳德·劳·蒙哥马利列为失踪人员。并通知其家属，完全是正常的。

3天之后蒙哥马利他们才赶上本师部队。原营长埃尔金顿中校被撤职，由普尔少校接任营长。蒙哥马利在给他母亲的信中对这次战斗做了如下描述：

> 那次行军，是我终生难忘的。我们的位置处于自己部队的背后。德军的前面，有好几次我们都死里逃生。有时我们不得不躲进树林，以躲避德军骑兵的巡逻。我们缺乏粮食，也无法睡觉，大部分时间都在下雨。我们开始撤退时，大家都已经精疲力竭。到最后赶上部队时，我们那副狼狈样子，你是可以想象得到的。有许多人落伍离队，我们也顾不了那么许多。落伍离队的官兵多被德军俘虏，有些后来归队。你寄来的巧克力，犹如奇珍异宝，因为我们没有一点营养，村里也没有食物。村民们早已跑得一干二净。我们的装具已全部烧掉，以便在车上留出点空间，给伤兵们坐。我们除了身上穿的，简直是一无所有。天空乌云低垂，大家士气十分低落。26日退却时，我们分为两队，各有300余人。后来天黑夜暗，两队在不知不觉间失去了联络。28日晚上10时，我们赶上本师部队，被编入汽车运输队，29日下午3时抵达

贡比涅。路上经过一些风景幽美的森林，全程约 90 英里。30 日上午 9 时乘火车到达勒芒市，才得到好的休息。那里远离前线，中午和晚上都上馆子。9 月 4 日，我们在那里洗了最后一次澡……

9 月 4 日，战场上的形势发生变化，德军被迫后退。蒙哥马利所在的营离开勒芒市，开始向德军追击，经过几百英里的艰苦追击，终于在埃纳追上了德军。两军彼此相对，相互用炮火轰击对方阵地。蒙哥马利又写信给他母亲，感谢她寄来的包裹和妹妹给他的薄荷糖。

1914 年 10 月 13 日，蒙哥马利奉命参加伊珀尔战斗。这次由普尔少校指挥，蒙哥马利再任排长。这时德军据守着梅特朗前面一带高地。普尔将全营的 4 个连完全展开，把德军赶回梅特朗。上午 11 时，全营奉上级指挥官的命令，在没有炮火支援的情况下夺取德军据守的村庄。其结果与 8 月 26 日的勒卡托战斗一样，部队伤亡极大。在伤亡了 100 多名官兵之后，先头各连进攻受挫，C 连和 D 连随后跟上。蒙哥马利高举着指挥刀，率领全排前进。可是当他一步冲进德军战壕时，却发现一名德军正举枪向他瞄准。作为一名年轻军官，他受过不少训练，知道怎样同敌人拼刺刀，并在单人对刺中得过优胜奖。但眼下他既无步枪，又无刺刀，只有一把锋利的佩剑。不过没有人教过他如何用佩剑杀死敌人，他懂得的剑术是如何用它来行军礼。

在这千钧一发的时刻，蒙哥马利来不及多想，便纵身向那个德国兵猛扑过去，用尽全身力气猛踢他的下腹部，正好踢中其要害部位，使他痛倒在地，成为蒙哥马利有生以来的第一名战俘。

蒙哥马利带领全排士兵与敌人展开英勇的肉搏战，一举夺占了敌人阵地。正当他跑到前面去观察敌人布防的阵地情形时，被守在屋里的德军狙击手一枪击中。子弹从他背后射入，从前面穿出，穿透了右肺，不过没有伤着骨头。他倒在地上，血流如注。为了不引起德军的注意，就静静地躺在那里。一名士兵跑过去，替他包扎伤口。结果士兵被一颗子弹射中头部，倒在蒙哥马利身上。德军狙击手继续向他俩射击，蒙哥马利的左膝又被击中一枪。但倒卧在他身上的那个士兵挡住了其余的子弹。排里的士兵以为他俩都死了，也就不打算去救他们。蒙哥马利在泥泞中躺了三四个小时，直到天黑以后，排里的人才去看看。但他们没有担架，只好用一件大衣把他抬到路上，碰巧遇上团急救站的担架兵，于是把他抬到了皇家陆军卫生部队的前方急救站。医生们认为他不行了，又因急救站要转移，就给他挖了一个坟墓。但是，到转移时，又发现他还活着，就再抬上救护车，送往火车站。一路上汽车颠簸，他还勉强没有昏迷过去。但一上火车，他便完全失去了知觉。等他第二天完全清醒过来时，已经躺在伍尔维奇的赫伯特医院里了。

蒙哥马利在伊珀尔之战中的英勇表现，受到了上级的重视和表彰。他负伤的第二天，即 10 月 14 日，被晋升为战时上尉军衔。他还由于“身先士卒，奋不顾身，用刺刀将敌人逐出战壕而负重伤”，荣获优异服务勋章。

伊珀尔战役是第一次世界大战中英军伤亡最惨重的一役。蒙哥马利大难不死，实属奇迹。他住在赫伯特医院，膝盖的伤很快痊愈。但胸部的伤愈合较慢。右肺 20 多天后开始扩张得较好，但感到呼吸短促。医生认为，胸部的创伤对他的影响可能是永久性的。12 月 5 日，蒙哥马利觉得已恢复得不错，于是请求出院。院方经研究后准许蒙哥马利先回家修养 3 个月，假期结束时，再考虑是否让他回军队工作。但两个月后，蒙哥马利便说服院方对他再做检查。结果是各方面都恢复得很好。1915 年 2 月 5 日，陆军部宣布，蒙哥马利可以重任军职，但仍不能担任全部勤务，并且限在国内服役。2 月 12 日，蒙哥马利被派往驻防曼彻斯特的第 112 步兵旅，接替该旅参谋长 J.A. 尼克松少校的职务。蒙哥马利以前不过是个排长，在负伤时仅是个中尉，1914 年 10 月 14 日才晋升战时上尉衔，但如今这个职务一般是由少校级军官担任的。于是，陆军部同意将蒙哥马利的战时上尉改为正式上尉衔。从此，蒙哥马利就在旅一级的岗位上展示自己的才华。

三、从参谋军官到师长

1917 年 1 月，蒙哥马利被任命为第 33 师参谋部情报军官。6 个月后，又被任命为第 9 军参谋部情报军官。他把全部精力投入参谋工作，潜心研究统一指挥、集中使用炮兵火力、空中侦察和如何才能迅速得到战斗进展的准确情报等问题。

7月11日,蒙哥马利给他的父亲写信说:

我非常喜欢我的职务。我能得到这个职务,是十分幸运的。第9军有3个二级参谋,当一级参谋不在时,自然应该由其他两人之中的一位负责。可是,尽管他们两位资历比我深,而且又都是少校,但上级却让我负责。我无疑是担任这种职务的最年轻的军官,也是唯一的上尉。在其他所有的军部,这种职务几乎是由清一色的参谋学院毕业生担任的。

1918年6月3日,蒙哥马利晋升名誉少校,两个星期后,又成为临时中校和第47师参谋部人事军官(人事助理参谋长)。

第47师隶属于第3军,师长是戈林奇少将。蒙哥马利接管第47师的参谋部门后,很快就按照戈林奇将军的要求,发出了他的第一道指示——第47师防御计划。蒙哥马利以简洁、明了的风格,阐述了师的正面防御、师的责任、总的策略、受攻击时应采取的行动——包括师部在预警各旅时所用的代号和呼叫信号、预备队的部署以及对步兵、炮兵、机枪、通信兵、坦克等的处置。

蒙哥马利在向部队发出防御指示一个月后,于8月18日向部队发出一套“进攻作战指示”,要求部队按照计划切实加以演练。待发动攻击的最后命令到达时,蒙哥马利已向部队发出7道预备命令。8月22日凌晨,第47师的第1旅开始向快活谷发起进攻。由于计划周密,这一战役第47师较为得心应手,几乎攻克所有的目标,而且伤亡甚微。

1918年9月8日,第47师调入第5军团第13军,进行休整。50多天后,蒙哥马利向全师部队颁发了小册子《从1918年8~9月的战斗中获得的教训》。小册子包括司令部、通信、坦克、炮兵、迫击炮、机枪、骑兵、工兵运用、补给、一般注意等10个部分,特别强调利用无线电通信,夺取战术主动权,对部队进行特殊训练,步、炮兵协同指挥,经常变更攻击发起时间以获得奇袭之利等内容。

在此期间,蒙哥马利开始潜心研究师级指挥部门如何才能迅速得到战斗进展的准确情报。因为此类情报非常重要,可使高级指挥官根据发展中的战术情况调整他的部署。后来他终于设计了一种系统,即向各个先头营指挥所派遣携带便携式无线电设备的军官，通过无线电把最新情况传回师部。

1918 年 11 月，第一次世界大战画上了句号。

1920 年 1 月，蒙哥马利进入坎伯利参谋学院学习。接着在爱尔兰“骚乱”期间担任旅参谋军官。他还担任过本土军某师的参谋、连长和参谋学院教官。在这些任职期间，均有良好的表现。在陆军部修改《步兵训练手册》委员会中短期工作后，蒙哥马利于 1930 年回到他原来所在的团任副团长。

在这段时间里，蒙哥马利曾到国外休假。在个人感情方面，他一直完全生活在母亲的阴影之中。一方面，渴望得到母亲的爱；另一方面，他又不断地向母亲表明自己的爱心。但却屡被母亲冷峻地拒绝。因此，他只是专心致志于军旅事业，他的眼里只有作战地图，指挥枪的准星一直瞄准战场，而不是歪向美女，虽然总有如云的美女倾心于他。这次到瑞士休假时，他与卡佛太太相遇了。她是个寡妇，是军人的遗孀，正带着两个未成年的孩子一起生活。出乎想象的是，蒙哥马利对那么多美丽动人的少女不感兴趣，这时却听见了怦然心动的声音，类似于远处的枪声。他的部属细嚼着令人不可理解的爱情：世上最美丽的少女才配得上蒙哥马利啊！怎么一个拖儿带女的寡妇就把他迷住了呢？

寡妇本人也怀疑，以为蒙哥马利可能在同情她，或者说，她是军人的遗孀才被他施与让世界震惊的爱情吧。军人就是军人，蒙哥马利果断地说：“爱就是爱，还管什么别的！”并隆重地向爱情行了一个军礼。不久，便与这位女人结婚了。二人同是 37 岁。

蒙哥马利回国后，因为指挥作战，便把妻子安排在海滨的一家旅馆。一天，妻子到海边沙滩上散步时，一只脚不知被什么虫咬了一口，晚上腿就肿了起来，而且病情很快就恶化。闻讯后，蒙哥马利告假赶到妻子的身边。可病毒沿着妻子的腿向上蔓延，败血症已使她病入膏肓。最后，她躺在蒙哥马利的怀里去世了。在她病痛期间，蒙哥马利听着远处的炮声，还经常为她诵读《圣经》。此时，他们的儿子才 9 岁。他不忍心让幼小的心灵受到折磨，在妻子剧痛和弥留之际，他没让孩子来看望母亲。安葬时，也没让孩子参加。

从照顾妻子到安葬妻子，蒙哥马利没有流泪。由此，人们开始怀疑他对妻子的感情。他说：“眼泪不是表达爱情的唯一方式。”这时，又有不少美女梦想把自己的一生靠在他的胸前，靠他的勋章让自己的脸像阳光一样灿烂。蒙哥马利的胸口前停泊过妻子的发丝，他曾让战士伤口的血淌过，但他不让其他女人身上的香味萦绕。他说："爱就一个准星！爱了一个女人，就不能再爱另一个女人。"

1931年，蒙哥马利又调任驻巴勒斯坦的皇家沃里克郡团第一营营长。1934年该营开始赴印度。6月底，蒙哥马利任奎达参谋学院首席教官。随后，他在朴次茅斯指挥第9步兵旅。1938年，身为少将的蒙哥马利一度担任驻巴勒斯坦第8师师长，后因身患重病，被送回英国。

四、参加第二次世界大战

蒙哥马利康复后，于1939年8月28日，即第二次世界大战爆发的前一星期担任第3师师长。

1939年9月1日，这一天法西斯德国入侵波兰，英国向德国发出最后通牒。9月3日上午11时，英国正式向德国宣战。同日下午5时，法国也向德国宣战。于是，第二次世界大战拉开序幕。

蒙哥马利指挥的第3师经过战争动员后，开始向克鲁干地区集结。9月12日举行通信演习，次日举行不带实兵的司令部机关演习，19日国王乔治六世检阅全师，20日举行前进指挥所与师部的情报演习。然后，由5名军官组成的先遣队前往法国。次日，师运输部队向福茅斯进发。

9月26日，蒙哥马利召集全师营以上军官训话，宣讲他的攻防策略和对机动作战的看法。为了使预备人员有机会进行实弹射击，全师已使用了10万发步枪弹，但蒙哥马利仍坚持认为全师在启程之前，每人至少还应投3枚手榴弹。9月29日晨，一列列火车将全师官兵送到南安普敦。10时30分，开始登船。当日午夜，船队起航，驶向法国。

在法国登陆后，蒙哥马利指挥的师隶属于英国远征军第2军。该军由A.布鲁克中将（后来的英军总参谋长）指挥。而远征军司令，则是戈特勋爵。

在1939~1940年的冬季里，英国远征军的任务主要是训练和自卫。反坦克障碍、掩体、战壕和铁丝网，都必须修建。1939年10月29日，第1军军长迪尔爵士和第2军军长布鲁克中将都提醒戈特注意局势的严重性，但戈特把它当成了耳旁风。就在这一天，希特勒指示他的陆军总司令，入侵低地国家（荷兰、比利时、卢森堡）的“黄色战役”将于11月12日开始。到1940年1月10日，希特勒又下达了1月17日发动进攻的命令。但由于盟军事前在比利时偶然俘获了一架德国飞机，机上载有“黄色战役”的全部材料，才迫使希特勒把入侵行动暂时搁置起来。

布鲁克中将看问题能够见微知著，全面衡量，遇事果断。他预见到数月之内，英国远征军将陷入“千钧一发”的险境。同时，他也看清了蒙哥马利是一个优秀的训练者和组织者，于是放手让他去干，大多事情由他自己做主。

蒙哥马利很清楚自己的职责：必须在可使用的极短时间内使第3师处于高效能状态。第3师在进入阵地位置，筑好防御工事之后，蒙哥马利便使出浑身解数，对他的部队进行严格的训练。他设计和指导了5次大规模的师演习和许多小规模演习，使第3师成为英国远征军中最训练有素的机动师。

蒙哥马利十分感谢布鲁克的帮助，并决心以实际行动表示绝不会辜负布鲁克的信赖。虽然当时天寒地冻，各种条件很差，蒙哥马利照样执行其严格的训练演习计划。

5月10日，德军入侵荷兰和比利时，考验的时刻到来了。正如布鲁克早就预见的那样，英国远征军立即向东疾速前进。第2军以蒙哥马利的第3师为先头部队，以第4师和第50师殿后，前进到迪尔河一线。第3师的前进运动进行得像时钟一样准确，当他们于10日夜间到达规定地区时，发现比利时第10师仍然据守着分派给他们应扼守的防线，大多数比利时军人都在睡梦中。于是，蒙哥马利去见比利时将军，请他撤出部队，允许英军防守前线。但这位将军拒绝撤出部队，并坚持说，他奉命防守卢万城，没有国王的命令叫他让出防区，他绝不离开一步。布鲁克第二天来到第3师，并立即与比利时国王协商，以便能够重新调整战线。但比利时国王在其侍卫长的影响下，不同意让英军接防卢万。同时，戈特总司令也没有采取任何类似的措施，而是于11日下午6时命令第2军将第3师挤到第一军的左侧，而未反对比军。

蒙哥马利认为，卢万是通向布鲁塞尔的要害，这座城市及其附近的高地太重要了，不宜交给只靠骡马运输的比利时第10师防守。当时面前的比利时军队正在溃退,而德军正在逼近。于是,他决定把自己的师撤到比利时师的后面,作为预备队,而不移动到第1军地区。为了使比利时人撤走而让英军进驻这一地区,蒙哥马利故意讨好地对比利时师长说:“我的师将毫无保留地接受你的指挥,我建议加强你的防线。”比师长听了很高兴,同意了蒙哥马利的安排。这消息传到总司令部,立即引起震惊。布鲁克马上来到第3师弄清情况,蒙哥马利再三请军长不要担心,因为他即将把比利时人撵走。当德军进入大炮射程之内时,炮击开始了。蒙哥马利毫不费力地从比利时人手中接管了前线。比利时师退为预备队,然后向北进发,与其主力会合去了。布鲁克后来写道:“这一插曲突出地表现了蒙哥马利的才能。当时必须做出某些安排,因为德军在任何时候都可能到来,而他确实找到了解决的办法。记得我当时说,可怜的比利时指挥官,竟然一点也不知道他怀里抱着一条毒蛇。”

随后,战场上每天传来消息:鹿特丹遭到轰炸,荷兰要求停战,德军装甲部队浩浩荡荡地开过默兹河上的桥梁,比利时军队撤到了阿尔贝运河,英军右侧的法国集团军垮了。然而,第3师却只能注视和等待。蒙哥马利异常镇定,晚餐后不久即入睡,白天外出,整天在前线转,会见下级军官,听取他们汇报,做出决定给予口头命令。然后回到师部指挥部,会见参谋班子,发布当晚和第二天的命令,继而进餐、就餐。除紧急情况外,他睡觉时是不许打扰的。5月15日夜,一位参谋军官由于不知道蒙哥马利这一习惯,便把他从梦中叫醒并报告说,德军已进入卢万。蒙哥马利勃然大怒,吼道:“走开,别打扰我!叫驻卢万的旅长把他们赶回去。”参谋听了,为之愕然,而蒙哥马利却继续睡觉。

德军在对3师进行猛烈的炮轰和冲击之后,于5月15日夜渡过迪尔河,攻入卢万车站。在这次反击战中,近卫掷弹兵团和皇家北爱尔兰兵团表现得非常出色。在整个盟军战场情况越来越令人不安的形势下,第3师却像一块屹立在汹涌激流中的磐石,岿然不动。后来由于南翼侧面暴露,蒙哥马利才不得不于16日下午2时下令撤退,向登德尔河转进。在炮兵弹幕的掩护下,全师干净利落地与敌人脱离了接触。黄昏前,全师除担任后卫的第8旅外,顺利抵达登德尔河。

由于右翼的法军被击溃,而右翼的比利时军队又突然消失得无影无踪,英国远征军只好全线后撤。当潮水般的后撤部队已经从第2军旁边过去很远时,第3师才最后撤退。5月17日,第3师到达布鲁塞尔西面,但该城运河上的桥梁已被炸毁。18日,第1军出现行动缓慢的迹象。这主要是由于该军军长年龄较大、过于紧张和慌乱造成的。为了减轻他的负担,布鲁克接管了他的第1师。

5月19日,英国远征军总司令部讨论了敦刻尔克环形防御的优点,拟订了将远征军撤退到此地的应变计划。因为这时,德军第1、2装甲师及其他部队疾速推进,并控制了英吉利海岸,将英国远征军实际上包围了。

迫于丘吉尔首相的压力和法国方面的要求,戈特不得不调集第5师、第50师和皇家第1坦克团,于5月21日对德军侧翼实施反冲击。由于力量太弱,反冲击被德军瓦解,但第50师却俘获了400余名德军战俘。为此,英国报刊进行了大肆宣传。

在此期间,食品供应情况变得困难起来,整个英国远征军只能获得一半的定量。但是,蒙哥马利决不让他的士兵饿肚子,他命令军需官向当地村长征用粮食和菜牛。他的师赶着牛群行军,临时建立了屠宰场和面包房,并劫掠了一列被抛弃的弹药车。因此,第3师从未缺过吃的和用的。

如果要摆脱追击,英国远征军就必须不断地采取完整的环形防御把自己保护起来。但环形防御建成以后,却面临两大威胁:一个威胁来自西面逼近的德军装甲部队,另一个威胁来自东面向比利时军队猛冲过来的一个德军集团军群。第一个威胁后来被希特勒因情况变化需装甲部队另用而解除了,第二个威胁则使布鲁克和他的军队受到了很大的压力。

布鲁克的军队扼守着运河一线。在德军重兵集团与英军环形防御之间,这是唯一有防御工事的战线。如果这条战线被突破,将会出现灾难性后果。5月27日,布鲁克视察防区时,突然发现左侧翼的比军和法军已不知去向,这就使防线出现了一个缺口,亏得第5师让战线安然无恙。最使布鲁克焦虑的是侧翼的缺口,因此他命令蒙哥马利把当时在鲁贝处于危险境地的第3师带出来,前去切实堵住这个缺口。

这是一个迫使蒙哥马利进行强行军的艰巨任务。他采取了机动的战术,从己方摇摇欲坠的防御正面后的地方实施横向运动。在一夜之间,他使全师在鲁贝正面同敌人脱离接触,从第5师岌岌可危的战线后方向北转移25英里,在拂晓前占领未经侦察的阵地,挖好战壕,筑好工事,准备迎接德军的进攻。

与此同时，有消息传来说，比利时国王已命令比军5月27日午夜向德军投降。于是，从第3师的防区至纽波特之间，在长达15英里内已经没有盟军部队，蒙哥马利只能赶快采取补救措施。

5月28日，英国远征军的总司令部移驻拉庞，因为那里有良好的通信设施，但这时只剩下戈特和少数几个参谋。

5月29日到30日夜间，第3师进入敦刻尔克桥头堡左侧的阵地，负责扼守菲尔纳和纽波特之间的运河线。蒙哥马利把指挥部设在拉庞郊区的一片沙漠上。

自从丘吉尔首相决定向敦刻尔克撤退后，英国远征军每天作战的行动就是击退德军的进攻，向敦刻尔克和海滩逐渐退却。他们不得不丢弃大量重型武器和军械装备，以便尽快从海上撤退。英国远征军的规模逐渐缩小，大多数高级将领奉命返回英国。

布鲁克5月30日夜乘船回国前，临行做了一些必要的安排。他决定让蒙哥马利接管第2军，师以下军官职务也做了相应的调整。当破格晋升的霍罗克斯中校被召到师部时，他看到了一个动人的场面。他后来写道：“我被召唤到第3师司令部时，我看到沙丘上站着两个人。我认出他们是我的军长布鲁克将军和我的师长蒙哥马利将军。前者情绪很激动，他的脊背佝偻着，好像在哭。蒙哥马利将军轻轻拍着他的背，接着他们握手道别，布鲁克将军慢慢地走向自己的轿车，驱车走了。”可以说这是布鲁克与蒙哥马利之间深厚友谊的最直接见证。

蒙哥马利的任命于5月30日下午生效。下午2时，他召集全师部队长官开会，对全师的防御做了最后一次安排。下午6时，蒙哥马利以军长的身份参加了戈特在敦刻尔克海滩前线总司令部召开的最后一次会议。当晚，蒙哥马利召集第2军师级指挥官开会，发布第二天从海滩一带撤回英国的命令，并指示，任何来不及从海滩乘船撤退的人必须从海岸奔向敦刻尔克，在港内上船撤退。他要求头脑清醒，沉着冷静，把第2军全部撤回英国，绝不让一兵一卒投降。

6月1日清晨，第2军最后一批环形防御部队撤退，进入敦刻尔克港的环形防御之内。蒙哥马利一直站在沙丘上指挥部队进入敦刻尔克港。凌晨3点30分，蒙哥马利和参谋长、侍从官一起走下沙丘，朝敦刻尔克港走去。眼看着后卫部队也将全部撤离，在驱逐舰上，他们向敦刻尔克看了最后一眼。

五、斗法“沙漠之狐”

回到英国后，蒙哥马利继续担任第3师师长之职，不久晋升为中将，于1940年7月被任命为第5军军长。这正是德国进犯英国迫在眉睫的关键时期。9个月后，蒙哥马利奉令指挥第12军。1941年11月17日，蒙哥马利成为东南军区司令官。东南军区辖第12军、加拿大军和一些地方部队。他把东南军区改称为东南集团军，这样，不仅能使他属下的官兵习惯集团军指挥部的指挥程序，而且使他易于向两个野战军及东南地区其他部队灌输他的作战思想。对此，已担任英军参谋总长的布鲁克也认可了。

蒙哥马利到任后，首先访问所属各部队长，然后下达集团军司令个人备忘录，订出冬季训练计划。他的训练计划包括士兵的各种训练、部队的野外演习和不带实兵的各级司令部演习。集团军将组织五次指挥所演习。此外，每支本土防守部队必须归属于一支野战部队之下进行训练，因为他认为，要击败德军的侵入，绝非野战部队单独所能，“本土防守部队的有效合作极为重要，所以，我们必须提高本土防守部队的训练水平”。

到1942年，蒙哥马利已成为闻名遐迩的训练专家。虽然蒙哥马利对远东和中东的战事颇有异议，但却从未表示出他必定会有当野战指挥官之意。

东南集团军所举行的很重要的一次演习，是蒙哥马利去非洲接任第8集团军司令官之前所进行的“猛虎”演习。该演习的目的，旨在表达蒙哥马利与日俱增的信念：要夺取战争主动权并战胜德军或日军，盟军部队就必须训练到能在真正复杂的情况下作战，并至少能坚持10天之久。5月20日最后演习时，由第12军对抗加拿大第1军，双方兵力超过10万人。参观演习的人蜂拥而至，包括美国派来的首席参谋官艾森豪威尔将军。在演习中，蒙哥马利第一次遇见了艾森豪威尔，给艾森豪威尔留下了很好的印象。艾森豪威尔后来写道：“蒙哥马利将军是位果决型人物，精力充沛，干练非凡。”

整个1942年，北非的军事形势日趋恶化。结果，8月C.奥金莱克将军被解职，H.亚历山大将军取而代之出任中东战区司令官。蒙哥马利此时已接近事业的顶峰，被选任为第8集团军司令官，负责守卫通往开罗的门户。

1942年8月12日一早，蒙哥马利到达开罗郊外的一个机场，然后被接到饭店。饭后驱车前往开罗的中东司令部，到后即去见奥金莱克。

奥金莱克把蒙哥马利带进地图室，关好门，向蒙哥马利解释了他的作战计划：应不惜任何代价保存第8集团军，而不使它在战场上遭到毁灭性打击。如果德军隆美尔很快发动全力攻击，第8集团军将退到尼罗河三角洲，还有一种可能是撤退到巴勒斯坦。副参谋长约翰·哈定少将已制订了把第8集团军司令部后撤至尼罗河的计划。

听到这个计划后，蒙哥马利感到十分惊讶，于是很快提了两个问题，但很快感到奥金莱克讨厌那些涉及立即修改他的既定方针的问题，只好沉默不语了。

奥金莱克还让蒙哥马利第二天就进沙漠，在第8集团军司令部待上两天，熟悉熟悉情况，等到8月15日再正式接任。同一天他要亲自向亚历山大移交中东战区司令官职务。

谈话一结束，蒙哥马利立即去找亚历山大，向他提出为第8集团军建立一支后备军的计划，这支部队应同隆美尔的部队一样，拥有较完善的装甲武器。亚历山大同意了，但他还未接任总司令。接着，蒙哥马利去找副参谋长哈定，请他用分散在埃及的零星力量组建一个装甲军，哈定答应想想办法。然后，蒙哥马利买了一些沙漠中急需的衣服。下午6时，蒙哥马利与亚历山大去见哈定。哈定说可以组建一个装甲军，它将是第10军，包括第1、第8、第10装甲师和新西兰师，每师包括一个装甲旅、一个步兵旅和师直属队。新西兰师包括两个步兵旅和一个装甲旅。这使蒙哥马利非常高兴。

8月13日上午，蒙哥马利带着参谋长迪·德·甘冈和随从副官约翰·波士顿，乘车离开英国大使馆向沙漠进发，一路上观察和交谈。11时许，他们到达第8集团军的沙漠司令部。一下车，发现满目荒凉的沙漠上，只有几辆卡车，没有进餐帐篷，绝大部分工作都得在烈日之下的卡车或露天里完成，到处都是苍蝇。蒙哥马利虽然不是一个生活奢侈的人，但却有一个原则：指挥官和参谋人员应当有合情合理的生活享受，哪怕只是为了工作效率的缘故。他和丘吉尔首相一样，对这里到处脏乱不堪感到厌恶。

第8集团军代理司令拉姆斯登中将过去曾在蒙哥马利领导下当过营长。甘冈在车上介绍情况时，曾把他称为“该死的废物”。蒙哥马利一到，他便来介绍形势。蒙哥马利盘问他有关隆美尔如发起进攻,英军将后撤的事,他的回答含含糊糊。总之,蒙哥马利发现“战线上的一切都有一种捉摸不定的气氛”,情况十分危险。于是,他决定采取行动,提前两天接管第8集团军,不能再等到8月15日了,现在就全部承担责任。他马上解除了拉姆斯登的职务,让他再回第30军当他的军长。他向总司令部发去一份说明他已接任第8集团军司令官的电报。他这种做法是违背命令的,但总司令部并未回电。接着,他取消了这以前有关撤退的所有命令。

迫在眉睫的将是蒙哥马利指挥的第一场战斗。为此,他采取多种措施恢复了部队的凝聚力和自信心,并建立了高效率的指挥系统,淘汰了一些“朽木”。他提出,这场战斗必须打赢,而且是决定性地打赢。蒙哥马利决定迅速撤离司令部,免得总司令部对他擅自接管第8集团军的指挥权提出异议。但在离开之前,他当天晚上会见了第30军军长拉姆斯登,并同几位刚调整的英军及外国军队的军长、师长谈了话,随后召集全体参谋人员,向大家做了一次重要讲话。

8月19日,丘吉尔首相从莫斯科返国途中,视察了第8集团军。蒙哥马利陪同他视察前线,并向他报告了准备打败隆美尔的计划。那天晚上丘吉尔在第8集团军设在海边的新司令部里下榻。晚餐前,他在地中海里洗了澡。晚餐时,甘冈为首相安排了合适的酒和陈年白兰地,大家吃得兴致勃勃。

第8集团军司令部和他所视察的部队所表现出来的气氛使丘吉尔惊喜不已。他在拍回国内的电文中指出:“在前任司令的指挥下,我非常确定地认为,我们正在走上灾难之路。但现在的气氛已完全改变:任何阵地都在加强,原来分散过广的部队,现在已重新编组成坚利的单位;第44师和第10装甲师已到达前方地域,道路上是连绵不断的部队,坦克和炮兵在向前方地区运动。”

第二天离开时,丘吉尔在蒙哥马利的纪念册上留言。由于蒙哥马利于8月13日接管了第8集团军,而那一天正好是布连汉姆战役纪念日,于是他题写道:“值此布连汉姆战役纪念日,也是新司令接任之际,我祝愿第8集团军司令官好,他的部队战果辉煌,威名远扬。”

根据当时的战场情况看,德军隆美尔明智的方式是撤退,即向西撤退到某个适当的防御阵地,以缩短过长而危险的交通线,更加靠近自己的基地,因为隆美尔当时的人员和物资都严重短缺,运输工具也不够。此外,有计划地撤退将使英军精心构筑的工事完全失去作用，对德军十分有利。

但是，蒙哥马利却判断有“沙漠之狐”绰号的隆美尔一定会进攻，不管支持他撤退的理由多么充足，撤退实际上是不可能的。在8月，德军的大战略计划看来仍然是可行的。在德军实施大钳形运动中，苏联方向的大量德军将经过小亚细亚南下与向前进攻的非洲军队团结起来，向盛产石油的地区印度洋突进。对隆美尔来说，在德军向高加索的大规模攻势仍在进行的时候，就把这一巨大钳形的另一端后撤，等于承认失败。因此，他只能进攻，不能再撤退。

第8集团军的情报人员肯定敌人的进攻方向在南侧，然后向左迂回，调动装甲部队攻向阿拉姆哈勒法和鲁瓦伊萨特山地。蒙哥马利同意这种看法，并以这个预测为基础制订了作战计划。

蒙哥马利给隆美尔设了一个陷阱，使他很难对付。于是，从8月31日至9月2日，蒙哥马利指挥英军在阿勒法山战役中有效阻止了隆美尔的进攻。在这次战役中，德军损失了约2900人和49辆坦克及装甲车辆。英军虽损失了1700余人和67辆坦克，但不少坦克尚可修复，关键是英军掌握了战场主动权。

第8集团军司令部充满了兴奋与喜悦的气氛。不过对蒙哥马利而言，这种兴奋的顶峰则是美国总统罗斯福特使温德尔·威尔基的光临。蒙哥马利陪同威尔基到前方视察。正当盟军在挪威、法国、希腊、远东等战场遭受挫折之时，能向美国总统特使展示德国军团大撤退的景象，的确是一个令人自豪和自信的时刻。

阿勒法山战役刚刚结束，蒙哥马利便总结出这次作战的经验教训，共有10条。然后，向整个集团军发布训练指示，并监督所辖3个军进行训练。同时，他把较多的注意力转至沙漠作战的后勤问题上，并计划进行阿拉曼战役。

阿拉曼战役从10月23日开始。但战役并未按既定计划发展，蒙哥马利根据形势的变化不断调整对策，顽强地指挥部队持续进攻。到11月3日，德国人实际上已经耗掉了所有的坦克。

阿拉曼战役之后，蒙哥马利因为“战功显赫”，在11月11日被晋升为上将，同时被授予巴斯骑士勋章。

蒙哥马利并未迅速扩大阿拉曼的战果，因为战争形势已经改变。第8集团军从东面攻击，盟军其他部队（1941年11月实施“火炬行动”在北非登陆）由西面推进，这一大规模钳形攻势使隆美尔的军队最终陷入困境。至1943年5

月 12 日，德军有组织的抵抗全部停止。

六、掌声与欢笑

在 1943 年 7 月 10 日进攻西西里的“爱斯基摩人行动”中，蒙哥马利参与了计划制订工作，并率第 8 集团军作战。但他已不能获得完全控制部队的权力，而且不得不与美国人共事，蒙哥马利惯有的优越感和粗鲁行为时常使美国人感到受辱和气恼。

在意大利指挥第 8 集团军之后，蒙哥马利于 1943 年 12 月返回英国，指挥第 21 集团军群进攻欧洲。1944 年 7 月，他试图突破诺曼底滩头堡的“古德伍德行动”被彻底打退。后来，他由于在关闭“法莱斯缺口”时行动拖拉，受到了广泛的批评。不过因让数千名溃退的德军得以逃脱，美国指挥官 O. 布雷德利将军也负有责任而遭到指斥。

当盟军最高指挥官艾森豪威尔将军于 1944 年 8 月直接控制地面部队作战时，蒙哥马利担任地面部队指挥官的任期便宣告结束。此后不久，蒙哥马利晋升为陆军元帅军衔。

这时，盟军最高统帅部在如何尽快击败德国的问题上出现了分歧。蒙哥马利主张由他指挥，进行一次单一的、利刀式的突击，直捅鲁尔。布雷德利将军和巴顿将军认为这应由美军负责实施。艾森豪威尔将军的战略是在宽大的正面上进攻德国。蒙哥马利指挥的第 21 集团军群在战场上表现出色，对于德军在阿登的反攻，蒙哥马利也指挥了有力的抗击。但他声称“救了”美国人的刺激言辞，导致他和美国高级将领之间进一步疏远了。

1944 年年秋，艾森豪威尔和蒙哥马利谈起战争的前景问题。艾森豪威尔认为欧战一定会在圣诞节之前结束，而蒙哥马利则认为欧洲的战事要打到 1945 年。两人各执己见，谁也说服不了谁。于是蒙哥马利提议就此打赌，艾森豪威尔当即允诺。打赌早已成为蒙哥马利军旅生活中的一件乐事，每逢与人争论相持不下时，他就与人打赌。当然，蒙哥马利每次打赌的赌注数目不多，他还专门为此事设了一个记录簿，上面记着每次打赌的原因、日期以及赌注。他还要求打赌人正式签字画押，这次也不例外，艾森豪威尔的副官负责了记录。蒙哥马利打赌很少成为输家，这次蒙哥马利又赢了。

1944 年年底到了，德军仍在东西两线负隅顽抗。东线的苏联红军尚未攻占东普鲁士，西线盟军的进攻也不顺利，总之，圣诞节没有取得胜利。

圣诞节前夕，艾森豪威尔接到蒙哥马利的一份电报，电文是："看样子你是要欠我 5 英镑了。"

最初参谋人员以为是重要军事行动的暗语。艾森豪威尔因军务太多，差点儿把打赌的事给忘掉了，这时想起来，真的找出 5 个英镑，派人给蒙哥马利送去。

七、最后一战

蒙哥马利在欧洲进行最后一战之前，盟军各部先进行了"试实"作战。"试实"作战由加拿大集团军从帝国森林向南发动一次攻势，目标是攻克莱茵河以西的全部地区。

1945 年 2 月 8 日，蒙哥马利向奈梅根以东的帝国森林发起"试实"作战行动，加拿大集团军依托莱茵河向南进击，直至克桑滕—芬洛一线。2 月 23 日，美国第 9 集团军进行"手榴弹"作战行动，夺取了控制罗尔河谷的水坝之后，向北压过去，以实现同加拿大集团军的连接。

"试实"是一次非常激烈的作战行动，它的另一个名字是"帝国森林"之战。在"试实"作战行动的一个月中，加拿大集团军虽然遭到了 1.5 万人的死亡，但蒙哥马利及其部队却达到了目的。希特勒再次犯下了致命的错误，强令其部队背水抵抗。到 3 月初，"试实"作战行动和"手榴弹"作战行动打垮了德军 19 个师，使之伤亡达 90 万人。莱茵河西岸的德军已被扫清，向东挺进的大道已经打通。

到 3 月 10 日，美第 9 集团军和第 12 集团军已在莱茵河西岸从诺伊斯至奈梅根一线摆开阵势，河上所有桥梁已被摧毁。与此同时，美第 1 集团军于 3 月 7 日完整地拿下了雷马根的铁路桥，并立即在东岸建立了桥头堡。到 3 月的第 3 个星期，盟军已在南进瑞士北至北海这条漫长的战线上，全部逼近莱茵河。

关于“地面部队指挥”的问题,曾经有过争论,但蒙哥马利与盟军总司令艾森豪威尔此前已在通信中达成了谅解,得到了较好的解决:艾森豪威尔将指挥两个集团军群,但将美第9集团军置于蒙哥马利的指挥之下,并把主攻方向放在北线;一旦与布莱德雷就两个集团军群的作战地出现分歧,蒙哥马利有最后决定权。

这时,盟军准备强渡莱茵河。蒙哥马利为第21集团军群强渡莱茵河进行了精心的筹划。在开始制订渡河初步计划时,蒙哥马利就是把渡河作为最后打败德军的开端来计划的。一向以小心谨慎著称的蒙哥马利,此次尤其如此。其原因是:第一,如果要渡河,他决心做到确有把握渡过去,而且还要大大向前推进;第二,除了他那时萦回于脑际的从北面直捣柏林的想法外,他认为还有一些政治因素需要考虑:英国的目标是确立其在德国北部的存在,解放荷兰、丹麦和斯堪的纳维亚,在俄国人向西渗透之前占领波罗的海沿岸的重要港口。因此,他不仅要确保成功地渡过莱茵河,而且还要保证部队跟得上,站得住,这样才能把英国讨价还价的筹码(其部队)放到棋盘的正确位置上。

为了确保强渡莱茵河万无一失,蒙哥马利把“兵不厌诈”运用到无与伦比的境地。他做到了在伪装的掩护下,将大量人员、装备运到暴露的沿河一线而不被发现。在某种程度上,这是在阿拉曼所用过的办法的重演:让敌人知道进攻点,但看不见进攻者。且看下面这些数字,就可以知道蒙哥马利当时必须解决的问题:11.8万吨各种各样的供应物资必须秘密屯集;发起进攻前的第一周中,662辆坦克、4000辆装甲运输车和3.2万辆其他车辆必须大部分在夜间进入阵地;皇家海军的36艘登陆艇也要通过欧洲大陆的公路运来。美国集团军屯集了不少于13.8万吨弹药。除此之外,为了防止在阿纳姆发生过的皇家空军和美国陆军航空队在直接支援方面的错误,需要就3月24日上午从英格兰飞来的英国第6空降师和从巴黎地区飞来的美国第17空降师的空降做出复杂的安排。3月24日夜间,当3500门大炮向莱茵河对岸袭击以掩护蒙哥马利精心策划的突击时,上述一切都已顺利完成,其他许多辅助工作也进行得十分协调。当然,如果没有空中优势这一决定性因素,这种协调肯定会遭到破坏。只有引起敌人的注意,才更容易欺骗敌人。

在横渡莱茵河之前,蒙哥马利对部队的后勤状况做了一番检查,认为情况良好,汽油、武器弹药和粮秣供应均极充足,部队健康状况极佳,发病率平均每周每千人不到7人,整个冬季战役中,患战壕足病的总共才201起。3月23日,蒙哥马利发布致集团军群全体官兵的信。当天晚上,蒙哥马利以美第9集团军为右翼、英国第2集团军为左翼,在莱茵贝格到雷斯这一宽大正面上强渡莱茵河。加拿大集团军则在雷斯以北的左翼执行重要任务。

3月23日至24日的强渡莱茵河,是英军最后一次将堆积如山的武器装备和成千上万的士兵投入一个以英军占优势的有限战场作战,是蒙哥马利作为一个统帅的杰作,也是那些在他指挥下忠诚战斗的部队的壮举。也许是偶然的机遇,3月23日夜间渡过莱茵河的西处主要突击行动都是由第51苏格拉高地师和第15苏格拉师进行的。

3月24日清晨,首相丘吉尔来到蒙哥马利的作战指挥所,观看这最后一场"大表演"。对于他来说,这是将一个圆满的收场,从1940年起他就努力奋斗的一切眼看就要实现了。丘吉尔对他的将领们总是毫不留情的,常同他们作对,但蒙哥马利幸存下来了,而且现在能在这里请他登上一条船,将他送到那个梦想着将被毁灭的国度。

3月26日,丘吉尔返回伦敦时,在蒙哥马利的纪念册上留言道:

> 莱茵河及其一切要塞的防线已为第21集团军群越过。这些防线是屏障德国重要大门的枢纽。它们再次证明,若无据险奋斗的手段和精神,一切天险和人为的防御设施,都是可以攻破的。
>
> 这支不久前还是主宰欧洲的军队,遭到了打击,在追兵面前溃退了。对于来自远方、战斗出色的士兵来说,在引以为荣和忠于职守的统帅领导之下,目标就在眼前,乘胜前进,夺取最后胜利。
>
> 温斯顿·S. 丘吉尔

蒙哥马利这位军事天才,使强渡莱茵河取得了圆满的结果。大量的人力物力带来了决定性胜利,而且损失极小,物资没有浪费,兵力得以合理使用。到3月27日,他指挥的9个集团军已越过了莱茵河,建立起宽35英里、纵深20英里的桥头堡。英国第2集团军伤亡3968人,美军死亡2813人。但是,已建立的立足点异常稳固,俘敌1.6万多人。就像在诺曼底一样,蒙哥马利取得了当时条件下必须取得的胜利，没有出什么差错，现在英军已顺利地越过了莱茵河，美军也以压倒优势的力量过了河。在东面，俄国人正在迫近柏林的大门。下一步该怎么办呢？

蒙哥马利根据盟军计划做出的反应是：尽快尽远地向东挺进，第一步，到达易北河，第二步，向柏林推进。因为艾森豪威尔在上年9月写给他的信中就指出："柏林显然是我们的首要目标……因此，我认为应集中全力迅速向柏林发动强攻，这是毫无疑问的。"为此，蒙哥马利于3月27日给他的集团军司令们发出如下指示：左面第2集团军以宽大正面向前运动，其北翼直指汉堡；美国第9集团军在右面向前推进，目标是马格德堡，然后准备与美国第12集团军群配合，摧毁鲁尔；与此同时，加拿大集团军将扫荡荷兰的残存被占领区，并沿海岸向易北河冲击。他要求各部队行动不得迟缓，装甲部队和机动部队要全速前进。

3月27日6时10分，蒙哥马利打电报给艾森豪威尔说："今天我向各集团军司令发出了东进作战命令，现即将开始行动。"在陈述了作战计划之后，最后写道："我的指挥所将沿威斯尔—明斯特—温登布吕克—黑尔福德—汉诺威一线前移，然后沿着公路到达柏林，我希望如此。"当丘吉尔看到这封电报的副本时，对于最后几个词的含义感到十分振奋，因为他觉得盟军首先攻入德国首都是头等重要的事。

然而此时，由于各种原因，艾森豪威尔改变了西线作战方针。

为此，艾森豪威尔于3月28日下午和晚上，发出了三封至关重要的电报。

第一封电报是发给斯大林的，目的是要了解苏联的计划，以便协调盟军与俄国人的行动，防止出现任何混乱。同时，向斯大林泄露了自己下一步的打算：包围鲁尔，然后根据情况在一个地方与俄国人会师。第二封电报发给马歇尔总参谋长，报告自己的行动和决心。第三封电报发给蒙哥马利，但没有给伦敦去电报。

艾森豪威尔在给蒙哥马利的电报中写道："我原则上同意你在鲁尔以东与布莱德雷会师的计划……一旦你部和布莱德雷部会师，第9集团军将回归布莱德雷指挥。"又说，"你会注意到，在我的意图中没有提到柏林。对于我来说，那块地方只不过是一个地理概念，我对此从来不感兴趣。我的目标只是消灭敌人的武装力量，摧毁其抵抗能力……一旦时机成熟，我们就要大张旗鼓地尽一切所能毫不拖延地跨过易北河，推进到波罗的海岸边的吕贝克，封锁丹麦半岛。”这意味着蒙哥马利和英国人已被坚决地、毫不含糊地排除在最后一场决战之外了。

蒙哥马利被弄得目瞪口呆，但他毫无办法，只得回电说：“从指示中我注意到，你打算改变目前的指挥结构。如果你感到确有必要，要求你在我们到达易北河之前不要这样做，因为这样做对目前正在进行的伟大作战毫无益处。”与此同时，蒙哥马利向伦敦报告说，第 9 集团军将要归还布莱德雷指挥，布莱德雷将向莱比锡和德累斯顿冲击，参加最后决战。

消息传来，只能火上浇油。随后伦敦、华盛顿和兰斯（盟军最高统帅部所在地）之间便发生了激烈的争吵，然而艾森豪威尔不肯改变新的作战方针。

就在这时，艾森豪威尔的行动产生了一个预想不到的后果。斯大林一收到艾森豪威尔的电报，马上认为这是一个谎言，只不过是美国人和英国人用来隐瞒他们决心独立夺取柏林的这一图谋的一个圈套。他立即把朱可夫和科涅夫召回莫斯科开会，并在会上命令他们连夜拿出尽早占领柏林的计划。

根据 1945 年 2 月 11 日雅尔塔会议批准的“日食”计划，战败的德国应分成三部分，分别由英国、美国和苏联占领。像整个德国一样，柏林也将被瓜分为几个区，每个区由一个同盟国占领，但是柏林城本身将在苏联控制和支配的区域之内。

这时，蒙哥马利不管那么多，还是一心想着打仗。渡过莱茵河后，蒙哥马利指挥部队迅速猛烈地向东挺进，到达易北河畔时，已在身后建造了 200 座桥梁。在易北河暂停后，蒙哥马利便日夜兼程前往波罗的海沿岸，及时赶到那里，以防止俄国人抢先进入丹麦从而控制波罗的海的入口。

4 月 27 日，蒙哥马利接到陆军部的通报，说希姆莱曾通过瑞典红十字会提出投降。这份通报没有引起蒙哥马利的重视，因为他的当务之急是全速前进，抵达波罗的海，建立一条东向的防线，阻止俄国人渗入。后来，时局急转直下。5 月 1 日晚些时候，德国广播电台广播说，希特勒已在柏林他的指挥所里死亡，海军上将邓尼茨将继任元首。

5 月 3 日，经邓尼茨海军上将同意，凯特尔元帅派了一个代表团来到蒙哥马利的指挥部，开始谈判投降。

5 月 4 日下午，德国代表团在蒙哥马利指挥车外的英国国旗下肃立。下午 6 时，蒙哥马利下令在一座专设的营帐里举行受降仪式，营帐内已安排好了各种录音器材。在一群英国士兵、战地记者、摄影人员及其他人士的注视下，德国代表团走进了营帐，在场的人都非常兴奋。当蒙哥马利进入营帐时，德国代表团全体起立，随后围桌就座。德国人很紧张，其中有个人掏出烟来，打算吸烟镇定自己。蒙哥马利朝他看了一眼，他立即把烟收了起来。

蒙哥马利当众用英语宣读了受降书，并说除非德军代表团立即签署这份文件，并不再就投降后的种种问题进行争论，不然，他将下令继续作战。然后，蒙哥马利一个个地叫着德军代表团成员的名字，要他们依次在投降书上签名。他们一一遵命照办。

接着，蒙哥马利签上了自己的名字。日期原来写的是 5 月 5 日，于是把 5 字划掉，在上面注明他的名字的缩写，在旁边重写了个“4”。原件打在一张普通的陆军公文笺上。最高统帅部要蒙哥马利把原件送去，他却把原件的照片送去了，原件留在身边，舍不得送走，因为那是一份珍贵的历史文件。

然后，蒙哥马利颁发了于 5 月 5 日上午 8 时生效的正式停火令。

八、功成名就

1946 年 1 月 1 日，蒙哥马利受封为阿拉曼的蒙哥马利子爵，并在 1946 年至 1948 年担任英国总参谋长。他曾任西方联盟总司令委员会主席（1948~1951），后在艾森豪威尔、李奇微、格伦瑟将军相继领导下担任欧洲同盟军最高司令部副司令（1951~1958），作为现役军官服役达半个世纪之后，蒙哥马利于 1958 年退休。

退休后，蒙哥马利到处旅行，著书立说。

《蒙哥马利回忆录》1958 年出版后，引起了全世界的轰动，历史学界更是高度重视和研究，也产生了一些争议。

1960 年和 1961 年，蒙哥马利两次访问中国。当时他在反省自己的军事生涯时发现，用战争消灭战争换来和平的想法是一种幻想。他苦苦思索，希望找到一种结束纷乱状况并使世界和睦相处的方法。于是，蒙哥马利把目光投向东方，并大胆预测，未来世界和平的关键可能在中国，因而想到中国去看一看。

1960年5月24日，蒙哥马利访华。5月27日晚上，毛泽东在上海会见了蒙哥马利元帅。

1961年9月，蒙哥马利第二次访华。这一次，中国外交部做了更为周密的安排：9月9日至22日访问包头、太原、延安、西安、三门峡、洛阳、郑州、武汉，回北京后由周恩来总理跟他谈话，届时再同毛泽东见面。周恩来还特意把熊向晖找去，要他以外交部办公厅副主任的名义参加接待小组，陪蒙哥马利去外地。周恩来说：要放手让蒙哥马利去看，旧中国遗留下来的贫穷落后和新中国取得的成就都是客观存在的，让他看后自己去做结论，从本质上了解中国。

一天，在洛阳的一个小剧场里请他观看豫剧《穆桂英挂帅》。突然，他说："这出戏不好，怎么能让女人当元帅？"言罢走出剧场。显然，蒙哥马利元帅受了刺激，把"让女人当元帅"看成了有意的嘲讽。陪同人员不解其意，解释说："这是中国民间传奇故事，群众很爱看。"蒙哥马利更不悦，说道："爱看女人当元帅的男人不是真正的男人，爱看女人当元帅的女人也不是真正的女人。"

周恩来总理了解到这一情况后，当即决定，第二天为蒙哥马利安排别的节目。

在北京，国家主席刘少奇和国务院总理周恩来、外交部部长陈毅分别会见了蒙哥马利元帅，进行了坦率友好的谈话。蒙哥马利在这里提出了缓和国际紧张局势的三项原则：大家都应该承认一个中国；承认两个德国（西德和东德）；一切地方的武装部队都应该撤回到他们自己的国土上去。周恩来总理代表中国政府和人民表示，完全赞同和支持蒙哥马利的这些主张。

9月23日晚，毛泽东主席在武昌东湖会见了蒙哥马利。24日下午2时，毛泽东再次会见蒙哥马利。一直谈到下午5点，毛泽东邀请蒙哥马利坐船，看他自己在长江里游泳。

这算蒙哥马利退休之后的一段插曲吧。

1968年初，蒙哥马利由于健康状况不好，被迫放弃了最后的一点儿事业，完全退出了公共生活。

说服蒙哥马利最终离开公共舞台的事件发生在他最喜欢的豪华而庄严的

场合。1968年,英国国会举行隆重而庄严的开幕仪式，81岁高龄的蒙哥马利要求带国剑参加开幕式。国剑长而重,必须笔直地拿着它通过皇家画廊走到上院。女王讲话时,必须把剑拿得笔直,纹丝不动,然后再把它带回更衣室门口。携带国剑是功勋卓著的英国军官的一种荣誉。但对这位高龄退休的陆军元帅来说,却是一种严峻的考验。

那天上院辩论厅的场面非常热烈。勋爵们按身份和地位坐在一起,法官和教主坐在前面,身后是身着长袍的其他贵族。女贵族传统而又夸张地身着晚礼服,戴着各种冠状头饰。外交使团也穿着千奇百怪的服装。女王走进会场后,派侍卫传令官召来了下院的议员。会场一片肃静,女王开始念她的讲话稿。突然,蒙哥马利手持的国剑晃动了一下,他想拿稳,但国剑又显而易见地更加摇晃起来,随即身躯也跟着晃动起来。然后,他手持国剑倒了下去。有人上去搀扶他走出了上院,也从此走出了公共生活。

蒙哥马利元帅晚年卧床疗养三年,后于1976年3月24日在伊辛顿磨坊的家中走完了富有传奇色彩的一生。

综观蒙哥马利的一生,他是个武断的至善主义者,严于纪律,洁身自好,不抽烟,不喝酒,不近女色,性情孤僻甚至有点乖戾。他为人精明强干而自负,争强好胜而爱出风头,因此,他一直是个有争议的人物。这位被人昵称作蒙蒂的人身材矮小,却很结实,和鱼一样善于游泳,特别嗜好冬季运动,很注意保持身体健康。更重要的是,他酷爱军事,善于指挥战争。一位德国元帅说过,将军好比赛马,他们应该赢。而蒙哥马利在战场上很少失误,大部分都是赢家。他有很强的民族意识,注重在战争中维护民族的利益,尽可能减少英国人的伤亡,以为战后的恢复打下人力基础。蒙哥马利对军事职业的献身精神是他最突出的一个特点。军事是一门需要人终生研究的学问,只有献身于它,才能掌握其奥秘。懂得这一点的军官素来很少,能献身于斯的军事统帅更是凤毛麟角,而蒙哥马利便是其中之一,这一点是大家所公认的。笔者认为,蒙哥马利给我们的启示是,一个人不管从事什么职业,都需要痴迷般地献身,而不能见异思迁。谁也不可能面面俱到,也许还有缺点和失误,但能在某一方面有所成就,就足够了。

反法西斯名将戴高乐

戴高乐（1890~1970），法国军事家、政治家，曾在第二次世界大战期间领导自由法国运动，战后短暂出任临时总统。1958 年就任法兰西第五共和国首任总统，1965 年连任。任内奉行独立自主、反对霸权主义的政策，退出北大西洋军事“一体化”机构。1964 年和中国建立外交关系。在法国，戴高乐通常被尊称为“戴高乐将军”或“将军”。著有《战争回忆录》等。

夏尔·戴高乐（1890~1970），是法国著名的军事家和政治家。曾参加过第一次世界大战，三次负伤，五次被俘；在第二次世界大战中，指挥了法国的反法西斯战争。战后曾任法国总统。

一、早期的经历

1890 年 11 月 22 日，戴高乐生于法国西北部边境城市里尔。父亲亨利·戴高乐参加过 1870 年的普法战争，民族主义和爱国主义情绪非常激烈，在普法战争中负过伤，战争结束后到一个教会学校担任教员。母亲让娜·玛约也是一位知书达理的爱国主义者。戴高乐后来写的回忆录中写了父母对他的成长有着深刻的影响。

戴高乐在上中小学时，最喜爱的功课是文学和历史。除了在课堂听讲外，戴高乐的课外读物总是历史。他了解法国的历史越多，就越是热爱法国。他说："法国如果不伟大，就不成其为法国。"戴高乐对当时世界和法国发生的事件也十分关注并认真思考。当时的法国因在普法战争中失败而割地赔款的屈辱压抑着每一个热爱自己祖国的法国人，很多青年都深怀振兴法国、报仇雪耻的强烈情绪，戴高乐更不例外。在这种报仇雪耻的强烈感情支配下，戴高乐从 13 岁起就立志从戎。

1905 年初秋的一个夜晚，15 岁的戴高乐被一个噩梦惊醒了——他梦见法德战争在1914年爆发，而他，一个年轻的中士，在8月15日的一次战斗中，中弹身亡！结果，9年以后，他梦中的战争，除了阵亡的结局外，其他一切无不应验了。

而当时，当他从梦中醒来时，擦去浑身冒出来的冷汗，他感到生命已不属于自己，而属于待揭晓的某种命运。于是，一个坚定的信念在胸中燃烧——当兵去！

当兵是他童年的梦想。在他很小的时候，除了爱好书籍外，唯一的乐趣就是玩打仗的游戏，而且玩得十分投入而认真。一次，小弟弟皮埃尔哭着跑回家，妈妈问他出了什么事，皮埃尔说："夏尔打我了。"妈妈追问根由，皮埃尔哭着解释："我们玩打仗，我装间谍，送情报时被抓住了。我没有执行司令官的命令……"

"哪个司令官？"妈妈急着问。

"就是夏尔！"皮埃尔说，"我没有把情报吞掉，我把情报交给了'敌人'。为此，夏尔把我痛打了一顿。"

这就是幼年时的夏尔·戴高乐，一个眼睛里显露出勇敢精神的瘦弱儿童，对自己总是充满了信心。一次玩耍，他哥哥格扎维埃由于一直装扮德国皇帝，感到太烦了，想换着当一回法国国王。夏尔却坚决不答应，他生气地高喊着："不行！不行，法国是我的！"

在四分五裂的法兰西，
哪个法国人把这作为座右铭：
人人为大家，
大家为国家？
答案是——士兵。

诗人保罗·戴鲁莱德的诗篇真实地描绘了法国当时的现状。法国当时政治派别林立，政局不稳，社会动荡不安。这是戴高乐很爱读的诗。同时，戴高乐从作家朱尔·勒梅特尔的著作中进一步挖掘到新鲜的思想："军队捍卫着有形的东西——边疆，无形的东西——祖国，即生根于人民之中的法兰西。"于是，戴高乐在家乡读完小学和中学后，于1908年报考了圣西尔军校。

并不是人人都具备这种献身精神。从1900年到1911年，圣西尔军校的考生从 1895 人减少到 871 人。许多年轻人对这个国家怀有深深的失望，就是军队也唤不起他们燃烧的激情，戴高乐却意志坚定。他在回忆录中追述说："必须承认，当我在青少年时代想起这一场可知的冒险（指战争）时，心中不但没有恐惧，而且还暗自赞美了一番。总之，当时我毫不怀疑法国将经历一场严峻的考验，我认为人生的意义就在于有朝一日为法国立下丰功伟绩，而且相信我将来一定能够获得这个机会。"在这种立志报国的强烈感情支配下，从 13 岁起就立志从戎的戴高乐如愿以偿，进入了圣西尔军事学校。他这时身材高大，身高 1.95 米。

戴高乐被圣西尔军校录取后，按照国防部的规定，新生入校前必须先当一年兵，19 岁的列兵戴高乐被送到阿腊斯，在第三十三步兵团第九连当兵。连长德蒂尼上尉很快发现，日复一日繁重紧张的军事操练和削土豆皮等琐碎的杂务，并没有磨灭这个大个子士兵的远大理想。他意志坚定，办事干练，学习刻苦，坐落在古修道院里的阿腊斯市立图书馆是戴高乐常去的地方。他断定，这个士兵，"只有当上元帅才会称心如意"。

戴高乐在同连的士兵中是那样的突出而引人注目。他身材高大，目光深邃，勤奋好学，待人和蔼。这一切，仿佛注定未来要由他来拯救法兰西。平常，同学们很少叫他的名字，都称他"大公鸡"，"大夏尔"。另外还有一个取笑他大鼻子的绰号——西哈诺。

戴高乐很喜欢罗斯皮作品中的"西哈诺"，有一次，大家开他的玩笑，让他站在桌子上表演一段《西哈诺》。他毫不生气，反而感觉是一次机会，认真背诵起来，扮演得惟妙惟肖，令同学们捧腹大笑。他认为，艺术的真谛在于激发人们的爱国主义精神，为此，他多次组织歌舞演出，还经常发表即席演讲。

戴高乐从圣西尔军校毕业后，成为驻阿腊斯的第三十三步兵团的少尉军官，受到团长菲利普·贝当上校的青睐。他们的友谊保持了很长时间，直到第二次世界大战期间变得完全对立，双方都认为自己代表了法国。

深刻的思想追求培养了戴高乐对事物的判断力和敢于坚持真理的精神。一次，贝当上校在斯卡贝河岸给他手下的官兵们讲解火力的重要性，他的观点在当时总参谋部被认为是"最先进"的，因为在那个年代，仍然有很多人认为"刺刀比枪炮优越"。当贝当讲到孔代王子的一次演习时，年轻的戴高乐立即打断了他的话，指出蒂雷纳元帅是用炮火压倒孔代拯救了阿腊斯的。戴高乐的插话，令同行们吃惊，为他捏了一把汗，但更加引起了上校的好感。贝当挽起戴高乐的胳膊，离开了其他军官，和他讨论起孔代和蒂雷纳两人各自的长处。正是因为这种交往，后来发展成了一种超越职务和年龄的友谊，并且延续了很长时间。

二、初上战场

这时，欧洲正无可挽回地走向战争。这个战争的导火索是奥匈帝国皇储斐迪南大公在萨拉热窝街头被刺杀。德军在侵入比利时后，铁蹄立即踏到法国边界。戴高乐所在的第二步兵师第三十三团一营被调往距离他的出生地里尔不远的北部边界。

第一次世界大战爆发了。

法军总司令霞飞于 1914 年 8 月 8 日发布了第一号命令。法德两军在马迪河畔展开了激战。

战斗的第一天，英勇作战、冲锋在前的夏尔·戴高乐就在马迪南负伤了，鲜血直流，血花绽开。当少年时的“梦”变成现实时，这位年轻的军人显得沉着而冷静。他被送到战地医院。在寂静的病房中，他憧憬着自己的光荣未来……

1916 年 3 月，戴高乐在法国东北部作战时，中弹负伤，昏死在阵地上。贝当将军把他列入“阵亡”名单，追授一枚最高荣誉的十字勋章，并且给予了这样的评语：“该员在激战中以身殉国，不愧为在各方面无与伦比的军官。”等到戴高乐醒来，他就成了德国的俘虏。直到 1918 年 11 月德国战败投降，他才重获自由。

战后，戴高乐应募去波兰同俄国红军作战。他在回国度假期间，结识了漂亮的少女伊伏娜。

伊伏娜 1900 年出生在法国加莱附近库罗涅一个殷富的船主家庭。父亲雅克·菲利浦和母亲玛格丽特·旺杜从小就对伊伏娜进行严格的礼仪教育。伊伏娜一到学龄，便由一位老小姐充当家庭教师，对她严加管束。伊伏娜的作业卷面整洁，围裙一尘不染。上课时，她的坐姿端正。后来，伊伏娜在教会学校办的女子寄宿学校接受中等教育。在那里，她第一次显露出坚强的性格。学校规定，学生必须穿睡衣洗澡，因为按照教会的观点，人的身体是丑恶的。大部分学生都不愿遵从这个荒唐可笑的规定。她们洗完澡，把睡衣泡在水里浸湿，这样就不会受到训斥。只有伊伏娜的睡衣是干的。学监叫道："怎么，你没洗澡？""不，我洗澡的时候没穿睡衣。"伊伏娜当着全班同学的面，大胆地回答。

1920年10月，经由朋友的介绍，伊伏娜结识了一位年轻英俊的少尉，他就是夏尔·戴高乐。一周以后，两人好像非常偶然地在巴黎的美术沙龙里碰面了。又过了几天，戴高乐邀请伊伏娜参加在凡尔赛一家饭店里举行的圣西尔军校舞会，他同时邀请了伊伏娜的哥哥来陪伴她。

戴高乐和伊伏娜都非常认真，一对恋人面临着最为重大的抉择：他俩能够共同生活在一起吗？

过了两天，伊伏娜的父亲惊异地听到女儿宣布："我要么嫁给夏尔，要么一辈子不结婚。"

戴高乐也把这件事告诉了父母。

1921年4月7日，两个年轻人幸福地结合在一起。对于长期养尊处优的伊伏娜来说，各项生活技能她得从头学起，一切都很艰苦。戴高乐这时已是上尉，但除去军饷，没有其他收入。

后来，他们生育了三个孩子。第三个孩子即将出生的时候，伊伏娜被汽车撞倒而受了惊吓，不得不吃药，结果生下来的这个女儿是个先天性白痴，取名安娜。安娜享受不到一般儿童所能享受的幸福，这使夫妇俩对病儿倾注了更多的爱，毫不吝惜地花钱为她治疗。伊伏娜在给朋友的信中写道："只要安娜能跟别的女孩一样，我和夏尔甘愿舍弃一切健康、财产、升迁、前程，所有的一切。"

不久，他们在科龙贝双教堂地区买下一幢别墅，以让安娜能够呼吸到郊外的新鲜空气，有利于健康。这使伊伏娜头一次感到有了自己的家。

三、深造与研究

1921年10月，戴高乐在圣西尔军校担任战争史讲师。为了进一步深造，后考入法国军事学院学习。

在军事学院期间，戴高乐在认真学习规定的课程以外，还阅读和研究了大量的有关第一次世界大战的文件和书籍。他结合自己的实战经验，提出在未来战争中，技术兵器将起十分重大的作用，深信未来战争将具有高度的机动性和进攻性，战争将主要依靠高度机械化的地面部队的主动进攻性，单纯构筑坚固阵地的消极防御战略必将被淘汰。因此，他认为法国应该发展机动性强的坦克机械化部队，进而提出了在空军的紧密配合下使用步兵和坦克联合作战的观点。他还对院方在教学中坚持陈旧过时的传统战术思想进行了抨击。戴高乐的这些观点，与顽固坚持“阵地防御战略”观点的教官穆瓦朗产生了尖锐的矛盾。戴高乐明知坚持自己的观点会影响毕业考试名次，甚至还会影响毕业后的工作分配，但他坚信自己观点的正确性，所以在最后一次考核演习中，仍然按照自己的观点制订演习计划，指挥演习部队。结果，穆瓦朗教官给他的毕业评语虽然也写了戴高乐“有无可否认的才华和优秀的品质”，但也写了“遗憾的是，他过于自信，而且举止傲慢，俨然像个流亡的国王”。当时学院的副院长迪菲厄将军也是持构筑坚固阵地进行消极防御观点的。因此，他对戴高乐的毕业评语是“态度欠端正，有些自命不凡。对学业缺乏应有的重视”。这些评语当然会使戴高乐想进入军队最神圣的部门——总参谋部的希望成为泡影。结果戴高乐被分配到总参谋部所属的运输局干一般的后勤工作。尽管如此，戴高乐并不后悔，仍无意放弃自己的观点。

1931年，戴高乐被调到法国最高国防委员会秘书处工作。这个委员会的副主任贝当，是戴高乐刚入伍时的老上司，他对戴高乐的能力和性格比较了解，这时赋予戴高乐根据未来战争的需要，对建立法国防务体系的有关问题进行研究的重任。戴高乐决心将自己早在军事学院就孕育的未来战争将是快速机动的机械化战争，单纯坚固防御的一方必将失败的观点，进行深入系统的研究，并加以理论化。当时，法国军界上层当权者，仍然迷信阵地战是未来战争的主要形式。他们不惜花费国家大量的财力、物力，在东部国境线上构筑马其诺防线，以为靠此防线就可以有效地阻止德国的入侵。针对这种情况，戴高乐不顾自己职位低微，将自己的研究成果写成多篇论文和几本书公开发表，以期唤起全国上下对这一事关国家命运问题的关注。戴高乐在《职业军队》一书中，系统地阐述了自己的观点。在书中，他首先分析了法国的地理位置特点，明确指出，法国与比利时接壤的边界是国防明显的薄弱环节。他认为，英国和美国可以依赖海洋，西班牙和意大利各自有比利牛斯山和阿尔卑斯山作为屏障;法国首都巴黎是国家的心脏,但却无险可守。戴高乐据此指出,法国唯一可靠的防御措施不应是构筑要塞,而应是建立一支由10万人以上组成的能随时实施进攻行动的职业化军队。这支军队应能熟练地使用手中的武器,而且必须在陆地、海上和空中都有一批精选人员。他们在部队的服役时间应不少于6年,以掌握专门技术,养成进取意识和集体精神。这支军队在指挥方面也要有相应的变化,以适应机械化战争的瞬息万变的形势。所以,必须发展无线电通信。戴高乐在一些文章中,对刚刚建成的马其诺防线进行了无情的抨击,指出:"马其诺防线的战略意味着外交和军事上的保守主义。"后来德军侵占波兰后,刚晋升上校不久的戴高乐又一次挺身而出,上书最高统帅部,指出:"一条漫长绵亘的防线是难以防守的,要吸取波兰在德军闪电战下失败的教训,抓紧组建强大的坦克预备队,以便随时消灭可能突入之敌。"

戴高乐提出这些观点和建议时,法国军界和政界的一些当权人物,思想僵化,墨守成规,故步自封,根本缺乏现代战争的远大目光。他们对戴高乐的建议,先是充耳不闻,后来公开进行压制和打击。当时任总参谋长的魏刚将军发表文章,说:"法国战略的唯一目标应是坚守东北部防线,以便粉碎进犯之敌。建立职业军队的计划的后果可能会分裂军队。"戴高乐的老上司贝当将军这时也撰文说:"无论是坦克或飞机,都不能改变未来战争的固有条件,而民族的安全则只能依赖防御工事。"当时任陆军部长的莫兰将军则更是公开威胁道:"再见了,戴高乐。只要我在哪儿,哪儿就没有你的位置!"

在这些大人物的重重压力下,戴高乐仍然在坚持自己的观点,并利用各种形式和方法大力宣传。

四、"我是戴高乐将军"

1939年9月3日,为了反对希特勒的法西斯德国的侵略行为,英国和法国正式向德国宣战。德军在占领波兰、挪威和丹麦后,接着又攻占了荷兰和比利时,矛头直指法国。

1940年5月10日，当德军进攻法国时，巴黎人和所有的法国人似乎还表现得比较乐观。因为他们觉得，在前线与140个德国师对垒的有盟军140个师，还有世界上最牢固的防线——马其诺防线可守，法军总司令甘末林也制订了号称周密的“D”字作战计划；尤其令法国人宽慰的是，取代达拉第而刚上任的雷诺总理是一个坚决反对向希特勒妥协的人。这位出身于下阿尔卑斯山山民家庭的新总理，身材矮小，健壮，具有精力充沛、果断、富于创新精神的声名。多年来，他与他的朋友戴高乐一道，一直在为建立能与德国装甲师匹敌的装甲师而呼吁，算得一个主战派。

5月10日上午，雷诺总理致电甘末林总司令：“此时战斗已经打响了。只有一件事情是我们要求的：取得胜利。我们将共同努力达到此目的。”

甘末林将军立即复电：“总理先生，我知道对您的来电只有一个回答：一切为了法国。”

然而，总司令没有对德军的主攻方向做出正确判断。他在敌情不明的情况下，指示法军东北线司令乔治将军按既定的“D”字计划迅速投入战斗：法军第7集团军火速开赴荷兰的布雷达地区；英军的9个师和法军第1集团军进占比利时的卢万至那慕尔的迪尔一线；法军第2集团军坚守色当至隆维之间的防御阵地。与此同时，第9、第2集团军的5个轻骑师迅速越过马斯河，迎击和阻止通过阿登山区向马斯河一线的接近之敌。

仅从这样的作战部署看，英法联军已为这场战争的结局埋下了失败的伏笔。它不仅没有掌握作战的机动权，而且是在机场、铁路被炸的不利条件下仓促实施机动的，而这种机动又是在没有判明敌人的主攻方向和与比、荷军队缺乏配合的情况下完成的。错误的部署来自对敌情的错误判断。法国最高统帅部认为，阿登山区林茂陡峭，是一个“无法逾越”的天然屏障，更不要说机械化部队通过了。所以法军在这一地区只部署了少量的、战斗力较差的部队防守，而将主力机动到比利时境内。然而，德军偏偏选择这一天险作为主攻方向，抓住了法军的这一重大疏忽，从而突破法军防线。德国大军事家毛奇曾经指出：“一支军队如果在开始时部署错误，就很难在整个战争过程中纠正过来。”这时在法国得到了证实。

德军的机械化部队绕过马其诺防线，很快突破阿登山区，进入法国腹地，5

月 12 日占领色当,并强渡马斯河,法国的大门敞开了,巴黎随时可能陷落。

在这种情况下,英法联军开始向德军反攻。5 月 14 日,联军出动了近 200 架飞机,轰炸德军在马斯河上铺设的舟桥,但收效不大。亨齐格将军派出的实施反攻的地面部队,也被击溃。

5 月 15 日,戴高乐被提升为准将,奉命指挥刚刚组建的第 4 坦克师,在拉昂地区单独作战,以便让最高统帅部在埃纳河与艾莱纳河之间构筑一道防线,封堵住德军通向巴黎的道路。第二天,戴高乐亲临前线侦察敌情,只见狼狈不堪的逃难人群堵塞了道路,溃散的士兵夹杂其间,扔掉了武器。看到如此景象,他不禁燃起了怒火:"唉,真是笨蛋!仗打得再坏也没有了,但是必须继续打下去!说打仗,世界宽得很,只要我还活着,我就要战斗!不论叫我打到哪里,不论叫我打多久,我都坚决打,不打垮敌人,洗雪国耻,决不罢休!"

5 月 17 日拂晓,戴高乐指挥坦克师向东北推进 20 公里,从德军手中夺回了西斯维尔和里斯莱,到达塞尔河沿岸的蒙科内尔,消灭了不少德军狙击兵,迫使古德里安的坦克部队停顿下来。但是,法军随时遭到大批德国俯冲轰炸机的袭击,被迫撤至拉昂北。在得到增援后, 19 日拂晓,戴高乐率领法国坦克师向克勒西、摩地耶和普力进击。他们同德军展开激战,击毁敌人许多坦克,而自己却损失很小。

不过,法军的被动局面仍没有大的改变。为了挽回败局,雷诺总理决定临阵易帅,撤换屡战屡败的总司令甘末林,将魏刚将军从叙利亚召回,授予国防部总参谋长和陆、海、空三军总司令之职。这时的魏刚已经 72 岁,但精力旺盛。他曾以在第一次世界大战中充任福煦的得力助手而闻名,往往被看作第一次世界大战中胜利的化身。但是,独具慧眼的戴高乐却认为"魏刚的本性只能充当一个出色的助手",不具有担任主将的智慧和才能。

其实,问题的关键不在于魏刚的指挥才能和将采取的措施,而在于他对取胜没有坚定的信心,对扭转已陷入困境的战局感到无能为力,他似乎得出结论,早在英法联军被围于敦刻尔克时法国已经战败。作为刚上任的总司令,他的使命就是为"保全法国的荣誉"而做最后无效的努力。

尽管如此,以戴高乐为首的将领还是进行着顽强的抗击。5 月 25 日,戴高乐准将受命去驱逐阿布维尔桥头堡的德军。5 月 28 日,他向北实施进攻,经过 3

天激战，坦克第4师成功地突破了敌人的阵地，抓获400多俘虏，击毁几十辆坦克和大炮。德军吓破了胆，被迫撤退。后来德军得到了增援，法军坦克损失惨重，不得不撤退。

这时，戴高乐的威望不断升高。6月5日，雷诺改组政府时，任命戴高乐为国防部次长。给他的第一个使命是飞往伦敦，目的是要英国人保证，皇家空军将在法国继续作战。

出发之前，戴高乐访问了总司令魏刚。魏刚首先开口说话："你看几天以前我告诉你，德国人将在6月6日进攻索姆河，一点也没有错。他们实际上正在进攻。现在他们正在渡河。我无法抵挡他们。"

"不错，他们是在渡过索姆河，往后怎么办呢？"

"往后？那还不是塞纳河和马恩河。"

"是这样，再往后呢？"

"再往后？那就完了！"

戴高乐做梦也没有想到这位刚上任的法军总司令竟会说出如此丧气和不负责任的话，心中不免有些动怒："你这是什么意思？完了？全世界完了？法兰西帝国完了？"

"哈，法兰西帝国，那只是一个玩笑而已！至于全世界，当我在这里打败以后，英国用不了一个星期就会和德国谈判。"魏刚耸了耸肩，做双手一摊状。

戴高乐的愤怒转化为鄙夷，他再也不想多待半分钟，遂起身告辞。临走时正色说道："我必须告诉你，你的看法和政府的意图恰恰相反。纵使战争失利，政府也不会放弃斗争。"

离开魏刚出去后，戴高乐心里想："即使政府放弃斗争，我也绝不会放弃！"

6月5日，德军对法国发动了第二阶段的大举进攻，法军在亚眠和索姆河中都进行了顽强抵抗，但不敌德军重压，被迫撤退。

6月10日，德军渡过塞纳河，意大利趁火打劫，对法国宣战。这时，法国政府被失败主义所笼罩，不顾英国首相丘吉尔的多次劝阻，令法军不战而撤离巴黎，政府也迁到奥尔良，后又迁到波尔多。戴高乐发出呼吁："非洲！必须到那里继续战斗……"然而无人理睬。

6月11日，雷诺总理再次发给英国首相丘吉尔一封电报，希望丘吉尔前来商讨战争局势。实际上,雷诺已经面临着倒台的危险。现在的法国政府内,已经分成了三个集团,主战派以雷诺为首,主和派以贝当元帅为首,在他们的背后,蜷伏着政客赖伐尔,他已经聚集了一部分参议员和众议员在他周围。赖伐尔直接宣称,法国不但应当立即与德国媾和,而且必须倒戈,应当和征服者结成同盟,渡过海峡去打击英国。这个历来的"墙头草",这时甚至愿意把法国海军提供给德国作为入侵工具,以此保全法国利益,站在胜利者一边来结束战争。

丘吉尔非常担心法国的严重后果,所以对雷诺的邀请欣然接受。当天中午12时,丘吉尔在12架"喷火式"战斗机掩护下,从伦敦起飞,几小时后降落在波尔多附近的临时跑道上。

这次法国之行,是丘吉尔出任首相以来,第三次飞赴法国。他刚一走下飞机,就发现气氛与以往大不相同,到场的法国人不多,来接他的汽车也姗姗来迟,仅有一位面容冷淡的上校和一辆汽车。丘吉尔一行就挤进这辆小车,来到了法国政府临时驻地—— 一栋破旧不堪的乡间别墅。

丘吉尔后来写道:"我们在那里见到了雷诺先生、贝当元帅、魏刚将军,还有其他一些人,其中包括级别较低的戴高乐将军,他刚被任命为国防部副部长。紧靠旁边的铁路上,有一列总司令部的车厢,我们一行中有些人准备在这列车上安歇。别墅中只有一个电话机安放在洗手间,电话很忙,打一个电话要等很久,电话里叫喊的声音,从来就没有停止过。"

轮到开会时,丘吉尔刚踏进会议室,就开始大声谴责起来。他问法国人:"为什么不在巴黎进行顽强的战斗呢?特别是在大城市里进行逐屋抵抗,对入侵军队有巨大的杀伤作用。"他补充道,"德军并不是人们想象的那样强,如果所有法国军队,每个师、每个旅,在他们的战线上都不遗余力地作战,就可以使敌军的活动陷入停顿,不会使自己一溃千里。"

接着,丘吉尔转过头去,向身旁的贝当元帅追述1918年英国第5集团军惨败后,在前线列车中他们一起度过的那些夜晚。丘吉尔提醒贝当,克列孟梭(一战时的法国总理)曾经说过:"我决定在巴黎的前面作战,在巴黎的城里作战,在巴黎的后面作战。"

丘吉尔在那里慷慨激昂地说了一大堆,可贝当元帅依旧无动于衷。他平静而又略带讽刺地回答道:"在那个时候,我可以调动60个以上的法国师,还有60

个英国师。可是现在，一个也没有。现在的情况就是把巴黎化为灰烬，也不会影响最后的结局。”

丘吉尔碰了个钉子，但毫不灰心。他转而询问魏刚将军在法国境内进行游击战的可能性。

魏刚却回答说：“公路上的状况十分可怕，难民拥挤，遭到无法抵御的机枪扫射，大量居民成批逃难。还有政府机构和军事机关也在继续崩溃。”说到这里，魏刚顿了顿，低声地提议道，“法国政府将不得不要求停战。”雷诺总理立刻喝阻他：“将军阁下，这是政治问题！”

丘吉尔不为所动，他继而提议说：“如果法国政府能继续打下去，就可以牵制或消耗德军 100 个师。我希望法国政府能这样做。”

这时魏刚反问：“即便如此，德军也可以拿出另外的 100 个师来征服你们。到那时，你们又怎么办呢？”

在场的英国技术顾问给丘吉尔解了围，他强调：“应付德军入侵大不列颠的最好方法，就是在半路上尽量淹死他们，对余下的人，他们一爬上岸，就敲他们的脑袋。”

魏刚苦笑着回答：“无论如何，我必须承认，你们有一道很好的反坦克障碍（指英吉利海峡）。”

眼见贝当之流投降的决心已定，丘吉尔的内心悲愤到了极点，他不住地反问自己，同盟国的事业真的就这样失败了吗？他对着贝当元帅大声说道：“好吧，如果法国政府认为，最好的办法是让它的陆军投降，那就不必为我们而有所犹豫，因为不管你们怎样做，我们将永远、永远、永远地打下去！”

丘吉尔一连用了三个永远，可见他的抗德决心。

在场的戴高乐因为地位不高，所以插不上话。但他充分理解了丘吉尔的意图，也更加了解了雷诺及贝当、魏刚的态度，他也盘算好了他将来采取的行动。

丘吉尔乘坐飞机离开了法国回国。等他离开不久，贝当元帅就匆忙宣布巴黎为“不设防城市”。

6 月 13 日，巴黎受到德军东西两面夹击，第二天，巴黎陷落了。

一位紧随德军前锋进入巴黎的美国记者，记录下了巴黎沦陷、法国人民国破家亡的凄惨景象。他写道：

“在6月14日，进入法国举世无双的首都时，没有比这种使我心中更难磨灭的经历了。这一名城竟落入德军手里，真是叫人难以想象……

“协和广场前，再也没有了车水马龙按着喇叭的汽车，没有了尖声叫喊的卖报人，没有了一本正经的警察，没有了愉快的行人。这些，原是这个壮丽广场的景色，现在都没有了。只有一片沮丧的沉寂，不时被德国军官座车的声音所打破，他们正驶向克里隆旅馆——德军匆匆设立的总部。这家旅馆的旗杆上，德国国旗在微风中招展。

“对法国人来说，这就是耻辱；对德国人来说，这是自《凡尔赛和约》以来，每一个德国民族主义分子美梦的实现……”

6月16日，在法军防线全面崩溃、失败主义情绪笼罩内阁、英美无法提供直接援助的情况下，一向主张抗战的雷诺总理被迫辞职，第一次世界大战的法国英雄贝当元帅组成新内阁。然而，这位虎头蛇尾的英雄却在接任的当晚就迫不及待地宣布：“政府已经组成。它的首要任务是毫不迟延地——因为已经丧失了很多时间——请求德国政府提出停止敌对行动的条件。”

在雷诺辞职前几小时，丘吉尔与雷诺的全权代表戴高乐将军举行了一次秘密会晤。虽然这次会晤在场的法国官员不多，但他们探讨的问题极其重大，并根据双方协议，最终起草了一份《联盟宣言》。

宣言的主要内容有：

1. 两国政府宣布，法国和英国今后不再是两个国家，而是一个法英联盟。

2. 法英联盟宪法将双方的国防、外交、财政和经济政策进行联合。

3. 每一个法国公民将立即享有大不列颠的公民身份；每一个英国臣民也将成为法国的公民。

这是一份不太引起后世关注，同时也被不少人所嘲笑的宣言。

其实，当时丘吉尔的心机是非常周密的。因为他明白，雷诺总理一旦倒台，英国将失去对法国政局的控制，以贝当为首的投降派就会得势。所以，当务之急就是稳住法国政局，并在主战派雷诺总理的带领下，把抗战继续下去。

因此，在这份协议签署后不久，丘吉尔便与雷诺通了电话，他希望雷诺尽量携带剩余的法国军队以及法国政府迁往北非，并要求法国海军开往德国不能控制的港口。

可是，随着雷诺总理的突然辞职，这份协议变成了废纸。新总理贝当元帅拒绝承认这份协议，并提出了种种强烈的指责。

签署这份协议的戴高乐当然没有承担责任，但他从内心感到自己应该对抗战到底负有责任。

6月17日12时30分，贝当元帅以政府新首脑的身份讲话："今天我以十分痛苦的心情告诉你们，必须停止这场战斗……"

就在同一天，戴高乐抵达英国。

6月18日下午6时，英国广播公司的麦克风传出了戴高乐那深沉有力的声音：

"许多年来指挥法国武装力量的领袖们，已经成立了政府。这一政府断定我国军队失败，已经开始和敌人进行交涉，以便停止敌对行动……

"但这是最终的结局吗？我们是否必须放弃一切希望呢？我们的失败是否已成定局而无法挽救了呢？我对这些问题的回答是：不！

"我是根据对于事实的充分了解在说话，我说法国的事业没有失败，我请求你们相信我。使我们失败的那些因素，终有一天会使我们转败为胜。

"因为，你们要记住，法国不是孤单的。它没有被孤立。在它的后边是一个广大的帝国，并且它还可以和大英帝国结成同盟；大英帝国控制着海洋，正在继续斗争。和英国一样，法国还能够充分利用美国的取之不尽的资源。

"这次战争并不是局限于我们这个不幸的国家，法国之战没有决定斗争的结局。这是一场世界大战。错误是犯过的，曾经有过迟延和说不尽的苦难；但事实仍然是，我们来日粉碎敌人所需要的一切依然在世界上存在着……

"我是戴高乐将军，我现在在伦敦。我向目前在英国土地上和将来可能来到英国土地上的持有武器或没有武器的法国官兵们发出号召，我向目前在英国土地上和将来可能来到英国土地上的军火工厂的一切工程师和技术工人发出号召，请你们和我取得联系。

"无论发生什么事，法国抵抗的火焰不能熄灭，也绝不会熄灭！"

这就是著名的戴高乐《告法国人民书》。

后来，戴高乐在《战争回忆录》中写道："当不可改变的字句广播出去以后，我内心里感到，我在坚强的法国和统一的军队中度过的生活行将结束了。我已经年近半百,又开始了冒险生涯。”

然而戴高乐将军并不后悔自己的选择。尽管开展工作极其艰难,他仍不懈地为此努力。

6月22日,他宣布成立“自由法国委员会”。6月28日得到了英国的承认。英国政府发布公告:“英王陛下政府承认戴高乐将军为集合在他周围支持同盟国事业的一切自由法国人的领袖,不论他们在什么地方。”

戴高乐开始组建“自由法国”的战斗部队。一个月后,队伍发展到7000人。7月13日,戴高乐宣告:“法国同胞们!请认清这一点,你们还有一个战斗的队伍存在。”

还在6月下旬的一天,法国布列塔尼省的洛克密小镇上,天空烟尘笼罩,地上一片喧闹。乱哄哄的人群聚集在广场上,围绕在神父周围,神父身边还有一位弱不禁风、骨瘦如柴却又一脸傲气的老太太。人们的脸上写着愁苦和绝望。从四面八方向广场汇集来的法国士兵们,也绝望地双手捂脸,双膝跪地。一队队德军坦克和摩托车从镇中驶过。人们望着他们,脸上露出愤恨却又无可奈何的表情。

突然,一个青年从家中跑出来,大声地叫嚷:“咱们好像没有完蛋……有位将军从电台上发表讲话,他说必须继续战斗……”

“哪位将军?是魏刚吗?”人们关切地拥过来。

“不是,他叫戴高乐……”

这时原在神父身旁的老太太说话了:“他是我的儿子!”

老太太脸上充满着自豪和得意。

人们充满敬意地看着这位老人,心中又生起一丝希望……

12天后,这位善良的母亲在勃莱邦告别人世。法国宪兵队员们、前哨抵抗的战士们来到她墓前,向她致以军人的敬意。她去得毫无遗憾,因为她引以为傲的儿子夏尔·戴高乐,在贝当等人投降后,树起了继续抗击德、意法西斯的旗帜,并引导法国人由失败走向胜利。

戴高乐来到英国后,妻子伊伏娜带着三个孩子后来随逃难的人群乘船离开法国到英国。一家人团圆后,定居在伦敦附近的一座小房子里。戴高乐忙于抗击德国人,伊伏娜经常等他到深夜。德军飞机每晚都要对伦敦市内各区进行狂轰滥炸，然而伊伏娜弹着钢琴，逗逗小安娜，一点也不感到害怕。

五、领导“自由法国”

1940年7月14日，在伦敦白厅，戴高乐将军检阅了他的第一支队伍。威武的法国志愿兵们身佩洛林十字，在法国英雄福煦元帅的像前献了三色花圈。

7月21日，戴高乐派出飞行员参加了英国组织的对德国工业区鲁尔的轰炸，并宣布：“自由法国重新投入战斗！”

戴高乐的号召得到了法国国内外的响应。德·拉巴东尼就是一个坚定的抵抗运动组织者，他组成了一个7人抵抗小组。他回忆说：“自从我聆听了戴高乐将军的首次广播那时起，我就参加了抵抗运动……当我领略了戴高乐将军讲演的内容时，我大声喊叫着：‘我们战胜了！’”

在巴黎、里昂、马赛、波尔多、南特、维希、蒙巴利埃等城市出现了这样的传单：“如果我们想得救，我们就要跟随戴高乐和他的志愿者。如果我们想叛变，就跟随赖伐尔及其喽啰！”

在法国北部的德国占领区，一些法国人冲破层层封锁，偷渡海峡，千方百计投奔戴高乐。

热情的言论通过邮件从法国涌来。有人寄来7月14日法国国庆时在巴黎星形广场拍摄的照片：照片中一群男人和女人在无名烈士墓周围默哀，旁边写着：“戴高乐！我们听到你的话了。现在我们在等待着你！”

还有人寄来一张特别的照片：照片中是一座堆满了鲜花的坟墓，那是戴高乐母亲的坟墓，鲜花是路过的人或专程赶来的人献上的。

8月2日，在维希的贝当卖国政府缺席判处戴高乐死刑，并没收他的全部财产。这时，立即有大量的金银珠宝不留名地留在戴高乐所居住的卡尔登花园。更为感人的是，几十个不留名的寡妇将她们的结婚戒指寄来，让黄金为戴高乐的反法西斯事业服务，为她们死于反侵略战争的丈夫报仇雪恨。

同时，国内的抵抗运动也自发地兴起。在巴黎，墙上出现了这样的口号：“法国输掉的是一场战斗，而不是所有战争！”反对维希政府的标语不断出现。在布列塔尼，一个收税员和同伴在一起，经过森林，沿着秘密小路，袭击了边区小村的德国哨兵。诺曼底的飞机工厂工人用浓酸切下德国飞机上的铆钉，使飞机在空中失事。“解放者”、“抵抗者”、“战斗者”、“自由射手”等抵抗组织遍及法国南北。国内各抵抗组织与“自由法国”海外抵抗运动一起，组成了抗击德国占领者的洪流。

在海外的原法国殖民地也响应戴高乐的号召。8 月下旬，赤道非洲和喀麦隆已归附“自由法国”。9 月，太平洋上法属岛屿、印度的贸易站都投到戴高乐帐下。10 月 27 日，戴高乐在赤道非洲首都布拉柴维尔以法国的名义宣告法兰西帝国防务委员会成立。从此，布拉柴维尔成了“自由法国”的家园，“自由法国”的战士在北非战场上与盟军并肩作战，活跃在利比亚和阿尔及利亚。

到 1940 年 11 月，戴高乐领导的“自由法国”的军队已发展到 3.5 万人，其中 1000 多人是训练有素的飞行员；拥有军舰 20 余艘、运输船 60 余艘。这是一支不可忽视的力量。“自由法国”的海军舰艇和空军飞机也同英国海军和空军并肩打击法西斯军队。“自由法国”的一支远征部队还开赴中东战场作战。戴高乐指挥“自由法国”的武装力量协同英军攻占了法属叙利亚和黎巴嫩，争取维希政府在当地的军队加入“自由法国”武装力量。

戴高乐通过耐心的各种外交努力，争取美国承认了“自由法国全国委员会”是法国唯一的全国性力量组织。

当时，美国在卷入战争之前就制订了全球战争的基本战略。因此，为加强对同盟国的援助，应罗斯福总统的要求，1941 年 1 月 10 日，由财政部起草并经部长和国会领袖们讨论后，提交参众两院通过了《增强美国防御的一项法令》(被称为租借法案)。法案指出：“当总统认为有利于国防时，他在能取得生产所需的资金范围内，可以批准为任何国家的政府生产和采购任何防御物资。只要总统认为该国的防御对美国的防御是必不可少的，总统也可以出售、划拨、交换、租借或另行处置。”

同年 9 月 11 日，马歇尔上将和斯塔克海军上将两位总参谋长签发了落实租借法案的一份文件，指出：“美国最近将来运用的主要战略方法，应当是在物资上支持现有反对德国的军事行动，并以美国积极参战作为对它们的支援，同时一面把日本约束住，等待形势的进一步发展。”

据此,已被美国承认的戴高乐领导的“自由法国全国委员会”及时得到了军事物资援助,极大地支持和鼓舞了法国的抵抗运动。

不久,法国国内的主要抵抗运动组织也表示愿意接受戴高乐的领导。这样,戴高乐经过长期不懈的努力,已成为海内外公认的法国战时抵抗运动的领袖。

1943 年年初,戴高乐把“自由法国”总部从伦敦迁到了阿尔及尔,就任法国民族解放委员会主席。法国共产党领导的游击队和其他抵抗力量统一为“法国内地军”,拥有近 50 万战士,在国内开展了艰苦卓绝的反侵略斗争。戴高乐设法和国内的“法国内地军”取得联系,并且把最高领导权牢牢掌握在自己手中。

1943 年 5 月,法国各种抵抗运动派别组织开会组成了法国临时政府,戴高乐被一致推选为主席。

1944 年 6 月 5 日,代号“霸王行动”开始,盟军船队穿过英吉利海峡驶向法国海岸。这次行动由美国五星上将艾森豪威尔负责全面筹划,英国陆军元帅蒙哥马利负责协调实施,有 300 万盟军士兵和数千艘舰船参加。英国海军上将蒙巴顿建造了人工码头,并将之拖过英吉利海峡,在登陆海滩附近装配,每周可卸载 4 万吨装备和 6500 台车辆。所需汽油则通过英吉利海峡的管道输送。

“霸王行动”开始几天,1.05 万架英、美飞机抵达诺曼底海岸,“蛙人”剪断了铁丝网。然后,2.7 万名伞兵在海滩着陆。接着,10 个师的兵力携带武器装备和补给在诺曼底登陆。6 月 8 日,英军攻占了巴约,并与美军会师。

盟军在诺曼底登陆之时,戴高乐认识到,解放法国的时刻到了。他通过伦敦广播电台发表讲话:“最崇高的战斗开始了!解放法国的战役打响了!”他号召法兰西的所有儿女,应当像兄弟姐妹一样携手并进,奔向解放法兰西的目标。

接着,戴高乐指挥“自由法国”武装力量协同盟军参加了解放巴黎的战役。他统率的第 2 装甲师率先攻进了巴黎的心脏地区。

六、凯旋巴黎

1944 年 8 月 26 日,戴高乐在上百万巴黎人的簇拥下,凯旋般地踏上香榭丽舍大街。

第二天，即 8 月 27 日，美国《巴尔的摩太阳报》发表了巴黎人民庆祝解放的一篇新闻通讯，作者是军事记者马克·华生。

这篇文章的题目是“巴黎人民庆祝解放，德国狙击手开枪”。

文章写道：

“人们记忆中的一支最庞大、最热情奔放的欢庆胜利的人群顷刻间就成了惶惶万状的乌合之众。人们四散奔逃，躲避德国人的枪弹——这些德国人躲在巴黎的高处，按照预谋开枪狙击集会群众。

“今天是在热情洋溢的气氛中开始的，这种气氛不断高涨，最后人们几乎歇斯底里了。谁也没有想到会出现这样一个令人震惊的、悲剧性的结局。

“德国人搞这次狙击的目的之一是暗杀戴高乐将军。狙击发生时，戴高乐将军正走在庆祝巴黎解放游行队伍的最前面。人们给予他的欢迎之隆重、热烈，连他的最热情的支持者都可能没有料到……戴高乐没有受伤。记者看到，在市政厅周围的弹雨中有人匆匆地把他护送到一个至今仍不知名的安全的地方。

“记者数了一下，在市政厅广场——那里挤满了欢声雷动的人们，戴高乐原定在那里发表演讲——先后有 30 副担架把负伤的男人和妇女抬走。这个广场只是巴黎城一个极小的部分，德国人似乎按照统一的信号开枪，人们在哪里聚集，他们就往哪里开枪……狙击手们匿身于巴黎圣母院塔楼上和大楼房顶上，从那里，他们可以俯视蜿蜒数英里、挤满了群众的大街。

“这场猛烈的枪击持续了 20 分钟，在此期间，法国警察和民团表现了令人赞叹不已的纪律性。他们冷静地抬头观察狙击手隐身的蛛丝马迹，一旦发现值得怀疑的窗口，便集中火力射击。共和国国民军乐团的乐手们头戴钢盔，衣饰华丽，出事时他们稳如泰山，纹丝不动，这就使他们的镇定更富于感染力了……我们把吉普车停在爱丽舍宫旁，昨天，当匿身于大宫的狙击手打冷枪的时候，我们恰好也在这里。

“今天，人们挤满了这条壮丽的大道——显然，要说搞游行示威，世界上再也没有比这更理想的地方了。在这大道的北侧，矗立着凯旋门，巨大的拱门上由于飘扬着一面记者从来未见过的大旗，似乎有些震颤……大道的南端是协和广场，那儿每一座纪念碑上都爬满了人。昨天，我们见到人们把德国城防司令部从克里隆饭店赶出来。今天，这家饭店的窗台、阳台上统统挤满了人，附近的美国大使馆也是如此……肃立在我们旁边的是著名的共和国国民军乐团的一部分，号手们舞动着乐器，鼓手们则全力敲击大鼓，其气派之宏大，可以说举世无双……从大道的北端传来了欢呼声，人们尽情欢呼：'戴高乐！戴高乐！'

"戴高乐步行走了过来，他的个头儿比周围的人都高。一长串满载着摄影师的吉普车和一中队法国坦克为他开道。戴高乐在军乐队旁肃立，当乐队高奏《马赛曲》时，他行举手礼致敬。接着，他在群众的欢呼声中继续缓步前进……在戴高乐身后，涌流着游行队伍。游行队伍多数身着便服，个个缠着表明身份的臂章。我们身不由己地被卷了进去，紧随着将军走了一长段路。在共和广场，戴高乐登上一辆汽车，穿过夹道欢呼雀跃的巴黎人群迅速离开了……在市政厅广场，他正要发表演讲，枪声便响起来了。然而，只有那些最警觉的人才听到了枪响，他们立即把戴高乐推进一辆汽车。当扩音器在高呼'戴高乐万岁'时，领袖本人在一支摩托车队护送下乘汽车离开广场向南奔驰而去……几乎在这同时，枪战打响了。在几秒内，广场上的群众便乱成一团，四散奔逃。混乱之中，扩音器中传来了一个十分镇定的声音：'广场上的巴黎公民们，请立即撤离广场，我们要着手恢复秩序了。'……其实，不用它说，人们早就各自逃生了。我们搞不清楚有多少人在我们的吉普车下藏身，反正是后来者钻不进去，只得待在外面听天由命，巴望着不管是敌人还是自己人的子弹都打到别的地方去。

"一位法国警察同我聊了起来，他一面聊天，一面朝着可能有敌人藏身的窗口打冷枪。狙击手——尤其是德国狙击——是怎样性格的人？我们俩意见一致。15 分钟后，这广场便空无一人了，而枪声也稀疏了。然而，当我们开车回旅馆时，途中我们在几条大街上都赶上了双方交火。事后我才知道，在这座城市的许多条大街上，今天都发生了交火事件。

"巴黎人真是不可思议——枪战一结束，人们便涌上大街议论起来。"

这篇通讯聚焦了巴黎刚解放时的情形，成为后来获普利策奖的作品，作者马克·华生也闻名遐迩。

当时就在这种混乱的局面中，戴高乐已经开始办公了。

作为临时政府首脑的妻子，伊伏娜搬进一座靠近巴加代尔公园的宽敞住宅。她拒绝享有一般法国人得不到的特权，在她的餐桌上只能见到食品配给证上供应的东西。到深秋时节，他们一家在别墅里冻得浑身发抖，因为当时全法国都缺乏煤炭。

在整个战争期间，戴高乐念念不忘的是法国作为大国的历史地位，力图使法国在战后作为一个殖民大国继续存在。再加上他那十分固执而倔强的性格，他与英国首相丘吉尔的关系经常处于紧张状态，和美国总统罗斯福的关系更是相当糟糕。因此，他被排斥在1945年2月雅尔塔三强会议之外，而这次会议却处理着诸如战后欧洲状况等与法国有重大利害关系的问题。戴高乐生气了，后想方设法取得了出席批准德国投降仪式的代表权，并使法国在德国获得了一块占领区。可是7月举行波茨坦三巨头会议时，戴高乐又被排斥在外，这使他在战后一系列重大国际问题上没有话语权，更没有人理睬他旨在肢解德国、使其再不能发动侵略战争的计划。尽管如此，戴高乐为法国争得了联合国安理会常任理事国的资格，享有大国否决权。

1946年1月，戴高乐辞职下野，他的妻子伊伏娜也感到如释重负。他们的白痴女儿安娜幼时，夫妇在科龙贝买了一处房产。在家里，只有在安娜面前，这位叱咤风云、严峻刻板、目空一切的军官才会忘记自己的尊严。他一面跳舞，拍着大腿，一面唱着流行歌曲，还让安娜玩他的军帽。戴高乐下野后，回到了科龙贝，这回可有时间和安娜玩耍了。他们夫妇还用写回忆录的版税设置了“安娜·戴高乐基金”，以便安娜在他们死后还活着时，能得到适当的照料。不幸的是，安娜在她20岁生日前夕患肺炎死了。戴高乐在她的墓前握着妻子的手说：“唉，她现在总算和别人一样了……”

从那时起，伊伏娜把她对残疾女儿的感情转而投注到丈夫身上。

七、再度出山

在下野隐居期间，戴高乐一面撰写回忆录，一面注视着法国政局的发展。他一直站在反对派地位，反对新宪法，指责新宪法条文将使法国重蹈第二共和国时代政治动荡的覆辙。1947年他发起组织法国人民联盟，1951年成正式政党，在议会中占有120个席位。由于不满议会党团，该党在1955年解体。戴高乐又开始埋头撰写回忆录，并先后出版了第一卷《召唤》、第二卷《团结》，在第三卷《拯救》出版时，他已经重新执政了。

正如戴高乐预见的，法国第四共和国政府频频更迭，政局动荡不已。1958年5月法属阿尔及尔又爆发起义，部队开始干预政治，有引起内战的危险。戴高乐感到时势要求他再度出山。5月15日，长期沉默的戴高乐发布了一个声明："12年来，法国面临种种问题，非政党体制所能解决，国家一直处在这种灾难状态中。上一次，国家在危急存亡的关头，曾赋予我重任，领导全国救亡图存。今天，当国家再次面临考验时，它一定知道我已经做好了接管共和国权力的准备。"6月1日，戴高乐就任总理。12月21日被选为法国总统，新宪法授予总统更多的权力，法国从此进入了第五共和国时期。

当时，法国军队陷入了阿尔及利亚战争的泥潭中，戴高乐决心甩掉这个包袱，允许阿尔及利亚独立。他采取全民表决的形式，让法国人民和阿尔及利亚人民决定是否赋予阿尔及利亚以自决权。结果，70%以上的选民投了赞成票，这表明戴高乐的政策受到拥护。随后，戴高乐制伏了驻阿尔及利亚的法军高级将领的叛乱，避免了法国的内战，和平地完成了法属非洲的非殖民化。

但是，军队中一些极端分子一直不能饶恕戴高乐这种所谓"抛弃我们的阿尔及利亚兄弟"的"出卖行为"，转入暴力和恐怖活动。后来至少发生了4期阴谋杀害戴高乐将军的事件，其中的两次已经付诸行动。

一次是1961年9月8日晚上，当戴高乐乘车从巴黎返回科龙贝时，突然被一片火力网包围，幸好杀手埋设的90磅炸药没有爆炸，他的防弹车呼啸着冲了过去。

另一次是1962年8月22日晚8时，戴高乐的司机兼卫士马鲁送总统去机场，途中转弯时，马鲁突然发现一辆小货车里有两名持枪者。他当机立断，加足马力向前开去。恰在这时，一阵冲锋枪的扫射声响彻夜空，紧接着又是一阵急射，打中车的前轮，车左侧也多处中弹。马鲁在车道上开着"之"字形前进。这时，又一阵急射从另一辆车上射来，将总统座车的后窗玻璃打得粉碎，从离戴高乐头部只有几英寸的地方掠过。马鲁毫无惧色，一直加速前进，总统的其他卫士一同参战，最终制伏了刺客。事后戴高乐回忆说："令人难以置信的侥幸，我们谁都没有中弹，那就让戴高乐继续走自己的路，履行自己的职责吧。"

其实，还有一次没有造成严重后果，也令人吃了一惊。那是戴高乐出访西德时,卫士克罗德发现欢迎人群中有个穿风衣的人似在掏武器,他急忙拔出手枪,一个箭步冲上去抓住了他。结果,那个人从怀中拿出一把雨伞,引起人群一阵混乱。虽然虚惊一场,也说明总统的危险和卫士的尽责。

不过,尽管总统卫士们尽忠尽责,仍不时有悲剧发生:美国总统肯尼迪、埃及总统萨达特、印度总理甘地夫人,不都在刺客的枪口下一命归天吗?

戴高乐大难不死,也就继续履行着总统职务。1965 年 12 月,他再次当选为总统。在他担任总统的 10 年时间内,坚韧不拔地实现他在年轻时立下的抱负——恢复法国在战争中失去的世界大国的地位,使法兰西民族重放历史光辉。为此,他对美英双头领导西方世界的霸权做法进行了不懈的斗争。他不顾美国多次反对和利诱,制订了独立发展核战略力量的计划,以打破美苏核垄断,于 1960 年 3 月自己制造原子弹获得成功,并逐渐发展成一支不可忽视的独立的核遏制力量。他要求在北大西洋公约组织内与美英同享决策权。这一要求遭到美国拒绝后,他撤销了北约对法国空军和舰队的指挥权,进而退出北约,迫使美国撤出在法国的驻军和基地。他提出“欧洲应该是欧洲人的欧洲”,从而反对美国插手欧洲事务。戴高乐充分利用法国的否定权,把英国排斥在“欧洲经济共同体”之外,以便把“欧共体”作为他外交政策的工具,并发展成为一支独立的政治势力。戴高乐主张东西方“缓和与合作”,出访苏联和东欧国家,开始与苏联和东欧国家进行贸易和文化交流。

1964 年 1 月,法国不顾美国和它的大多数盟国只承认台湾的国民党政府这一状况,率先宣布同中华人民共和国建立外交关系。戴高乐在记者招待会上表示:“法国不得不考虑这样的事实,在亚洲,没有中国的参加,就不能办成任何大事。”

当时,中法建交被西方媒体比喻为“外交核爆炸”,轰动国际社会。美国对此反应更加强烈,甚至通过外交途径正式对法国提出抗议。

在法国的示范下,一周后,日本政府向外界宣布,将与中国互设永久性贸易代办处。2 月 22 日,刚果宣布与中国建交。此后,加拿大、意大利、比利时、葡萄牙西方国家都透露了与中国改善外交关系的意图,英国也在考虑适当时机同中国建立完全的外交关系。

戴高乐有一个贤内助。他的夫人伊伏娜从不为他添乱,也不为任何一名家庭成员和亲戚朋友谋求好处。有一次,她丈夫一位同事的妻子告诉她,他们的几个孙辈孩子圣诞节将去滑雪营地,“我的孙儿们也想去。”伊伏娜叹气说,“可惜名额已经满了。”

时间一天天过去,伊伏娜难以忍受为戴高乐担惊受怕的日子,也越来越难以忍受总统府豪华却又冷静的环境。她原打算让将军在1965年就引退,她曾对一些知己说:“别催他继续留任了。他需要的是休息。”但不料戴高乐又连任了总统职务。据说在下一次的全国公民投票时,伊伏娜是科龙贝地区唯一一个不投戴高乐票的人。

伊伏娜无时无刻、无微不至地关心着丈夫。厨师接到严格的指令,绝不能给戴高乐准备有损健康的饮食。如果有谁冒失地去打扰总统的休息,就会遇到伊伏娜严厉的目光。在科龙贝度短暂的周末时,如果戴高乐在办公室里工作得很晚,伊伏娜总是开着自己房间的门,看看什么时候丈夫需要她。

八、落　幕

戴高乐在重新执政的最初几年,通过发行公债的办法,缓和了通货膨胀,稳定了货币;减少行政费用开支,提高商业税,解除官方对商业的控制,使国民生产总值逐年上升,国家的黄金和美元储备增加。随后,戴高乐抛出一个又一个计划,想使法国的经济强大起来,但都没有成功。到1967年,情况急剧恶化。失业增长率急剧上升,工厂关闭或开工不足,工人和职员纷纷举行示威和罢工。1968年5月,突然爆发了大规模的学生和工人运动,使戴高乐的威信急剧下降。第二年4月27日,戴高乐将地方区域改革方案和参议院改革方案交给公民投票表决,也想以此获得选民的支持,结果使他大失所望,有52%的选民反对他的改革方案。戴高乐当即宣布下野,发布了一个简短的声明:“我将停止执行共和国总统的职务,这个决定自今日中午生效。”

79岁的戴高乐下野以后,拒绝享受离任总统的薪俸等待遇和住房,只带走了两个常年使用的书柜,还按照新书柜付了款。他又回到了科龙贝家中写回忆录,把大部分时间都花在他这座最后的文字纪念碑上。村民们经常看到戴高乐在村边散步,默默地回首往事,看上去心情抑郁。不过回忆录还是没有写完。

他的夫人伊伏娜在这里重新享受着田园的宁静。她给孙儿们打些毛线衣物,在花园里种上自己十分喜爱的花卉。

1970年11月9日,戴高乐因心脏病猝然长逝,终年80岁。他虽然功成不居,但人们不会忘记。他去世的第二天,新一任总统蓬皮杜向法国人民发表广播讲话:"戴高乐将军逝世了,法国失去了亲人。1940年,戴高乐将军拯救了我们的荣誉。1944年,他领导我们走向解放和胜利。1958年,他把我们从内战的威胁中救了出来。他使今天的法国有了自己的制度、独立和国际地位……让我们向法国保证,我们决不辜负我们所得到的教诲,愿戴高乐将军永远活在全国人民心中。"

其实,戴高乐的遗嘱早在1952年就写好并密封起来,要求在他去世后才许可启封。遗嘱写道:

"我希望在科龙贝教堂举行我的葬礼。如果我死于别处,我的遗体务必运回家乡,不必举行任何公祭。我的坟墓必须是我女儿安娜安葬的地方,日后我的夫人也要安息在那里。墓碑上只写:夏尔·戴高乐(1890~?)。

"葬礼要由我儿子、女儿和儿媳在我私人助手们的帮助下安排,仪式必须极其简单。我不希望举行国葬,不要总统、部长、议会代表团和公共团体代表参加,只有武装部队可以以其身份正式参加,但人数不必很多。不要乐队吹奏,也不要军号。不要在教堂或其他地方发表演讲,国会不要致悼词。举行葬礼时,除我的家庭成员、我的功勋团战友和科龙贝市议会成员外,不要留别的位子。法国的男女同胞如果愿意的话,可以陪送我的遗体到达它的最后安息之地,以给我的身后遗名增光,但我希望要默默地把我的遗体送到墓地。

"我声明,我事先拒绝接受给予我的任何称号、晋升、荣誉、表彰和勋章,不论是法国的还是外国的。授予我上述任何一项,将违背我的最后愿望。"

戴高乐的要求和愿望大都实现了。葬礼非常简朴,4万多男男女女从法国各地来到科龙贝为他们心目中的英雄送葬。与此同时,巴黎大主教马尔蒂在巴黎圣母院为戴高乐将军举行隆重的安灵弥撒,许多国家的元首都赶来致哀。几十万巴黎人冒雨向爱丽舍宫行进,在凯旋门这个26年前戴高乐站过的地方肃立默哀。第二天,巴黎市议会决定把凯旋门所在的星形广场改名为夏尔·戴高乐广场。这可以说是向拒绝任何荣耀的戴高乐将军致敬的一种最好的办法。

戴高乐逝世后，夫人伊伏娜将所有的首饰分给孩子们，只给自己留下丈夫送的结婚戒指和一条项链。此后几年一直住在家里，日常起居只在餐厅，整幢房子就不用生火了。

1978 年秋天的一个上午，伊伏娜让人把儿子菲利浦叫到自己面前，说："喏，这是家里的全部钥匙，我要走了。"她不理会任何人的意见，独自搬进靠近巴黎三月广场的拉布多内大街一家简朴的养老院。她略染微疾，就不愿意成为子女的负担。她只带了几张旧照片，孑然一身住进了养老院配有普通木器家具的小房间。她是自愿这么做的。

1979 年 10 月，伊伏娜病重住院。她说："求求你们，让我死吧，让我去见将军吧！"11 月 8 日，她的生命结束了，埋葬在科龙贝，长眠于戴高乐和女儿安娜的身旁。

戴高乐、伊伏娜的儿子菲利浦与安娜不同，从小就健康聪慧，他年轻时曾任海军上将，当选为参议员。他是一位优秀的军人和政治家，还是一位孝子，他减少了女儿早逝带给戴高乐的痛苦，使戴高乐得到不少欢乐。后来，他著有《我的父亲戴高乐》一书。

总之，戴高乐在祖国危急的历史关头，为争取民族生存和国家主权，表现了高度负责和大无畏的精神，成为抗战领袖和民族英雄，无愧于杰出的军事家和政治家。

因此，2005 年，法国国家电视台二台举行的"法国十大伟人榜"评选揭晓，电视观众评选戴高乐为法国历史上最伟大的人。

苏联卫国战争中的传奇元帅朱可夫

朱可夫（1896~1974），苏联陆军元帅，第二次世界大战著名军事统帅。1918年参加红军，苏联卫国战争期间历任最高副统帅、总参谋长、列宁格勒方面军、西方面军司令员等职。指挥莫斯科会战、斯大林格勒会战和柏林战役。德国投降后，任苏军驻德总司令和德国苏占区最高行政长官。1955年任苏联国防部长。著有《回忆与思考》。

在第二次世界大战中,苏德战场上率领苏联军队走向胜利的七位将帅被国际军事学家誉为“名将七星”,并公认 G.K. 朱可夫为“七星”之首。朱可夫不仅因取得胜利的数量和规模而出类拔萃,而且其天才战略思想。对战后苏联战役法的发展产生了重大的影响。朱可夫毫不掩饰对自己功绩的自豪。而与此同时,苏联领导层极为畏惧、猜疑他的声望。结果,这位功勋卓著的将星竟两次遭受迫害和放逐,被贬时间占他一生的三分之一。

一、早期经历

朱可夫 1896 年 12 月 1 日出生在俄国卡卢加州斯特列尔科夫卡村一个贫苦家庭里。他的父亲康·安德烈维奇是鞋匠,母亲乌·阿尔捷耶夫娜在农场干活,母亲身强力壮,能够毫不费力地扛起装有 180 磅谷物的麻袋,经常去做搬运工,以补贴家用。他有一个姐姐。全家四口只有一间房屋,泥糊的墙壁上长满了青苔,房顶上生长着稠密的野草,在阳光照耀下,远远望去,像远古时代先人们居住的洞穴。就是这样一间破旧的小屋,还是村里一个寡妇的遗产。朱可夫的父亲是个弃婴,在两岁的时候被妈妈丢在孤儿院的门口,后来这个寡妇领养了他。可在他年仅 8 岁时,养母也去世了。他只有自谋生路,到乌戈德村学习鞋匠手艺。他在结婚的时候,已经 50 岁,新娘也已 35 岁……

出生在这样家庭的人,自然知道自己如何才能在社会上立足,知道自己没有显赫的家庭，没有强硬的后台，弥补自己的劣势只有拼命努力。童年时，朱可夫在一所教会学校读书。毕业后，父亲便带他到莫斯科去学手艺。于是，他在舅舅皮利欣的毛皮作坊里当学徒。干活很累，但他仍然坚持自学，夜间常凑近厕所暗淡的电灯下做功课。1913 年，朱可夫参加市立中学全部课程考试，以同等学力取得了合格的成绩。并于同年当上了“帮工皮匠”。

二、在第一次世界大战期间

1915 年，朱可夫应征入伍，进入骑兵部队，随即参加第一次世界大战。并入选接受士官培训。他以“狂热的顽强性”投入部队生活中去，无论是部队训练，还是骑术训练，他总是一丝不苟，刻苦认真。他和他的战马结下深厚的情谊，许多应该是马夫干的事，他都去干。他知道，对待这位“无言的战友”，花费自己的心血是值得的。很快，他的努力不断赢得人们的尊重和信任，特别是在他俘获一名德军军官以后。

那是在第一次世界大战的战场上，俄军与德军在一个小山村对峙着。德军驻在村庄里，村庄周围生长着茂密的树林，俄军在河对岸的一个树林里，河流潺潺，把村庄与树林隔开了，一座木桥把两地相沟通。但两军对峙，战斗一触即发，谁也不敢擅自超越小河一步。朱可夫常常借助遛马，仔细观察对岸德军的动静。他发现，每到傍晚时分，总会有一个德军军官，挽着一个漂亮的女郎，从一间房子里走出来，在村庄的小树林里散步，有时甚至越过哨兵的视线，来到远离俄军、德军驻地的小河边。军官沿着河堤散步，女郎则在河边原野上采摘野花。那军官似乎已经忘记了战争的存在，只是陶醉在田园诗般的异国情调中，不知道一道锐利的目光，已经盯住他一个星期之久了。

又一个黄昏降临了，河面升起了蒙蒙雾气，月亮还没有升起来，星星在高空眨眼。朱可夫在马掌上裹上烂棉花，借着雾气的掩护，悄悄地避开哨兵的目光，越过小桥，来到河对岸的树林埋伏起来，静静地等着猎物的出现。

可是，那对恋人并没有走进他的视野，他失望了。时间一分一秒地过去，河岸两边都换了哨，新月已在东方升起，可那个德军军官仍没有出现。朱可夫心里发毛了:今天是怎么了?是不是发生了意外?或者那个军官看出了什么动静?但是,朱可夫忍住了,继续耐心地等待着。

果然,那间屋门终于打开了,那对恋人相扶相搀,沿着月色溶溶的小道漫步走来。朱可夫松了一口气,紧张的神经松弛下来,静听那对恋人的对话:“亲爱的,你咋这么晚才来?”女的略显娇嗔的声音传来。

“啊,作战会开得太久。宝贝,让你等急了!”

女的喃喃地咒骂:“天杀的战争!”

男的笑了:“不!宝贝,你应该感谢战争,是战争把我送到了你身边。明天……”

女的咯咯咯地甜笑着。

但是,对于这个德国军官来说,还有明天吗?当他挽着情人走到河边时,一把闪亮的军马刀架在他的脖子上,他成了一名19岁的俄国士兵的俘虏……

为此,朱可夫得到了一枚圣乔治十字勋章。

1916年8月来到前线。10月,朱可夫受伤被送往后方,获得另一枚圣乔治十字勋章。

三、在俄国内战时期

1917年二月革命爆发了。沙皇领导下的骑兵团进行了起义,朱可夫被推选为士兵委员会主席,率队向莫斯科进军。从此,他投向革命的怀抱。

十月革命爆发后,朱可夫参加了红军,加入莫斯科骑兵第1师第4团。1919年3月1日,他被吸收参加联共(布)党。在保卫年轻的苏维埃共和国,同国内外敌人进行战斗的年代里,他迅速成长为一名优秀的红军指挥员。他同乌拉尔河流域的哥萨克白军作过战,与邓尼金和高尔察克白军交过手,参加了消灭安东诺夫匪帮的战斗。他在察里津战役中左脚和左肋受伤,在捷普娜娅火车站一战中受到严重震伤。国内战争结束时,他已经升为骑兵连连长。

1924年4月,年仅26岁的朱可夫被晋升为第39骑兵团团长。在此期间,苏联组建了第一批坦克团,并确定朱可夫指挥的团负责这种新兵器的试验。朱可夫按现代作战要求训练部队,在野营条件下培养初、中级指挥人员,还建议成立各种训练班和学校培养高中级指挥人员。当时,朱可夫已经通过各种信息,预见到坦克战将成为未来战争中威力强大的进攻武器,于是大胆地创建了使用坦克的新理论。

1924 年 7 月,朱可夫以优异成绩考入列宁格勒高等骑兵学校,获得进修深造的机会。他又以“顽强的狂热性”投入学习。无论是在室内进行图上作业,还是在野外进行战术演练,他总是兢兢业业,一丝不苟,刻苦钻研。他还利用节假日踏勘列宁格勒附近地形。结业时,他不坐火车,骑马返回部队,历时 7 昼夜,行程 963 公里,对列宁格勒至明斯克一带的地形进行了勘察。

1924 年至 1930 年间,朱可夫又进入著名的莫斯科伏龙芝军事学院高级进修班深造。他当时的同学、后来成为元帅的格拉米扬回忆道:“朱可夫在我们中间称得上出类拔萃,他不仅果敢顽强,而且足智多谋,有见地。学习期间,他常常提出一些我们料想不到的观点,令人拍案叫绝。他的见解总会引起很大的争议,但他又总能运用新奇的逻辑加以论证……”朱可夫于 1931 年 2 月晋升为骑兵第 2 旅旅长。次年秋被任命为骑兵总监部副总监。1933 年 3 月任骑兵第 4 师师长。这时,苏军总部根据朱可夫的创见,建立了世界上第一个机械化军。1937 年秋,朱可夫晋升骑兵第 3 军(后第 6 军)军长。1938 年在中国短时间里任军事顾问后,升任为白俄罗斯特别军区副司令员。后来由于“坦克权威”帕甫洛夫的反对,解散了机械化军,但把坦克依旧作为“辅助兵器”,分散到步兵部队中执行支援步兵的任务。不过 1939 年在对日作战中,朱可夫本人却在哈勒欣河战役中集中使用坦克,大胆地以坦克部队实施迂回包围,出敌不意地歼灭日军主力。这一胜利,也印证了朱可夫的理论。

四、歼灭东犯之敌

欧洲战火越燃越旺之时,在远东的日本军国主义也越来越胆大妄为。斯大林对苏联边境的安全,越发忧心忡忡了。为此,苏联采取了一系列旨在阻止侵略的步骤,除了加紧外交活动和强化国防建设外,还在边界一带修筑了一些防御工事,组建了远东方面军,建立了太平洋舰队,并于 1936 年 3 月同蒙古人民共和国签订了友好互助条约。

自从日本侵占中国东北以后，日本统治集团一直在试探苏联红军的实力，而且往往是趁世界其他地方发生危机的时候进行试探。1936年日本在中蒙边境挑起了三起边界冲突，后来又发生多起。这段时间，由于慕尼黑危机和德国法西斯加紧扩军备战，苏联似乎专心致志地应付欧洲事态的发展。于是日本决定在中蒙边境对苏联的军力进行一次大规模的试探。然而，日本发动的侵略，已远远超出一次试探行动的范围，想借此提高日本军队在其他国家心目中的“声威”，并希望把苏联和中国隔开，从而切断援助通道。

为了进一步取得德、意法西斯势力的援助，以便早日征服中国，并回过头来进攻苏联，日本法西斯经过谈判，于1937年11月6日同德、意法西斯签订了《日本、意大利和德国议定书》。从此，三个法西斯轴心国侵略集团正式形成。

1938年年初，日本发起进攻武汉战役时，日本关东军特种情报机关截获了远东苏军一份密码电报，其中提到“应在香山洞（位于张鼓峰东北约12公里）以西高地配置兵力”。日本军事当局决定利用这个机会试探一下苏联的反应，也向其德国伙伴表明反苏军事同盟的决心，于是，一场蓄意向苏联进行军事挑衅的阴谋就这样确定了。

张鼓峰临近中苏边界，在图们江口上游20多公里的东岸，是一个海拔只有150米左右的高地。在天气晴朗的时候，站在这里可以遥望海参崴海港。7月16日，日本大本营陆军部东条等人，命令第19师团集中到边境一带，准备向苏联进攻。7月30日，日军一个营抢占张鼓峰，次日又一个步兵营攻击位于张鼓峰以北的沙草峰，进行武装挑衅。8月5日，苏军开始反攻，经过5天激战，击退了日军。8月11日双方签订停战协定。在这次军事冲突中，日方出动7000人，大炮37门。苏军出动约2万人，大炮近百门，还有200多辆坦克。

这时，日本侵略军长驱直入，攻占武汉，又陷广州，中日战争进入相持阶段。日本军事当局东条等人，渴望早日签订德、意、日三国军事同盟，借以增加反苏的资本。为了用反苏的实际行动推动这一军事同盟的签订，以及对援助中国抗战的苏联进行武力恫吓，不使苏联通过蒙古就近支援中国的抗战，为此，日本于1939年5月，又在中国东北的西部中蒙边境制造了诺门坎事件，发动了规模较张鼓峰事件更大的反苏军事挑衅。

早在这次军事行动之前，日本关东军就对诺门坎地区苏蒙兵力的配置及当地地形和自然条件，进行了周密的侦察。所谓诺门坎地区，是指海拉尔西南约200公里的地方，即从汗达盖、将军庙、阿穆古郎一线到哈勒欣河这一地区。这里是一片广阔的不毛之地，哈勒欣河东岸到处分布着沙丘、风淤沙堆和洼地。事件发生的当时，又遍地丛生着杂草和灌木，在地形起伏较多的地方，坦克、装甲车、汽车都难以行动。

5月11、12日，日军两次同蒙古骑兵交火。15日，日军驻海拉尔第22师团将蒙军赶回哈勒欣河的西岸。6月，苏联集中兵力准备同日军一战，7月成立第57特别军，下辖三个步兵师、两个坦克旅、一个空降旅和一支炮兵部队。为调整苏蒙军事行动，以后贝加尔军区为基础，组成远东方面军。

为了加强对这次战役的指挥，苏联最高指挥部特调白俄罗斯军区副司令员朱可夫前去指挥。6月2日，朱可夫抵达莫斯科。国防人民委员伏罗希洛夫对他说：“日军突然侵犯我友邻蒙古的边界。根据苏蒙友好互助条约，苏联政府有责任保卫蒙古不受任何外敌侵犯。”

“这是入侵地区5月30日的情况图。在这一带，”伏罗希洛夫指着地图说，“日军长时间对蒙古边防人员进行小规模的挑衅性袭击。而在这一带，日军的海拉尔警卫部队侵入蒙古人民共和国领土，并袭击防卫哈勒欣河以东地区的蒙古边防部队。”

“我认为，”伏罗希洛夫接着说，“这里孕育着严重的军事冒险。无论如何，事情并没有到此结束……你是否可以立即飞到那边去？如果需要的话，把部队的指挥权接过来。”

朱可夫说：“我马上可以起飞。”

“非常好！”伏罗希洛夫说，“你乘坐的飞机16点可准备好，在中央机场。你到斯莫罗基诺夫那儿去，在他那里你可以拿到必要的材料，同时商量一下今后同总参谋部的联系问题。派给你几个专业军官。再见，祝你成功！”

朱可夫飞到前方后，虽然战斗已打了多日，但那里的苏军指挥部对敌人的情况并不真正了解，而且战备极差，电话、电报线路连1公里也没有铺设，也没有现成的指挥所和登陆机场。面对这种情况，朱可夫随即约军政委一同前去视察。通过对发生冲突地域内的地形的观察，和同苏蒙军指战员的谈话，使他对已发生的战事的性质和规模以及敌人的作战能力都有了进一步的了解。各种情况表明,他认为这不是一般的边境冲突,日军并未放弃侵略苏联远东和蒙古国疆土的企图,必须估计到,不久将会发生大规模的军事行动。

朱可夫考虑了全面情况,随即得出结论:现驻蒙古的苏军第 57 特别军的兵力无力阻止日军的军事冒险,特别是如果敌人同时在其他地域和从其他方向发动进攻的话,该军就更无能为力了。考虑到情况的复杂性,朱可夫要求国防委员会加强那里的航空兵部队,增调不少于 3 个步兵师和 1 个坦克旅的兵力到作战地域,并要求大大加强前线的炮兵力量。总参谋部完全同意了他的要求,并委任朱可夫担任前线总指挥。

又过了一天,莫斯科增派了空军力量,还派来 21 名荣获苏联“英雄称号”的飞行员,领队的是白俄罗斯著名的飞行员斯穆什克维奇。同时送来了新型飞机——现代化的伊 -16 和“鸥”型飞机。获“苏联英雄”称号的飞行员在前方进行了大量的训练教育工作,把作战经验传授给信赖的青年飞行员。6 月 22 日,苏军 95 架歼击机,在蒙古领土上空,与日军 120 架飞机进行了激烈的空战。不少“苏联英雄”参加空战,他们狠狠地教训了日本飞行员一顿。6 月 24 日开始,日本空军再次密集袭击,也再次遭到痛击。在几天的空战中,日军共损失飞机 64 架。失败后,日军指挥部极度混乱地将日机撤出战斗。

过了几天,日军又开始大规模地狂轰滥炸,其目的在于夺取制空权,以保证其部队将要进行的大规模战役。后来证实,日军 6 月底确实在哈勒欣河地域集中部队,以实施根据军事侵略计划制订的所谓“诺门坎第 2 阶段”的战役。

该战役日军当时的目标是:围歼哈勒欣河东岸全部苏蒙军队;渡过哈勒欣河,前出至河的西岸,以便消灭苏蒙预备队;夺取扩大哈勒欣河西岸之登陆场,以保障而后的行动。

为了实施这一战役,日本军事当局陆续增援部队,并下令组成第 6 特别集团军,司令部设在海拉尔。第 23 师团、第 8 边境警备队等编入第 6 特别集团军属下。日军的如意算盘是,于 7 月上半月完成这一进攻战役,以便在秋季到来之前结束蒙古境内的全部军事行动。东条英机对他们蓄意发动的进攻充满信心,为了宣扬日军的“战功”,他甚至把一些外国新闻记者和武官邀请到作战地区,观看他们的“胜利进军”。在被邀请的客人中,有希特勒德国和法西斯意大利的新闻记者和武官。

为了发动这次新的进攻，这时日军已集结了3.8万人，并得到135辆坦克、10辆装甲车和225架飞机的支援。而守卫哈勒欣河东岸一条46英里长的正面战线的，只有12541名苏蒙军。不过苏军的装甲车辆较多，共有186辆坦克、226辆装甲车。这给特别重视坦克战的朱可夫提供了一次极好的机会，来检验苏联坦克的效能，检验各种战术的效果。

朱可夫总指挥将苏军第11坦克旅和第7装甲汽车旅组织起来与日军安冈中将的坦克师团决战。7月4日中午，日、苏坦克在巴尔其嘎尔高地前面遭遇。苏军的80辆T-28型坦克和12辆T-130火焰喷射坦克及100多辆装甲车，在第5步枪机枪旅的配合下，将安冈坦克师团的87辆坦克和37辆装甲汽车包围。双方的空军在坦克对攻的上空也大战起来。

苏军的坦克吨位大、装甲厚，行动半径大，坦克上的火炮射程远、射速快。而日军的坦克相比之下，则吨位小、装甲薄，行动半径小，坦克上的武器也落后。从高处望去，好似数量庞大的牛群在与一小群羊对打。在7公里长的战场上，数百辆战车攻战着，顿时炮声隆隆，火光腾起，烟柱冲天。

接着，苏军坦克在大波纹沙丘草原之间，左冲右突，毫无顾忌。日军坦克则利用每个沙丘时隐时现，巧妙地射击。对阵一会儿，日军首领坦克就被击中，第3坦克联队长吉丸清武大佐车毁人亡。又打了一会儿，日军坦克就被击毁40多辆，装甲汽车全被苏军击中起火，车上的装甲乘员四散逃命。苏军T-130火焰喷射坦克，在30米短距离内，逼射着日军轻型坦克，炮口中射出的一道道炽烈的火焰，把日军轻型坦克围绕起来，温度高达1000℃以上。烧得战车隆隆地响着翻倒过去，坦克内部也响起了爆炸声。

这场力量悬殊的战斗，使安冈坦克师团损失了一半以上的坦克和全部的装甲车，残余的坦克逃回到将军庙。

苏军在收复了东岸蒙军的全部阵地后，开始打扫战场，加强阵地工事。炮火则转向支援蒙军骑兵第8师抗击伪满兴安师进攻的战斗。

这时，兴安师一度占领第8师的前沿阵地，但随后进入纵深时，遭到苏军2000多名步兵和20多辆坦克配合的顽强反攻。7月6日，兴安师损失惨重，后在日军第23师团的接应下，残兵败将才得以生还。坦克大战和兴安师的进攻，均以日满军的失败而告终。

7月7日，双方地面战争接近尾声时，空战正进入高潮。

日军第2飞行集团在哈勒欣河东岸为苟延残喘的地面部队助战，没想到引来200余架苏军飞机。双方在胡鲁斯台河上空，你上我下地穿梭起来。日军王牌飞行员筱原准尉连续打下5架苏机后，被数架苏机围攻击落，坠毁在巴尔其嘎尔高地上。苏军飞行员斯科巴欣上尉在机枪弹打光后，开着飞机撞向日军战斗机，将敌机撞毁，而自己受到重伤，竟能坚持将飞机安全降落。

飞机越打越多，高峰时几百架飞机像乌鸦一样在空中角逐，整个战场上空天昏地暗。苏蒙军越战越多，日军寡不敌众，明显处于劣势，战场控制权被苏蒙军又夺了回来。

坦克战和空战失败后，小松原中将改变战术，重新部署了24000人的兵力，分三次进行大规模夜袭。但是，都以失败而告终，损兵折将5000余人。自诺门坎战争以来到7月中旬，关东军已损失近万人，关东军司令部不得不下命令暂时停止对哈勒欣河的攻势，着手进行战线整顿。

但是，日军并没有停止战争，而是开始实行细菌战。他们在哈勒欣河中投入22.5公斤细菌，把哈勒欣河水全部污染。而投毒的恶魔头子石井四郎却被关东军授予奖状。

面对多次进攻的惨败，关东军投入诺门坎战场的兵力和装备也越来越多，后来诺门坎前线日军各军兵种兵力达8万人，各类炮火即有188门。为了弥补反坦克武器的不足，前线所有步兵中队都组织了“肉弹攻击班”，也就是用人抱着炸药扑向坦克，与坦克同归于尽。兵力、装备准备完全后，日军制订了以炮战为主，而后步兵从两翼进攻的总攻方向。

1939年7月23日晨，日军轰炸机和战斗机58架，首先飞临哈勒欣河上空，对两岸苏蒙军阵地轮番轰炸扫射。同时，日军重炮阵地升起了一个灰色的观测气球，气球下边的吊篮里，3名炮兵观测军官操纵着观测镜在寻找着西岸台地上苏军的重炮阵地，以便发现目标后，调整炮口方向，以重炮给苏军炮兵以毁灭性轰击。

到8时，日军全部大炮一齐射击，重炮联队的直径150毫米、长60厘米的弹头，从步兵后方十几公里的阵地上飞向哈勒欣河西岸，各师团的山炮、迫击炮、步兵炮也同时助射发威。在日军陆战史上，动用如此大规模的炮兵还是第一次。在哈勒欣河西岸，一处连一处升起了黑烟，苏军炮兵至少被消灭了 3 个中队（12 门炮）。苏军大炮正用牵引车拖着变换阵地时，又有 6 个中队的炮兵被打成哑巴，不能回击。

10 时许，苏军 3 架伊 -16 型战斗机，在离地面仅数米沿着沙丘起伏线，直奔气球冲去。一阵机枪扫射，气球"嘭"的一声爆炸，如同一只硕大的火球，掉向草原，吊篮上的 3 名观测军官早被机枪扫射死。气球一爆炸，日军炮兵顿时变成瞎子，停止了射击，好长时间后才重新喷着炮火。

日满军总攻最终失败后，被迫退回哈勒欣河东岸组织防御。在朱可夫的指挥下，苏蒙军乘日满军立足未稳之机，发动了全面反攻。

为了使大反攻实现胜利目标，苏联大本营将第 57 特别军扩编成第 1 集团军，组成了诸兵种合成的大兵团，朱可夫被任命为第 1 集团军司令员。

8 月 20 日，苏蒙军队集中兵员 57000 人，坦克 498 辆、装甲车 385 辆、大炮和迫击炮 524 门、机关枪 2255 挺、飞机 515 架，发起了对日满军的反攻战役。

朱可夫把他的全部进攻兵力分成了 3 个集群，从中央、南路和北路 3 个方向对日满军阵地猛攻。

日军打算 8 月 24 日发动攻势，朱可夫则比日军提前 4 天，于 8 月 20 日抢先动手。这是一个星期天，天气晴朗。日军指挥部深信苏蒙军队不会进攻，也没有做好进攻的准备，因而允许其军官星期日休假。其中不少人远离自己的部队，有的去海拉尔，有的去甘珠尔庙等地。朱可夫认为，这是一个相当重要的情况，决定就在星期日开始进攻。5 时 45 分，苏军炮兵对日军的高射炮和高射机枪阵地开始进行突然猛烈的射击。部分炮火则对苏航空兵要轰炸的目标发射烟幕弹。在哈勒欣河地域，由远而近，飞机马达的隆隆声越来越响，在空中出现 150 架轰炸机和 100 架歼击机。飞机的突击异常凶猛，红军指战员的情绪极为高涨。8 时 15 分，各种口径的火炮和迫击炮对日军目标开始火力袭击，充分发挥了它们的威力。8 时 30 分，苏联航空兵再一次飞临上空。通过各条电话线和无线电台发出预定的密码命令，15 分钟后，开始冲击。苏航空兵和炮兵的突击非常成功，日军在精神上、火力上都被压制住了。在 90 分钟内，日军炮火无力进行还击。日军的观察所、通信联系及炮兵阵地全被摧毁了，但他们拼命顽抗，死不投降。

战斗进行得异常激烈。

在这次反击中，有一位观察家目睹了朱可夫所表现的领导能力。后来他向鲁斯兰诺做了这样的描述：

“朱可夫命令他的一个师进攻日军坚固筑垒阵地，整个战役的结局取决于这次进攻的成败。开始，这个师败下阵来，损失惨重，而且被敌人的火力压得不能动弹。朱可夫命令师长再次发动进攻。过了一会儿，朱可夫拿起话筒，要这位师长接电话。当朱可夫得知他还没有把部队拉上去时，便问：‘你到底能不能开始进攻？’师长小心翼翼地表示没有把握。于是朱可夫说：‘我现在解除你的职务，叫你的参谋长接电话。’朱可夫又向参谋长提出同样的问题，参谋长做了肯定的回答。朱可夫说：‘好，我现在任命你担任师长。’但是，参谋长也未能重新发动进攻。当他向朱可夫报告以后，听到了同样的命令：‘我解除你的师长职务，等待新师长的到达！’朱可夫派他的一名参谋长去指挥这个师，而且派出炮兵加强了这支部队，并给予空中支援。在付出巨大的牺牲之后，终于攻克了敌军阵地。他所制订的反攻计划的其余各阶段也都取得了胜利。”

正当日军在中蒙边境的反苏战斗中被打得惨败时，8 月 23 日，苏德签订了互不侵犯条约。因为希特勒事先根本没有向日本打招呼，日本对此毫无所知，日本政府大为震惊，向德国提出抗议。不久，日苏蒙三国签订了诺门坎停战协定。日军反苏的军事挑衅，以日军失败而告终。日军损失 5 万多人，损失飞机 180 多架，损失火炮 72%。

苏联红军在这次战役中打出了国威、军威。苏联政府为了表彰苏联军人为反对日本侵略的功勋，授予其中以朱可夫为首的 70 人以“苏联英雄”称号。

朱可夫回到莫斯科，备受嘉奖和礼遇。伏罗希洛夫元帅、铁木辛哥元帅等都向他祝贺。斯大林怀着激动的心情，也向他表示祝贺。苏联人民委员会颁布命令，提前晋升朱可夫为大将。斯大林在会见这位从前线凯旋的将军时，详细询问了苏日两军作战的情况。

“你认为日军怎么样？”斯大林叼着烟斗说。

“与我们在哈勒欣河作战的日军训练不错，特别是近战。”朱可夫回答说，“他们守纪律，执行命令坚决，作战顽强，特别是防御战。下级指挥人员受过很好的训练，作战异常英勇。他们一般不会投降，剖腹自杀毫不迟疑。不过军官，特别是中高级军官,主动性差,死守命令,习惯于墨守成规。”

斯大林还就日军的技术装备、作战特点及红军作战中遇到的困难和需要改进的问题,同朱可夫进行了长时间的谈话。朱可夫说:“对于我们所有的部队、兵团指挥员和我本人,哈勒欣河战役是一个学习战斗经验的好机会。我认为,日本方面对于红军的力量和作战能力也会得出一个比较正确的结论。”斯大林对朱可夫的介绍十分满意。他说:“现在你已经有作战经验了。你到基辅军区去当司令员,利用自己的经验加紧训练部队。”

基辅军区是苏联最大的军区之一,它是苏联的西大门,这个军区的司令员责任尤其重大。朱可夫利用这个机会,随即问道:“如何理解西方战争的极端消极性?下一步战争将会如何发展?”

斯大林笑着说:“以达拉第为首的法国政府和以张伯伦为首的英国政府,不愿意认真对希特勒作战。他们仍然希望怂恿希特勒同苏联作战,他们拒绝同我们建立反希特勒的同盟,不想束缚住希特勒侵略苏联的手脚。但这对他们没有什么好处,他们将为这种近视的政策付出惨重的代价。”

朱可夫回到旅馆后,久久不能入睡。斯大林对问题的深刻分析,渊博的军事知识,以及听取汇报时那样聚精会神,这一切都给他留下了深刻的印象。他脑子里一直盘旋着斯大林的话,关注战局将向何处发展。

五、投身于卫国战争

1933 年以前,德国武装力量等人数很少。根据《凡尔赛条约》的规定,德国只能拥有不超过 10 万人的军队,不得装备坦克、重炮和战斗航空兵。但是,纳粹法西斯党篡权以后,国家迅速实现了军国主义化,建立了巨大的军事经济基础,重点发展了航空工业和坦克工业,武器装备非常庞大精良,并建立了 420 万人的军队。正是在此基础上,希特勒发动了第二次世界大战。最高统帅为希特勒,下设最高统帅部和三个军种总司令以及陆、海、空军总参谋部。

这时,德国与意大利、日本联合起来,妄图建立霸权世界的法西斯联盟,成为第二次世界大战的罪魁祸首。对于德国来说,希特勒的部署是首先进攻波兰,然后进攻欧洲国家,空袭英国、击溃法国、入侵巴尔干之后,于 1941 年 6 月 22 日向苏联发起进攻。

于是,苏联被迫参战,决定开展卫国战争。

这时朱可夫担任苏军总参谋长还不到 5 个月。他曾努力提高苏军反侵略战争的能力。但是,斯大林坚信希特勒的注意力在西方,不会在 1941 年进攻苏联,而对与自己相反判断的情报,要么置之不理,要么视之为旨在把苏联拖入战争的挑衅。结果,朱可夫的敏感和提醒未起到作用。

为了侵占苏联,希特勒德国及其欧洲盟国准备了 190 个师,共约 550 万人、4300 辆坦克、4.72 万门大炮和迫击炮、4980 架作战飞机和 192 艘作战舰艇。

战争开始后,从波罗的海到黑海的德军编为 3 个集团军群。其中,北集团军群共 29 个师,占领了从克莱佩达到乌戈达普的出发地位,任务是消灭波罗的海沿岸的苏军,而后与中央集团军群协同占领列宁格勒,由第 1 航空队 760 架飞机支援其进攻;中央集团军群最强大,从戈乌达普到符沃达普一线,正面宽 500 公里,编 50 个师,其中有 15 个坦克师、摩托化师和 2 个摩托化旅。任务是围歼白俄罗斯的苏军兵团,而后向莫斯科进攻。由第 2 航空队 1600 架飞机支援该集团军的行动;南集团军群编 57 个师和 13 个旅,展开从符沃达瓦到多瑙河一线,正面宽 1250 公里,任务是消灭第聂伯河右岸乌克兰地区的苏军,而后从第聂伯河向东进攻,由第 4 航空队约 1000 架飞机支援其行动。同时,还有罗马尼亚、芬兰、挪威等国的军队参战。德军总部另有 24 个师作为预备队。

希特勒的战略展开是严格按照计划进行的,展开的进度是经过精密计算的,以致直到入侵开始前才最终完成兵力在苏联边境附近的突然集中,而后突然投入战斗。

战争开始后,朱可夫成了斯大林的“救火”能手,在德军进逼莫斯科时又成了协调员。朱可夫最初被派往基辅,因为斯大林深信乌克兰是希特勒要夺取的第一个目标;而后朱可夫又被派往去组织列宁格勒的防御;后又奉命担任濒于瓦解的西方面军的司令官。

朱可夫被派到哪里,都显现出鲜明的统帅风格和技巧:钢铁般的意志和决心,预测敌人动向的非凡能力,最大限度利用兵力的技巧,灵活多变的战略和战术,“将在外君命有所不受”即不唯命是从的勇气,从而使希特勒宏大的计划一次次受挫。

在对苏联武装力量极为不利的形势下，到 1941 年 6 月底，苏军在集中有敌主力的西北、西方和西南三个战略方向，使德军都被迫转入防御。7 月 10 日，德军向卢加普斯科夫方向实施突击，但其通过强击夺占列宁格勒的企图破灭了。德军被阻止在该市的接近地，其进攻能力被消耗殆尽以后，只好于 9 月 23 日被迫转入相持阶段。于是，列宁格勒在极艰难的条件下开始了英勇的保卫战。

在西南方向也展开了激烈战斗。从 7 月 7 日起，为时 71 天的基辅保卫战开始了。同时，西方面军实施了科罗斯坚和乌曼两次防御战役，而后在第聂伯河右岸乌克兰地区展开了军事行动，在敖德萨进行了持续 73 天的英勇保卫战。

在正西方向，朱可夫指挥苏军对德军进行了将近两个月的斯摩棱斯克交战，德军占领苏联首都的计划被粉碎了。这就使希特勒宏大的狂妄计划得以最严重受挫，引起了全世界的瞩目。苏军副统帅朱可夫的名字经过新闻媒体迅即传颂，与美国五星上将艾森豪威尔、英国元帅蒙哥马利等盟军统帅同样闻名遐迩，并受到美国总统罗斯福、英国首相丘吉尔的交口赞誉。

那是 1941 年 10 月 7 日黄昏，朱可夫飞抵莫斯科。他立即前往克里姆林宫。斯大林独自一人在办公室里。他同朱可夫打过招呼后，便指着地图开门见山地说："你瞧，这里的情况很严重，而我又无法得到西方面军的真实情况的详细报告。我们不知道敌人进攻的地点和兵力，也不知道我军情况，因此难以做出决定。你马上到西方面军司令部去，弄清战局，随时给我打电话，我等着。"此时德军已开始实施进攻莫斯科的"台风"作战计划，集结了 78 个师， 180 万人，扬言入冬前攻下莫斯科。朱可夫 10 月 8 日深夜将情况向斯大林报告后，斯大林决定将西方面军和预备队方面军合并，统由朱可夫指挥。朱可夫临危受命，迅速将已被冲垮而各自为战的各部集结起来，自己亲临一线指挥，顽强抵抗德军的突击，使德军的进攻速度急剧下降。11 月 1 日，斯大林问朱可夫，形势是否允许莫斯科举行十月革命阅兵式。朱可夫做了肯定的回答。于是， 11 月 7 日凌晨，红场上举行了隆重的阅兵仪式，全副武装的红军威武地走过红场，直接开赴前线。这次阅兵式向世界宣告，莫斯科是不可战胜的，苏军必将打败法西斯侵略者。

1942 年 1 月，斯大林提出了把莫斯科防御战的顺利转变为各个战场上总反攻的计划。最高统帅部一片赞同之声。不料，朱可夫却对最高统帅的计划表示反对，理由是缺乏足够的兵力和武器。他的意见理所当然地未被采纳，并受到批评。其结果是，出现了一系列失败的战役，特别是为德军在当年夏天进攻斯大林格勒造成了可乘之机。朱可夫与后来任总参谋长的华西列夫斯基一起被派往斯大林格勒，他二人随即共同组织了斯大林格勒防御作战和年底到次年 2 月的反攻。

当时，尽管德军被阻止在莫斯科和列宁格勒城外，但占领斯大林格勒对征服苏联至关重要。斯大林格勒工业中心和大型港口在伏尔加河右岸绵延 40 公里。1942 年 8 月底，F. 保卢斯将军指挥的德军已胜利在望。这座 80 万人口的城市的北部因轰炸而变成一片火海，建筑物化作灰烬。保卫者们化整为零地与敌人进行巷战和肉搏战，付出了重大代价。到 11 月，保卢斯的部队已经控制了城市中心。不过保卢斯报告他的部队由于寒冷和大雪而大为削弱。但是希特勒仍然命令他继续进攻。

这时，朱可夫集中了 100 万兵力、6000 辆坦克和 3000 架飞机，计划发起一次大规模攻势。他将部队部署成钳形态势，于 11 月 14 日发起进攻。5 天之内，他指挥部队包围了 30 万德军。无论是德国空军还是陆军，都无法帮助保卢斯的第 6 集团军。1943 年 1 月 24 日，保卢斯向希特勒报告他的绝望处境，说他的部下已有 15 万人死亡。但希特勒不让他投降。1 月 31 日，保卢斯及其参谋人员被俘，德军停止进攻，9.9 万人成为俘虏，还有数千具德军尸体被堆在铁轨上点火焚化。德军为此举国哀悼两天。

朱可夫因斯大林格勒一役战功卓著而第一个被授予一级苏沃洛夫勋章（以俄国伟大统帅苏沃洛夫命名，是当时苏联最高的军功勋章）。

苏军在斯大林格勒的胜利，极大地鼓舞了苏联人民和全世界反法西斯力量，也使轴心国内部出现严重危机。从此，苏军从战略防御转入战略进攻，苏德战争和第二次世界大战开始转折。

斯大林格勒城下的炮声刚刚停止，朱可夫又接到新的命令：前往列宁格勒，协调各方面力量，粉碎德军对这座英雄城市的封锁。1943 年 1 月 12 日，按照朱可夫的部署，列宁格勒方面军由西向东，沃尔霍夫方面军由东向西，对什利谢利堡—锡尼亚维突出部的德军发起相向突击。德军进行了顽强的抵抗。苏军连续不断地进攻了 7 昼夜，终于突破德军防线，两个方面军在第一和第五工人村胜利会师，打破了德军对列宁格勒的封锁，恢复了列宁格勒与苏联内地的联系。

也就在胜利的这一天，1943 年 1 月 18 日，朱可夫被授予苏联元帅军衔。他是在战场上知道这一信息的，当时他正像普通士兵那样行进在战斗队列中。

此时，朱可夫的主要注意力集中在库尔斯克突出部。斯大林格勒会战后，苏军将战线向西推进 600 公里，在库尔斯克附近形成一个突出部，其北翼的根部为奥廖尔，南翼根部为别尔哥罗德。希特勒企图夺取库尔斯克，重新打开通往莫斯科的道路，夺回战略主动权。德军计划以第 9 集团军和第 4 集团军南北夹击，合围和歼灭库尔斯克突出部的苏军。

1943 年 3 月中旬，朱可夫来到库尔斯克城，迅速查明了德军的进攻企图。4 月 20 日，他回莫斯科向最高统帅部建议，苏军暂不转入进攻，而以优势兵力进行防御，在阵地上疲惫和消耗敌人，然后再投入精锐预备队，转入反攻，最后歼灭德军主力。最高统帅部采纳了朱可夫的建议，下令按此计划迅速准备库尔斯克战役。

7 月 5 日凌晨 2 时，中央方面军司令员罗科索夫斯基大将请示朱可夫：根据德军俘虏供称，德军再过 1 小时将发起进攻，是先报告最高统帅，还是立即实施炮火反准备。朱可夫当机立断，指示罗科索夫斯基立即下令开炮。20 分钟后，苏军对已进入阵地的德军实施猛烈的炮火反准备。德军临时将计划改为强攻，投入 560 辆坦克。而苏军投入了已有准备的 850 辆坦克。双方进行了一场坦克肉搏战，结果德军 400 辆坦克被击毁。库尔斯克会战结束时，德军共损失 50 万人、1500 辆坦克，彻底丧失发动战略进攻的能力，全线转入防御。

8 月 25 日，即库尔斯克会战结束的第二天，朱可夫被斯大林召回莫斯科，研究如何进一步在广阔的战线上展开全面进攻。最高统帅决心不给德军以喘气之机，迅速实施进攻。

1944 年，朱可夫协调了罗科索夫斯基和科涅夫把敌人赶出白俄罗斯的一系列战役。这些战役作为第聂伯河会战而载入卫国战争史册。会战的目的是解放第聂伯河右岸乌克兰地区、顿巴斯、基辅，并在第聂伯河右岸夺占登陆场。在朱可夫的组织协调下，中央方面军、沃罗涅什方面军、草原方面军、西南方面军、南方面军（白俄罗斯方面军、乌克兰第 1、2、3、4 方面军）以及亚速海区舰队、远程航空兵和游击兵团，都参加了这次在 1000 公里宽的地带内展开的大会战。

法西斯德军最高统帅部决定,不惜一切代价阻止苏军的进攻,保住第聂伯河以东的重要经济区。为此,德军在纳尔瓦河、维帖布斯克、奥尔沙、第聂伯河、奥洛奇纳亚河,直至克里木半岛东岸一线,急速构成一道战略防御地区,即所谓的“东方堡垒”。希特勒妄想在这一地区阻止苏军的进攻,而后转入反攻。

作为“东方堡垒”主要部分的第聂伯河,具有特别重大的意义。因此,德军在这里集中了中央集团军群的第2集团军、南集团军群的坦克第1、4野战军、第8集团军和第6集团军,共有62个师,其中包括14个坦克师和摩托化师。与苏军兵力对比为2.1∶1,火炮为4∶1,坦克和自行火炮为1.1∶1,飞机为1.4∶1。

苏军最高统帅部的训令准确地判断了敌人稳定战线、转入阵地战的企图。为此,在前线的朱可夫指派西南方向作战的苏军一刻不停地对已被削弱的敌军集团连续实施突击。要求各级指挥员在短期内计划好新的战役,重新调整兵力部署,前调后勤机构,贮备弹药与燃料。

在朱可夫的组织指挥下,罗科索夫斯基将军和科涅夫将军等相互配合,将第聂伯河会战分成了两个阶段:在第一阶段,于1943年8月至9月,解放了第聂伯河左岸乌克兰地区,强渡了第聂伯河;在第二阶段,即当年10月至12月,进行扼守和扩大已占登陆场的作战,解放了一系列城市和近10万个居民点,最终解放了白俄罗斯,彻底粉碎了法西斯德军头目打持久阵地战的妄想,更加扩大了卫国战争的胜利果实。

六、高超的作战指挥

1944年11月,斯大林任命朱可夫为白俄罗斯第一方面军司令员。

这时,苏军已把德国法西斯侵略者基本赶出苏联国土,在东普鲁士地域进入德国国境,解放了波兰部分领土和许多东南欧国家。英美军队正向德国西部边境推进。但德国仍集中主力对苏作战。德军统帅部出于制造反法西斯联盟分裂的企图,于12月下旬在阿登发动了反攻,打算在反攻胜利的条件下迫使西方国家与德国单独媾和。

苏军计划在苏德战场全线实施毁灭性突击,而将主力集中在华沙与柏林方向。到1945年年初,朱可夫指挥的白俄罗斯第一方面军和科涅夫指挥的乌克兰第一方面军已位于维斯瓦河一线,在河西岸占领了三个登陆场。

苏军当面的防御之敌是德军“A”集团军群主力。德军统帅部非常重视扼守波兰工业区,因为丢掉这些地区将削弱德国继续战争的能力。华沙—柏林方向是苏军进入德国心脏地区的捷径,因此,希特勒把维斯瓦河看作最后一道天然屏障,于是在维斯瓦河和奥得河之间建立了7道300至500公里纵深梯次配置的防御地区,十分坚固。

白俄罗斯第一方面军司令员朱可夫的计划是:从维斯瓦河登陆场实施两个突击,从华沙以北地域实施一个突击,在三个地段突破敌人的防御,分割消灭敌第9集团军主力,并向库特诺和波兹南方向发展进攻。

乌克兰第一方面军司令员科涅夫的计划是:从散多梅希登陆场向腊多姆斯科、布雷施劳方向实施强大突击,以部分兵力向希德洛维茨和克拉科夫实施突击,与友邻方面军协同消灭敌坦克第4集团军和第7集团军主力,随即向腊多姆斯科方向发展进攻,占领最高统帅部规定的地区。

结果,朱可夫和科涅夫的计划都如期实现了,达到了最高统帅部大本营的意图。

两个方面军从登陆场突破敌人的防御,势必要向敌防御的强点实施主要突击。为此,朱可夫、科涅夫坚决集中了兵力兵器。例如,在占乌克兰第一方面军进攻地带16%左右突破地段上,就集中了77%的步兵师、89%的火炮和全部坦克。两个方面军在突破地段上的战役密度为,每公里正面230至250火炮和迫击炮、80至115辆坦克和自行火炮。两个方面军纵深梯次的战役布势有助于实施强大的分割突击、不断增强兵力和向纵深高速进攻。每个方面军的战役布势都包括强大的第一梯队、快速集群、第二梯队、空军集团和预备队。

白俄罗斯第一方面军主要突击团的合成集团军在12至30公里宽的地带实施进攻,其突破地段宽4至7公里。乌克兰第一方面军各集团军的进攻地带与突破地段一致,为10至13公里。集团军的任务是突破维斯瓦河防御地区,并在战役第三至第四天占领50至75公里纵深内的地区,而后发展进攻,每昼夜平均进攻速度为12至15公里。白俄罗斯第一方面军各集团军的战役布势均为一个梯队,从而在没有坦克集团军参加的情况下突破敌防御战术地幅时实施强大的首次突破。两个方面军内凡加强有坦克军的集团军都建立了快速集群。坦克军作为集团军的快速集群，在步兵兵团攻克主要地带第二阵地以后投入交战，并于完成对敌防御战术地幅突破以后，在集团军的侧翼行动，向集团军战役纵深迅猛发动进攻。

组织航空兵与对敌实施火力杀伤尤其受到重视。白俄罗斯第一方面军实施炮兵进攻的炮火准备按照两个方案进行。根据第一个方案，在实施战斗侦察的先头营发起冲击前，计划以 25 分钟的急袭射击进行炮火准备。如先头营进展顺利，主力就开始冲击。如先头营前进受阻，就实行第二方案，即再进行 70 分钟的炮火准备。乌克兰第一方面军则计划进行 107 分钟的炮火准备。两个方面军都以 3 公里纵深的两层徐进弹幕射击对主力的冲击实施炮火支援。

各方面军的空军集团军计划在战役头两天只出动飞机 1.6 万架次支援军队的行动。突破防御后，航空兵则将主力用于支援坦克集团军和坦克军的行动。这时，部分强击航空兵和歼击航空兵在作战上转隶于坦克军团司令员。

同时，工程保障紧急在地雷场中开辟道路。构筑渡口和急造军路。两个方面军的工程兵就在维斯瓦河架设了 26 座桥梁，其载重量从 16 吨到 60 吨不等。

对后勤保障也进行了周密计划。到战役开始前，各方面军贮备了 3 至 4 个基数的弹药、4 至 5 个基数的汽油和柴油、9 至 14 个基数的航空汽油、20 至 30 个日份的粮食。

由于美英军队在阿登的处境险峻，根据盟军的要求，战役比原定时期提前开始。1945 年 1 月 12 日和 14 日，乌克兰第一方面军和白俄罗斯第一方面军先后转入进攻。科涅夫指挥乌克兰第一方面军在 6 天的进攻中粉碎了当面之敌的主力，通过全线的追击在主要方向向前推进了 150 公里，提前 4 至 5 天完成了任务。

朱可夫指挥白俄罗斯第一方面军在发起进攻时首先实施了战斗侦察。1 月 14 日晨，方面军突击集团的炮兵实施了 25 分钟的急袭射击以后，各先头营突然对敌发起冲击。各营在徐进弹幕射击的支援下，一小时就占领了第一阵地，并继续顺利前进。近卫步兵第 77 师、近卫步兵 215 团第一营率先突破了敌防御的四道堑壕，营长耶麦利亚诺夫少校和排长古利耶夫中尉荣获了“苏联英雄”称号，该营被集团军授予“光荣营”称号。各师主力奋勇争先，大力扩张侦察的战果。

到 1 月 14 日终，突击第 5 集团军和近卫第 8 集团军前进 12 公里，接近到敌第二防御地带。第 61 集团军强渡了皮利察河,楔入第一防御地带 2 公里。第 69、第 33 集团军突入敌防御地带 20 多公里。坦克第 9、第 11 集团军在敌主要防御第三地带前及时投入战斗。第 5 集团军在夜间继续进攻,取得了很大战果,强渡了皮利察河,夺取了载重量为 60 吨的大桥。其中第 270 团团长彼得罗夫中校、连长帕别洛夫大尉、阻止敌人炸桥的工兵班长申杰尔中士,均获"苏联英雄"称号。

从马格努舍夫登陆场发起进攻的突击集团在击溃敌坦克军主力以后,突破了敌防御战术地幅。

为了加强突击力量,近卫坦克第 1 集团军投入交战。同一天,第 47 集团军从行进间强渡了维斯瓦河,向华沙以北发起进攻。1 月 16 日,近卫坦克第 2 集团军和近卫骑兵第 2 军从皮利察河登陆场进入突破口,进攻的速度越来越快。近卫第 2 集团军迅猛前出到华沙守敌的后方,与第 47 集团军的迅猛进攻对华沙守敌造成了合围威胁,于是敌人开始撤退。1 月 17 日晨,波兰第 1 集团军及第 61、第 47 集团军诸部在华沙展开巷战,到中午便从占领军手中彻底解放了波兰首都。

在 4 天里,白俄罗斯第一方面军向前推进了 100 ~ 130 公里。同时,空军第 16 集团军的积极行动保障了进攻的胜利。该集团军趁天气晴朗,在 1 月 16、17 日两天出动飞机 5979 架次。轰炸机对道路枢纽和河流渡口实施了突击,消灭了集结的敌人;强击机打乱了敌坦克和汽车纵队;歼击机完全阻止了敌航空兵的活动。通过这一阶段作战,两个方面军突破敌防御纵深达 150 公里,在 500 公里宽的地带内展开了猛烈追击。

1 月 17 日,最高统帅部大本营下达了而后的任务:白俄罗斯第一方面军应不迟于 2 月 2 日至 4 日占领比得哥煦、波兹南一线;乌克兰第一方面军主力继续向布雷斯劳总方向进攻, 1 月 30 日前出至奥得河,并占领右岸登陆场。右翼各集团军的任务是,占领克拉科夫和西里西亚工业区。

为了顺利完成任务,各部队尽力加快了进攻速度。1 月 19 日,乌克兰第一方面军近卫坦克第三集团军、近卫第 5 集团军和第 52 集团军的先遣部队越过波德国境,像庆祝节日一样庆贺胜利。1 月 25 日,白俄罗斯第一方面军提前占领了比得哥煦、波兹南一线。朱可夫下令继续追击,在向奥得河挺进中补充储备品,强渡该河，并向柏林迅猛进军。1月26日方面军坦克集团军已到达波德旧界。近卫坦克第2集团军越过边境，于1月28日从行进间突破了波拉美、尼亚筑垒地域。1月29日，近卫坦克第1集团军以及第69、33集团军突破敌梅泽尔季茨基筑垒地域后，进入德国国境。在这些日子里，近卫坦克第44旅在向德军霍赫瓦利的坚固支撑点接近中，未等主力到来，便趁黑夜降临之际突破了敌人的防御，进入敌后，两天后便在屈斯特林以南占领了奥得河的登陆场。该旅全体官兵以其出色表现赢得了政府嘉奖，11名军人荣获“苏联英雄”称号。2月3日，朱可夫指挥白俄罗斯第一方面军整体前出到奥得河，并在屈斯特林地域占领了登陆场。这时，距离柏林只剩下60至70公里了。“把法西斯野兽消灭在巢穴中”的口号激励着苏联军人建立新的战功。

但是，朱可夫认为，马上继续进攻并不适宜。因为1月底在业已抵达奥得河的各集团军与向北进攻的白俄罗斯第二方面军左翼之间已拉大间隔200多公里，彼此难以协同。而这时，敌人已建立了“纳斯瓦河”集团军群，辖28个步兵师、坦克师、摩托化师和5个旅，并准备从波美拉尼亚向白俄罗斯第一方面军的后方实施反突击。

朱可夫及时识破了敌人的阴谋，并向两军的间隙投入了波军第1集团军和突击第3集团军。而后，将第47、第61集团军掉头向北，到2月初，又将近卫坦克第2第1集团军北调，敌军的反突击被打退了。

这时，在攻柏林方向只剩下了4个诸兵种合成集团军。朱可夫认为，用这些兵力夺占德国首都显然是不够的，何况军队已遭到很大损失，航空兵和后勤也难以跟上，在柏林接近地上空暂时丧失了制空权，补给尤其是油料补给也暂时中断了。鉴于此，朱可夫汇报和建议后，最高统帅部大本营决定，在彻底消灭波美拉尼亚之敌以前，停止向柏林进攻。

七、荣誉巅峰

1945年1月至3月，在朱可夫指挥白俄罗斯第一方面军歼灭了东普鲁士和西里西亚之敌，越过奥得河和尼斯河，距柏林只剩60公里时，白俄罗斯第二方面军也消灭了但泽、格丁尼亚之敌。与此同时,英美军队合围了鲁尔敌集团军,到4月中旬,其先遣部队已前出到离德国首都100至120公里的易北河。

法西斯统治集团仍期望反法西斯联盟的破裂,加强了苏德战场的兵力。到4月中旬,在苏德战场作战的德军仍有214个师,其中含有34个坦克师和15个摩托化师。在西线只有60个不满员的师,其中仅有5个坦克师。法西斯统帅部计划不惜任何代价挡住苏军的进攻,并力图与美英单独媾和。希特勒认为:"宁愿把柏林交给盎格鲁—撒克逊人,也不让俄国人进来。"因此,他们采取了一切措施阻止苏军占领柏林。纳粹党的专门指示说:"我们只需要把目光盯住东线,不必关注西线将会如何。守住东线是战争发生转折的前提。"

德军主要集团都集中在柏林方向,它包括"维斯瓦河"集团军群和中央集团军群的主力。在该方向建立了纵深梯次的防御,包括由20至40公里纵深的三道防御地带组成的奥得河—尼斯河防御地区和柏林防区。在屈斯特林登陆场当面建立了最强大的军队集团,兵力战役密度为3公里1个师,每公里正面60门火炮和迫击炮、17辆坦克和强击火炮。在屈斯特林、柏林方向,德军已预先占领了各道防御地带。在柏林市区,总兵力达20余万人。

参加柏林战役的苏军为白俄罗斯第一、二方面军和乌克兰第一方面军,还计划使用波罗的海舰队的部分兵力、远程航空兵第18集团军、国土防空军和第聂伯河舰队,还有波兰几个兵团。总兵力是敌军的2.5倍,优势十分明显。最高统帅部大本营的企图是:以三个方面军的强大突击在六个地带突破敌在奥得河和尼斯河的防线,合围、分割并歼灭敌柏林集团主力,同时前出到易北河地区。方面军战役纵深计划为130至165公里,每昼夜平均进攻速度为8至14公里。

朱可夫元帅指挥白俄罗斯第一方面军从屈斯特林登陆场实施主要突击,于战役第六天占领柏林,第十二天至十五天前出至易北河。罗科索夫斯基元帅指挥白俄罗斯第二方面军在战役第五天强渡奥得河,而后猛烈进攻,第十五天占领了最高统帅部指定的地区。科涅夫元帅指挥的乌克兰方面军猛烈进攻,迅速消灭柏林以南之敌,占领了最高统帅部指定的地区。

对于柏林之战的景象,当年美联社伦敦1945年4月21日电有比较详细的描述。新闻报道这样写道:

柏林电台今晚说,苏联红军坦克已攻入烈火熊熊、遍地废墟的首都主要大街,离市中心只有3英里了。

柏林电台说,从三面包围柏林的苏军今天发起了总攻击。

苏联红军从市郊蜂拥而至,打进弹片狼藉的市区街道。德方已被迫将纳粹少年团投入巷战。

德国电台评论员说,柏林正遭到16个苏联红军兵团的围攻。在郊区关键阵地的争夺战中,红军占压倒优势。在此以后,评论员透露平民已投入血腥的街头战。

柏林电台说:"俄国人的炮弹和炸弹像雨一般地落在市中心。电气火车不断将伤员从郊区运来。现在局势十分严重,已经完全没有必要向听众隐瞒任何事实真相。"

另据路透社报道,苏军的大炮正在直接轰击市中心的波茨坦宫。在柏林东南方向,苏军阵地已推进到贝提尔,这个地方离波茨坦宫仅12英里。

双方浴血争夺的五个地方是:城东北边界附近、紧靠护城河外侧的贝尔诺;护城河东北方8英里处的施特劳斯伯格;法兰克福铁道线东南方12英里处的普斯坦孔尔德;城界东南3英里处的科埃尔格—乌斯特胡森;通往萨克森的主要铁路干线以南10英里处的左森。

苏联官方继续用模棱两可的词语报道柏林战局,说红军距市中心30至40英里。但是,来自莫斯科的非官方消息使人们相信红军距市中心并没有那么远。

整个布兰德柏格战场——柏林城外东北部、东部和南部——在苏军坦克炮火的轰击下成了一片火海。苏军的大炮和数以百计的自行火炮在德军阵地上筑起一道道火墙。

德国人从大多数战壕中被赶了出来。然而,在柏林城南,德军阵地仍是一条完整的半圆弧线,在那里,守军得到小口径火炮和大量机枪的掩护。

在这个地区,已经横渡施普雷河的苏军坦克部队和骑兵正在猛攻卡曼斯和鲍芩城。

攻克柏林的战役从4月16日开始，到5月2日结束，进行了16昼夜。

柏林战役结束后，1945年5月8日，在柏林郊外的卡尔霍尔斯特，朱可夫元帅接受了德军最高统帅部代表签署的德军无条件投降书。

柏林战役的结束标志着希特勒的“新秩序”的崩溃，欧洲各被奴役民族的解放，世界文明从法西斯手下得救。5月9日这一天成了胜利日，成了苏联人民和世界人民进步的重大节日。

6月10日，朱可夫元帅与英国蒙哥马利元帅、美国艾森豪威尔五星上将在德国法兰克福的欧洲盟军远征军最高司令部共进午餐。朱可夫代表苏联最高统帅斯大林大元帅授予艾森豪威尔和蒙哥马利胜利勋章。这是之前苏联从未授予任何外国人的最高荣誉。除荣誉价值外，勋章本身就价值连城，因为它是一颗由许多红宝石和钻石镶成的非常漂亮的五角星。此外，朱可夫还向盟军最高统帅部的其他24名军官授了勋章。

7月13日，蒙哥马利元帅授予朱可夫元帅巴斯骑士大十字勋章，也是价值连城、荣誉崇高。

7月17日至8月2日，在波茨坦举行了斯大林、丘吉尔、杜鲁门出席的苏、英、美三国首脑会议。三国会议的主要议题是，立即解决战败后的德国管理问题。波兰的西部边界问题、奥地利占领问题、俄国在东欧的作用问题、补偿问题以及对日作战问题等，为此做出了相应的决定。

八、命运的转折

“月盈则亏，水满则溢。”人世间正是如此，中外皆然。

朱可夫因在作战中取得巨大的胜利，及伴之而来的荣誉和褒奖，与最高领袖斯大林的关系不是更加密切，而是日趋紧张。斯大林身边负责政治与安全事务的贝利亚、莫洛托夫和马林科夫等人的谗言，又使斯大林对朱可夫的声望、独立性大为恼火。

当然，朱可夫本人也不太谨慎。作为苏联驻德国占领军的最高长官，朱可夫第一次在西方记者招待会上露面，在评价自己在苏联胜利中的作用时也不谦虚，这使斯大林得知后非常不满。

朱可夫还向贝利亚在德国的秘密警察发出挑战，更得罪了贝利亚。

有一次，朱可夫回苏联汇报，从斯大林的办公室出来时，怒气冲冲地说："小胡子魔鬼！"正在接待室的贝利亚听到了这句话，当即走进斯大林的办公室，把这句话告诉了留着小胡子的斯大林。

斯大林火冒三丈，让人急忙把没有走远的朱可夫叫了回来。

"朱可夫同志，你从我办公室出去时，说了一句'小胡子魔鬼'，你是在说谁？"

"当然是希特勒！我还能说谁呢，斯大林同志？"

"贝利亚同志，而你又是在说谁呢？"贝利亚面红耳赤，一言未发。

这是一个小插曲。对斯大林而言，是一种幽默，对朱可夫而言，是一种澄清自己、使贝利亚难堪的机会。但是，朱可夫与斯大林的矛盾已深，他并不是总有可以澄清和辩白自己的机会。

1946 年，朱可夫被召回莫斯科，被指控犯有企图窃取苏联全部军事胜利荣誉的严重错误，更严重的是，他还被指控阴谋反对苏维埃政权的罪行。在高压下，朱可夫的军内同事同意对他个人品行所提出的大多数指控，但不同意对他密谋反对斯大林的指控。朱可夫有口难辩，被撤销国防部副部长兼陆军总司令，贬出莫斯科，降职到一个次要的军区担任司令员。

九、结　　局

1953 年 3 月斯大林去世后，朱可夫被新领导人任命为国防部副部长，他立即开始研究核武器在现代战争中的作用。但他难以避免地卷入了斯大林死后的政治权力之争。这场权力之争最后以赫鲁晓夫在 1957 年战胜"反党集团"而告结束。1953 年，朱可夫组织了逮捕秘密警察头子贝利亚的行动，1955 年马林科夫的"辞职"因有军方的支持而得以实现，朱可夫因而在同年当上国防部长。赫鲁晓夫之所以能在 1957 年 6 月与"反党集团"的斗争后升任党和国家的领导人，部分原因是他得到朱可夫的大力支持。作为回报，朱可夫被增补为党中央主席团（政治局的后继组织）的成员——这是有史以来被选入这一机构的第一位职业军人。

1957 年 10 月，朱可夫在对南斯拉夫和阿尔巴尼亚进行正式访问期间，赫鲁晓夫组织发动了一个与斯大林反对朱可夫如出一辙的事件，指控朱可夫有“波拿巴主义”，即说他阴谋“控制政府”，揭发他未通知政治领导人就批准建设一支 2000 人的特种部队。在赫鲁晓夫与“反党集团”对抗期间，朱可夫曾声明他将动用军队执行党中央委员会的一切决议。政治领导人一直关心这一声明的合法性，担心军队夺取政权。现在这两件事被联系在一起，朱可夫被撤销了党内和政府内的一切职务，事实上被隔离，离开了自己在军队的战友们。

1964 年赫鲁晓夫下台后，朱可夫的“隔离”条件有所放宽。他 1946 年以前经历的回忆录经严格审查后，于 1969 年出版，但仍不能在军官俱乐部或党的重要会上露面。他在晚年所希望的是追述自己所参加的那些重大事件，以供历史学家研究使用。但直到去世，他这个愿望也未能全部实现。

大概在 20 世纪 80 年代吧，笔者有幸看到了中文版的朱可夫回忆录《战争与思考》，有关二战、苏联和朱可夫本人都有深刻的印象，也产生了一些感想。

作为军人，朱可夫是一位非凡的战略家、战术家，他非常懂得地形的重要性，在重要战役发起之前，都要勘察前线地形、核查部署的计划与判断。他认为应尽一切努力获取和使用情报，所以对侦察非常重视。他依靠各兵种专家，获得航空、炮火、工程和通信方面的保障。他知己知彼，精心计算兵力对比，避免在不利情况下发起进攻。他从不放过要求增援的机会，认为即使伤亡惨重，坚持有效进攻，其代价也要低于停止进攻和重新组织进攻。因此，他总是一连串地获得胜利，成为第二次世界大战中一位出类拔萃的野战指挥官。

同时，朱可夫也有苛刻粗暴甚至蛮横的特点。他的命令必须服从，对那些不能或不愿执行他命令的人毫不留情。对他来说，达成目标是至高无上的，任何偏离这个目标的行为都不能容忍。回顾过去，他承认他很难容忍周围不能恪尽职守的人。因此，他也得罪了一些人。不过设身处地从当时所处的时代和战争环境来考虑，这一点似乎也可以理解。

至于他后来的结局，大致可以用“功高震主”来概括。当年斯大林贬斥他如此，后来赫鲁晓夫整肃他更是这样。正因为功高权重，引起了苏共党内高层对朱可夫的猜疑和警惕。赫鲁晓夫在他晚年的回忆录中写道:朱可夫“僭取了很大的权力,开始使领导成员感到担心。主席团的其他委员一个个来找我,表示他们的关注。他们问我,我是否像他们那样能够看出,朱可夫正在努力夺权——我们正面临一次军事政变。我得到情报,朱可夫在同军区司令员的谈话中,确实流露出波拿巴式的意图来。我们不能让朱可夫在我们国家里演出南美洲式的军事接管。‘是的,’我告诉其他同志说,‘我知道朱可夫在搞什么。我同意你们的意见,我知道我们应当做什么。他的不正当活动使我们别无选择,只有解除他的职务。’这是我们唯一有责任做的事。”

于是,1957年10月27日,塔斯社发表一份官方报道称:苏联最高苏维埃主席团解除苏联元帅格奥尔基·康斯坦丁诺维奇·朱可夫的国防部长职务。

朱可夫元帅就此结束政治生命。

后来,预感到未来不妙的赫鲁晓夫在下台前夕,给朱可夫打电话说:“你被诬告了,我们应当见一个面。”他的助手准备着安排两人见面,他们要谈的是恢复关系和给朱可夫安排工作的新问题。赫鲁晓夫想以此来提高自己在军队中的威望,但历史没有给他这个机会。

1958年3月,朱可夫正式退休。

1964年10月,赫鲁晓夫被解除职务,勃列日涅夫上台。朱可夫的处境略有改善,但对他的窃听却仍然继续下去,克格勃始终监视着他,就连他和妻子在卧室里的谈话都被做了记录,汇报给最高负责人。

1974年6月18日,朱可夫在莫斯科逝世,葬于红场克里姆林宫墙下。朱可夫元帅直到生命的最后一刻也未被平反。继勃列日涅夫之后执政的契尔年科、安德罗波夫、戈尔巴乔夫等历届领导人都没有给朱可夫平反。直到1995年5月,俄罗斯纪念世界反法西斯战争胜利50周年之际,朱可夫的名誉才被彻底恢复,他的大型青铜塑像被竖立在莫斯科红场附近的马涅什广场,俄罗斯总统叶利钦为塑像揭幕仪式剪彩。

朱可夫在从士兵到元帅的漫长军旅生涯中立下了赫赫战功,4次荣膺“苏联英雄”称号,荣获列宁勋章6枚、十月革命勋章1枚、红旗勋章3枚、一级苏沃洛夫勋章2枚、“胜利”最高勋章2枚、奖章及外国勋章多枚。为人类做出巨大贡献的英雄朱可夫,人民是永远不会忘记的。

百战帅星彭德怀

彭德怀（1898~1974），中国无产阶级革命家、军事家、开国元帅。原名得华，号石穿，湖南湘潭人。1928年加入中国共产党，同年7月领导平江起义，任红军第五军军长。年底率部到井冈山。红军长征到陕北后，任八路军副总指挥、第十八集团军副总司令，参与领导开辟华北抗日根据地，指挥百团大战。1950年任中国人民志愿军司令员兼政委，率部取得抗美援朝战争的伟大胜利。“文化大革命”遭受林彪、江青反革命集团迫害，1974年11月29日逝世。

中国人民解放军元帅彭德怀身经百战，屡建战功，是著名的无产阶级革命家、军事家，为新中国的建立贡献了一生，是闻名遐迩的民族英雄，也是举世公认的国际主义英雄。

一、当兵的时候

1898年10月24日，彭德怀生于湖南省湘潭县乌石寨彭家围子一个贫苦农民的家里。取名清宗，字怀归，号得华（此名用了24年）。全家6口人，祖母、父亲、母亲、姐姐（2岁时夭折）和鳏居的伯祖父。父亲彭民言，患哮喘病。全家生计由母亲周氏操劳。有茅屋数间，荒土山地八九亩，勉强可以温饱。

彭得华6岁时，到姨父家的私塾就读。姨父知其家境贫寒，免收学费。为酬谢姨父，他常常早起上山砍柴，背到姨父家，再去上学。农忙季节，他帮助母亲干农活，只能雨天去上学。他断断续续学了两年，读完《百家姓》、《三字经》、《庄农杂字》、《幼学琼林》和“四书”中的《论语》、《中庸》、《孟子》三部。他8岁时，母亲患痢疾病亡，大弟6岁，二弟4岁，襁褓中的幼弟饿死。为分挑养家重担，他不得不辍学，砍柴换米糊口。后来家中生活日益艰难，先后典卖家产，只剩不足三分地和两间茅屋，连门板、床板都卖光。年过七十的祖母出去讨饭。大年初一，他带着大弟，赤足穿草鞋出去讨米，一天未食，饿昏倒地。到10岁时，他便给富农家看牛，每天割30斤草，外加担水、推谷、插秧等活，每月得工钱300文，可买10多升米。冬闲季节，回家卖柴、挑脚，常在晚上温习读过的旧书，并借阅了《包公案》、《杨家将》等小说。他13岁时，去小煤窑做车水工，一天干活十二三小时，为多挣钱，还加运一次煤，在低矮的煤洞里背煤爬行。他15岁那年，湘潭大旱饥馑。地主富商囤积居奇，居民自发闹粜。他因闹粜被告发，连夜逃到外地做堤工。两年后因参加堤工要求年关预发工资的斗争，被当局以“不安分子”而驱逐。

1916年3月，年仅18岁的彭得华来到县城参加了湘军，被分到陆军二师三旅六团一连，当上了一名二等兵。他为自己取号“石穿”，想以滴水穿石的意志寻找穷人的活路。不久，成为一等兵，月饷6元，每月寄家3元以上，勉强维持这时家中只剩3口人的生活。

当兵生活使彭得华与生俱来的倔强性格得以锻炼和发展，那种忧国忧民的思想意识变得更加强烈了。他在士兵中召集志同道合的人秘密组织了救贫会，专门为穷苦百姓做些力所能及的事。后来，他被团长袁植任命为代理连长，带领四个班进驻华容县注滋口镇。他一驻进镇，就命令各班不扰民、不抢劫，还经常深入农家访贫问苦，这在旧军队中是极为少见的。

注滋口镇有三百多户人家，水陆交通发达。小镇上有个大恶霸叫欧盛钦，在镇上当税务局长，因哥哥是湘南军阀赵恒惕的少将参议，便仗着哥哥的势力而为非作歹，祸国殃民，打死了六七条人命。彭得华知道后，十分气愤。一天，他来到农民姜子清家，姜子清被欧盛钦霸去了稻田和苇地，一家人无法生活。彭得华鼓励他去县城告状，姜子清摇头说：“不行啊，姓欧的和县长是拜把子兄弟。”彭得华思索了一会儿，想了一个除掉欧盛钦的办法。他问姜子清：“你害怕吗？”

姜子清脖子一挺说：“不怕！”

“好！今晚我派几个兄弟，你带路把姓欧的杀了。”

回到连部后，彭得华召集救贫会会员开了会。晚上派三人化装成农民，由姜子清带路，翻墙进院，一刀将恶霸欧盛钦杀了。

第二天，消息传开，穷苦大众拍手称快，欧高参却暴跳如雷，发誓为弟弟报仇。他渐渐怀疑到彭得华头上，立即派人调查，由于坏人告发，彭得华暴露了。赵恒惕下令捉拿彭得华，并诱骗彭得华开会，在路上埋伏一个班，将彭得华捉住了。

押解彭得华的一个士兵对彭得华为老百姓除害很佩服，把捆着彭得华手的绳子偷偷解松了，并示意他逃跑。

正巧，有一条河横在面前，河水流得很急。带队的排长押着彭得华上了船，河水哗哗流淌。彭得华对排长说："我口袋还有几十块钱，你们拿出来分了吧。"那排长见钱眼开，走过来掏钱。彭得华猛然用手一顶，把排长撞下水去。

彭得华猛地飞身跳上岸，甩掉手上的绳子，向山上猛跑过去。那些士兵也不追赶，看着他的背影消失在山中的树林里，才放了几枪，应付了差事。

就这样，彭得华逃到了湘潭的老班长郭德云家。

1922 年 8 月，彭得华改名彭德怀，与黄公略一起考入湖南陆军军官讲武堂。

二、领导平江起义

1926 年，北伐军进入湖南，彭德怀在国民革命军任营长，参加北伐。在此期间，他认识了师政治部秘书长、共产党员段德昌。段德昌向他介绍了共产主义社会的远景和苏联的无产阶级革命，讲了共产党的革命纲领和做一名共产党员的要求，等等。段德昌还把一本《共产主义 ABC》送给了彭德怀，让他认真阅读。

彭德怀的情况和他的思想倾向，引起了驻地南（县）、华（容）、安（乡）特委的注意，派员和他联系。经省委批准，彭德怀于1928年4月加入了中国共产党。他入党后，独立第五师一团建立了党的秘密支部，支部以士兵会为掩护，开展革命活动。

1928 年 6 月，军阀何键派独立五师开赴平江"剿共"。何键没有料到，这时独立五师主力团团长彭德怀已是一名坚定的共产党人。6 月 18 日，彭德怀率领一团随独立五师师部开抵平江。

7 月 19 日中午时分，骄阳似火。驻防在平江思村的一团二营营部里，团长彭德怀从操场上给士兵们讲话刚刚回来，突然二营营长陈鹏飞夺门而入。

"团长，师长周磐要抓你的人了。"

彭德怀一惊，感到不测的事情就要发生。

陈营长向前跨了一步，压低了声音，悄悄地说："从长沙来的亲戚说，南华安特委交通员在长沙被捕了，这个人带的通行证被搜出。事情闹到周磐那里，认出了开通行证的人的笔迹。"

“嗯，是谁的笔迹？”

“黄公略的。”

彭德怀顿时感到事态确实严重，立即策马飞奔平江县城，直奔电报局。局长连忙迎上去说：“团长冒暑巡防……”

彭德怀问：“有长沙来的电报吗？”

“有密电给你，还有一份是给师部的，正在核对。”

彭德怀说：“我正要去师部，交给我带去吧！”

彭德怀带走两封电报，回到团部，译出电文。一封是周磐的马弁陈玉成拍给他的。陈玉成是士兵会会员，思想进步，彭德怀与他约定有机密要事即拍电报来。这一电报说：周磐电令副师长李慧根立即逮捕黄公略、黄纯一、贺国中三名共产党员。另一封电报是周磐拍给李慧根的，电文大意一样。彭德怀感到问题极为严重，需要立即采取应变措施。否则，黄公略等三名共产党员被抓，一团的党组织将遭到严重破坏，几年来准备起义的计划有毁于一旦的危险。他下定决心，争取赶在敌人动手之前，发动武装起义。这时，湘赣边特委书记滕代远来到平江，已与一团地下党员邓萍取得了联系，当他了解到这一情况时，坚决支持并参加领导起义。

正在周磐做美梦的时候，彭德怀抓住时机，顺利地完成了准备工作。对士兵开会组织，发动闹饷斗争，把大部分官兵都发动起来了；同时派人到三团三营黄公略和岳州随营学校送信，要他们准时到平江参加起义；扣押反动军官，为起义扫清阻碍。

7 月 22 日上午 11 时，平江东郊天岳书院广场上，颈系红领带的起义士兵，队伍整齐，精神振奋，口号此起彼伏，响彻云霄。彭德怀在会上讲话，宣布起义的目的：打倒国民党反动派，实行土地革命，建立工农政权，为工农大众利益而战。在士兵们的热烈拥护下，彭德怀发布命令：向平江反动军警发起进攻。

下午 1 时，枪声响了。在起义部队勇猛的进攻下，反动民团、警察、师直属队两千多人，惊作一团，无力抵抗，被解除了武装。起义士兵乘胜直捣伪县府，活捉了县长，占领了全城，释放了被关押的工农群众。

7 月 24 日，起义官兵召开庆祝平江起义胜利大会，彭德怀任军长，滕代远任党代表，邓萍任参谋长；成立平江县工农苏维埃政府。会上还公审了伪县长等反动头目，并把他们就地枪决了。整座平江城在欢呼声中沸腾了。

三、转战井冈山

1928年8月底，红五军除留一部分坚持湘鄂赣地区斗争外，主力由彭德怀、滕代远率领，从黄金洞出发，踏上奔赴井冈山的道路。

湖南的敌人集结了十几个团的兵力，疯狂地向红五军扑来，而红五军此时只有两千多人。

部队翻山越岭，涉水渡河，边打游击，边转移，几乎每天都要迎击敌人的追截，最多一天打八次仗，战士有的牺牲了，有的动摇了，也有的叛逃了。

部队行进到江西万载大桥，又遭到敌三个团的袭击。彭德怀指挥部队奋力冲杀，突破重围。这时部队只剩下500多人，军需物资也丢失殆尽。部队被迫退回平江、铜鼓、修水边境地区休整。第一次上井冈山没有成功。

10月初，彭德怀、滕代远率领红五军第二次上井冈山。这次，摆了个“迷魂阵”，先佯装北上去湖北，待敌人追来时，又掉转头来，直下江西，于12月11日到达井冈山，和毛泽东、朱德领导的红四军胜利会合，并在宁冈举行了会师大会。

不久，蒋介石调动湖南9个团、江西9个团、广东3个团，共21个团的兵力，“围剿”井冈山，形势十分严重。

1929年1月初，毛泽东主持召开柏露会议，决定红四军离开井冈山，转入外线与敌人作战；红五军同红四军一个团，共七八百人，留守井冈山。

井冈山方圆300余里，重峦叠嶂，山势险要，只有几条可以上下的通道。一旦被敌军突破一处，敌众我寡，其他几处无兵支援。在这重大的战略抉择面前，彭德怀从革命大局出发，说服大家，勇敢地挑起了守卫井冈山的重任。

彭德怀与战士同甘共苦，脚穿草鞋，身背斗笠，置身在反“围剿”的行列里。他到军械处搬运武器，督促工匠打造梭镖、长矛，和大家一起挖壕沟、修地堡，还冒着流弹深入最前沿观察敌情，使大家斗志十分高昂。

红四军离开井冈山的第三天，敌军分五路向井冈山各个哨口发起进攻。战斗一开始就达到非常激烈的程度。四周枪炮交加，山鸣谷应，连续三天三夜，很少有间断的时候。

1月29日，连绵的雨雪，使井冈山的雾气越来越浓，十米之外难辨来人，这给防守带来了很大的困难。突然，黄洋界内响起了枪声，而且越来越密集。原来，山腰的敌军悬赏200大洋，买通了两个反水叛变的农民带路，趁着大雾从黄洋界右侧采药的山道，沿着一条小沟摸进了山，绕过金狮面，扑向黄洋界哨口阵地背后夹击。情况非常紧急，彭德怀提着驳壳枪，站在小山包后面指挥调动兵力，向哨口的方向反击，企图把敌人赶出去。

但是，敌人突破了黄洋界、八面山和白泥湖的阵地，直逼井冈山的中心茨坪。坚守在桐木岭、双马石、朱砂冲的部队已经没有子弹。情况万分危急，如不迅速撤离，有被敌人分割包围各个歼灭的危险。彭德怀、滕代远当机立断，决定撤出井冈山，把敌人牵到山下去周旋。

下山的五条道路全被敌人封锁了。部队只好趁天黑扶着伤病员，从双马山和梨坪之间的密林里攀藤附葛艰难地往下走。走到山下河边，已是半夜，没有饭吃，身上的衣服都被雨雪浸透了，但没有一个人掉队。第二天下午，部队越过荆竹山，踏上了遂川地界。

部队来到大汾附近，与敌人遭遇，俘获了一股敌人，其中有个敌军官。从他的口供得知：敌靖卫团已做好拦截红五军的准备，每天还有一个团赶来。彭德怀得悉敌情，认为这是突围出井冈山的一个关键口子。他挺立在队伍前面，坚毅有力地做了战斗动员。接着，大家紧握着枪，在彭德怀的指挥下，以迅雷不及掩耳之势，直插敌阵，打开一个缺口，霎时，敌人被红军的英勇冲杀吓蒙了。趁敌人忙乱应战的时机，红五军如离弦之箭，冲出了包围，接连翻越几座山，甩开敌人，往赣南而去。4月1日，红五军在瑞金与红四军再次会师。

四、遵义大捷

长征路上，当中共中央政治局在遵义开会期间，蒋介石调集中央军和湘、川、滇等省数十万兵力向遵义地区逼近包围，阻止中央红军与红四方面军和二、六军团靠拢，企图在乌江西北、长江以南的川黔地区围歼红军。

在国民党重兵云集，敌我力量对比悬殊的形势下，按原来设想在黔北地区建立以遵义为中心的根据地已不可能。毛泽东等遂决定放弃遵义，北渡长江，与红四方面军会合，在川西北建立根据地。1935年1月19日，红军撤出遵义城，分三路纵队向习水、赤水方面进发。

为了有利于进行运动战，红三军团缩编为十、十一、十二、十三团。在军团长彭德怀的指挥下，东渡赤水河，占领桐梓城。

从桐梓往南30里，就是巍峨险峻的娄山关。

贵州军阀王家烈连忙由贵阳赶往遵义督战，加强了黔北门户娄山关的防务，防红军再占遵义。

娄山关南临遵义城，海拔1400多米，四周崇山峻岭，两侧悬崖峭壁，只有一条险峻的盘山路贯通南北。

2月25日，红军近关口，红三军团的四个团同时投入战斗。十二团、十三团与守军争夺关口东侧最险要的点——金山制高点，红军冲锋肉搏不克。彭德怀命令十团、十一团从两侧迂回，打得守军弃关而逃。红军完全控制了天险娄山关，揭开了遵义战役的序幕。

2月27日，彭德怀下达攻打遵义的命令，红三军团乘胜一路猛追，直逼遵义城下，分割攻打新城、老城。林彪指挥红一集团集结主力负责打击增援敌军。

彭德怀在遵义城外山头，正用望远镜观察地形。侦察员跑来报告：从敌人长途电话中听到王家烈向上司吴奇伟报告已守不住，吴回答必须死守，他明天一定赶到。彭德怀一听此情报，马上下令，务必在当晚夺下遵义城。遵义新城在东，没有城墙；老城在西，有内外两套城墙。彭德怀让一军团攻打新城，命令红三军团攻打老城。军团参谋长邓萍指挥打老城，在观察地形时，被敌人飞弹射中，当即牺牲。

彭德怀闻讯赶来，抚着战友的遗体，连声呼唤："邓萍同志！邓萍同志！"泪流满面。红三军团指挥员在悲痛中奋勇攻城。27日晚，红一军团攻克新城。28日拂晓，红三军团攻克老城。十一团政委张爱萍在战斗结束后，挥泪赋诗，悼念邓萍，末句曰："遵义城下洒热血，三军征途哭奇男。"

2月28日上午，国民党中央军吴奇伟部两个师从乌江南岸驰援遵义，红三军团主力在老鸦山与敌人展开激烈的争夺战，将敌击败，紧追不舍。红一军团从左翼出击，一举突进敌人指挥所，两面夹击。敌全线崩溃，逃到乌江北岸，争相渡江，将乌江桥压断，人马纷纷落水，大都被歼。至此，红军连克桐梓、遵义两城，击溃王家烈 8 个团，消灭吴奇伟两个师，俘敌 3000 余人。这是长征以来取得的第一个重大胜利，给蒋介石的“追剿”部队以沉重打击，为中央红军西进北上争取了主动。同时，红三军团在夺取娄山关、二占遵义城战役中也付出了巨大的牺牲。

五、毛泽东诗赞“彭大将军”

1935 年 9 月，毛泽东等率领中国工农红军，粉碎国民党反动派的重重“围剿”，走出茫茫的草地，翻越岷山，突破天险腊子口，进入了藏族地区。一路行军，不见人烟，只有枯黄的小草在秋风中瑟缩。走了好久，才能看到稀稀拉拉的帐篷上飘荡的几缕炊烟。红军的干部战士穿着单衣单裤，在饥饿和寒风中行进着，有人走着走着就倒在道旁死去了。

部队在饥饿中走了七八天，来到一个名叫哈达铺的地方。从这里到陕北革命根据地，还有一千多里路程，中间横卧着六盘山，沿途还有国民党军队的堵截。为了尽快北上抗日，毛泽东在一座庙里召开会议，决定将一、三军团和中央纵队改编为中国工农红军陕甘支队，彭德怀为司令员，毛泽东兼政治委员。

陕甘支队在毛泽东、彭德怀指挥下，攻关夺隘，浴血奋战，打垮了马步芳、马鸿逵、马鸿宾的骑兵袭击，在六盘山上消灭了敌军一个团。经过二十多天的艰苦奋斗，于 10 月 19 日到达陕北根据地的吴起镇。

部队刚停脚一天，不甘心失败的敌人派出五个骑兵团追赶过来，企图阻止中央红军与陕北红军会师。当时先遣队包括老弱伤残只有六七千人，身体虚弱，疲惫不堪。面对气势汹汹的敌人，是打还是不打？如何打？毛泽东、周恩来、彭德怀和叶剑英讨论了一个晚上，最后决定打。毛泽东说，打退敌人，不要把敌人带到革命根据地，要打好这一仗，作为与陕北红军会师的见面礼！

彭德怀指挥了这场艰苦的战斗。吴起镇这一带，村与村之间隔着一条沟，有的沟深几十米，长几十里。虽然彼此可听到报晓的鸡啼，但想到沟对面的村子去，却要在沟里爬下再爬上，得走好几小时。彭德怀观察了这里的地形，分析了敌骑兵的特点，决定利用吴起镇的高塬深沟，埋伏好兵力，隐蔽待命。指战员们这时心想，从瑞金迈开二万五千里长征的第一步，艰苦转战十一个省，走了整整一年，刚刚来到“家”门口,就是流尽最后一滴血,也要打好这长征路上的最后一仗。一双双干涩的眼睛,冒着仇恨的怒火。

这天早晨,远处黄尘腾飞,敌人先遣兵团杀气腾腾地冲过来,进入了红军的埋伏圈。这时,彭德怀下达战斗命令。几十挺机枪同时打响,手榴弹接连不断地在敌群中炸开,给了敌人一个迎头痛击,打得骑兵团回头乱窜,人喊马叫,狼狈逃命。一些滚下马的伤兵,被乱马活活踩死。有的腿还挂在鞍镫上,被惊马拖着狂跑,把后面的骑兵全部冲散了。

随后敌骑兵四个团又扑来了。红军改变了战术,分别阻击,战斗激烈。毛泽东非常关心这场战斗,下午四五点,亲临指挥所观察情况。当他听到枪声越来越远,逐渐稀拉,知道敌人已被击退,才放心地回到宿营地。

就在这时,毛泽东写了一首六言诗,赠给彭德怀:“山高路远坑深,大军纵横驰奔。谁敢横刀立马?唯我彭大将军。”这首气势雄伟的诗篇,生动地描绘了彭德怀能征善战的威武形象。

彭德怀看到后,谦逊地把最后一句改为“唯我英勇红军”,将诗奉还给毛泽东了。但是,这首“唯我彭大将军”的诗,一直流传至今。

六、屹立太行

1937年,卢沟桥事变后,中国共产党和国民党重建统一战线,以便团结抗日。

8月22日至25日,彭德怀出席了中国共产党在陕西省洛川县举行的政治局扩大会议。这次会议通过了著名的《抗日救国十大纲领》和向全党提出的《关于目前形势与党的任务的决定》。还讨论确定了红军在抗日战争中的任务和作战方针,根据敌强我弱的抗战形势,提出了持久战的抗日战略。决定红军只留少数兵力驻守陕甘宁边区,主力2.3万人开赴晋绥前线,和国民党军共同支持华北。万一国民党军队放弃黄河以北,红军仍然要拖住日军,坚持华北抗战,挽救危亡。

8月22日,蒋介石以南京国民政府军事委员会委员长的名义,委任朱德、彭德怀为国民革命军第八路军总、副指挥(9月11日改称十八集团军总司令、副总司令)。

8 月 25 日，中共中央军事委员会发布命令，依据与国民党谈判结果，宣布红军改名为国民革命军。红军前敌总指挥部改编为八路军总指挥部（9 月 11 日改为十八集团军总司令部，简称总部或集总），以朱德为总指挥，彭德怀为副总指挥，叶剑英为参谋长，左权为副参谋长，任弼时为政治部主任，邓小平为副主任。八路军下辖一一五、一二〇、一二九师。一一五师师长林彪，副师长聂荣臻；一二〇师师长贺龙，副师长萧克；一二九师师长刘伯承，副师长徐向前。准备开赴山西前线，加入第二战区（晋绥）序列。

9 月初，朱德总司令在三原北的耀县举行红军抗日誓师大会。彭德怀陪同周恩来，并有林彪、徐向前一行人先抵太原，准备同第二战区司令长官阎锡山会商红军参战事宜，并讨论了阎锡山筹划的方案。周恩来表示，八路军将发挥特长，运用运动战与游击战的结合，配合友军围歼日军。彭德怀具体提出，以友军坚守平型关正面，八路军一一五师集结于敌前进道路的侧面，从敌侧后夹击进攻平型关之敌；八路军一二〇师则位于晋西北地区，待机侧击进攻雁门关之敌。

朱德、任弼时、左权率总部抵达太原后，中共中央前方军分会召开会议，讨论了山西战局及八路军的作战计划，大家一致同意彭德怀关于配合友军侧击进攻平型关之敌，争取打胜仗，鼓舞士气民心的意见。

随后，朱德、彭德怀下令一一五师选择地形，进入伏击状态，待机出击。

9 月 24 日，一一五师师长林彪、副师长聂荣臻，亲临前线，指挥所属部队在平型关设伏。次日，部队向正在开进的日军板垣师团 21 联队一部及辎重部队发起突袭。以勇敢顽强的近战肉搏，歼灭日军 1000 余人，缴获大批军械物资。

这就是举世闻名的平型关大捷。

10 月 5 日，日军越长城南下，一路猛攻，逼近忻口。忻口为太原平原的北大门，这时硝烟弥漫，成了华北战场最吃紧的地方。阎锡山以 50 个团守忻口中央阵地，以 10 个团为右翼，归朱德、彭德怀统一指挥，实行侧击。由中央军之十四集团军总司令卫立煌任忻口前敌总指挥。

10 月上旬，八路军勇挺敌后，不断出击。中央军卫立煌部由平汉前线源源开往忻口布防。这是抗战以来，华北战场上相持最久、规模最大的一次战役。

当日军在忻口正面遭到守军抗击之际，八路军一一五师将从代县经平型关、灵丘至张家口的敌后东路交通要道完全破坏，收复灵丘、广灵等数座县城，并以一部深入河北，收复冀西数县，直逼保定。一二〇师卡断了日军从代县到大同的西路交通，两度攻占雁门关，收复雁北数县，使忻口之敌陷于孤立无援、前后被包围的困境。彭德怀命令刚开入晋西北的一二九师之七六九团进入代县，实地侦察、战斗。该团夜袭阳明堡，一举烧毁敌机20余架，取得平型关大捷以来又一次振奋人心的胜利。

日军受阻于忻口，乃采取大迂回战术，集中平汉路兵力强攻娘子关，沿正太路西进，太原市腹背受敌。11月2日，忻口友军被迫撤离，转移太原。8日，太原失守，国民党各军争路西退南逃。阎锡山脱下戎装，在汾河西的一座天主堂内收容溃散部属。一度兴奋乐观的舆论，陡然冷了下来。

11月12日，华东战场上海失守，南京危急。国民政府准备西迁重庆。华北的前途又将如何？全国都在焦急地等待着消息。

11月15日，几个满怀抗日热忱的青年，来到晋东南前线沁县开村八路军总部驻地，会见彭德怀，希望得到他的回答。从黄昏到深夜，彭德怀详细地回答青年提出的问题，从中国目前的形势，抗战的前途，山西的局面，到八路军的任务、决心。他告诉青年们："我们决定在任何困难情况下，都要留在山西、河北和整个华北，一直到把日本帝国主义赶出华北、赶出满洲的时候为止。我们愿意和华北人民共生死，和他们亲密合作，来与侵略者周旋。"他表示："第八路军决定永远不过黄河。"

彭德怀的讲话使来访的青年深受鼓舞。经过青年们的宣传，很快，"八路军永远不过黄河"的决心传遍了全中国。

为了鼓励和帮助友军坚持山西抗战，朱德、彭德怀于1938年3月24日在沁县小东岭召开了国共双方东路军将领会议，共商御敌之计。彭德怀在讲话中，要大家接受南京、太原沦陷的教训，采用新的作战原则：实行战略上的防御战，战术上的进攻战；战略上的持久战与消耗战，战术上的速决战与歼灭战；运用运动战以消灭敌人的有生力量，发展游击战以造成我基干军队在运动中大量歼敌的机会。

小东岭会议通过了彭德怀所做的作战纲领报告，划定了各军、师活动和建立根据地的地区，协同打通了与后方的交通线。小东岭会议是山西战场上抗日民族统一战线规模最大的一次高级军事会议，为以后粉碎日军对晋东南的九路围攻奠定了基础。

小东岭会议刚结束，一二九师在涉县东阳关下响堂铺对日军打了一个漂亮的伏击战。在缴获的物品中发现了一份有关日军动向的重要文件，内称“共军猖獗，4月上旬，将由潞安（长治）以北100华里以内施以痛剿”。

4月4日，日军果然调集108师团全部及109师团、16师团、20师团各一部共3万余兵力，北从正太路之昔阳、平定，西从同蒲线上之临汾、榆次、太谷，东从河北之元氏、赞皇、涉县，南从屯留、长治出动，分九路大举围攻晋东南，企图歼灭中国军队主力于辽县、榆社、武乡地区。

4月6日，朱德、彭德怀紧急向东路军发布了关于部队和民众动员的训令。

为迎击各路来犯之敌，朱德、彭德怀连夜拟订作战方案：以八路军的一部，山西决死一、三纵队，和国民党友军，在地方游击队的配合下，分别钳制各路之敌，掩护八路军主力隐蔽待机。待敌人消耗疲乏到一定程度时，即集中主力击破敌之一路，再扩大战果。

部署就绪后，彭德怀说：“我们先到鬼子眼皮底下去游一圈，游到有一两股敌人胆大妄为了，再一锤子收拾它。”

4月8日，面临自屯留北犯之敌，朱、彭从容离开小东岭，设指挥部于山上的义门村。

各路进攻之敌受到中国军队阻击。只有由屯留北犯的日军第25旅团，在凶残狡诈的旅团长苫米地的率领下，未受打击即占据了沁县，又放火烧毁了历史悠久的武乡县城。11日，朱德、彭德怀命令待机的一二九师主力从涉县北星夜赶赴武乡，准备予该敌以严惩。

苫米地烧了武乡，激起军民的极大愤怒。该旅团在窜往榆社时，遭到一二五师三四四旅和集总特务团的有力截击，不得不折回。沿途群众坚壁清野，敌人又疲又饿，处处挨打，再次扑回榆社，寻中国军队主力决战；不料又扑了个空，不得已，再沿武乡境之浊漳河谷，向襄垣后撤。此时，奉总部令严密监视着这股敌人的刘伯承师长，抓住战机，下令一二九师七七一、七六九两个团沿漳河南岸，七七二、六八九两个团沿河北岸山地，隐蔽快速猛追，同该敌平行前进，寻机歼击。16日晨，在武乡东长乐村一带之河滩地向敌发起猛攻。经一日激战，歼敌25旅团117联队等部2200余人，缴获大批军用物资。七七二团团长叶成焕在战斗中英勇牺牲。

长乐村急袭，歼灭了九路敌军中最骄横、精锐的一路，一战而震动全局，各路敌军闻讯，纷纷后撤。八路军及友军各部奋起追击，相继收复了榆社、武乡、辽县、长子、屯留、潞城、襄垣、壶关、子洪口、沁源、沁县。

4月27日，长治、高平、晋城之敌向同蒲路南段撤退。一一五师三四四旅与决死一纵队追击歼灭近千人。至此，九路围攻被彻底粉碎。整个战役历时20余日，歼敌4000余人，收复县城18座，将敌人赶出了晋东南。

在反九路围攻中，朱德、彭德怀以游击战和运动战相结合的战术，使主力军在广泛的群众游击战争的配合下，运动自如，寻机歼敌。这是红军在苏区反"围剿"作战经验的发展，也是毛泽东关于全民抗战思想的一次胜利实践。后来，彭德怀在总结抗战八年的经验时说："八路军领导机关从这次反九路围攻中，直接取得了国内战争转变为民族战争的成功经验，即敌人的围攻是可以打破的。"

反九路围攻战役，有力地配合了正在进行的正面的徐州会战。徐州失陷后，正面战场转移到陇海线和黄河南北。华北广大国土敌后抗战的重担，落到了八路军及其领导的抗日武装身上。

反九路围攻胜利后，朱德、彭德怀在华北敌后广阔的地域内放手分兵。八路军的三支主力，在山西牢牢控制了晋东北、晋西北、晋东南的广大山区和乡村，一部分进入晋西吕梁山脉活动，同时又北越长城，东下太行。宋任穷、陈再道等率部挺进冀南、鲁北，宋时轮、邓华纵队远出冀东，杨成武支队北进云雾山，吕正操部开辟冀中平原，晋察冀游击支队深入平西。日军在华北的30万兵力，实际上只据守着城市和铁路沿线。八路军的出击遍及华北。

在民族解放战争的历史上，第一次出现了由强有力的正规军开辟和支持的敌后战场，与正面战场配合呼应，也第一次出现了一个巍然屹立于敌人占领区的正规军的指挥系统——从八路军总部到各师、旅、团部，领导华北民众捍卫自己的每一寸国土而浴血战斗。

1938年10月，八路军在敌后发展到15.6万人。1939年春，八路军控制了华北的103个县。晋西北、晋察冀、晋冀豫、冀鲁豫、山东数块大根据地基本形成。敌后抗日根据地人口达3900万之众。由朱德、彭德怀指挥的八路军抗击着在华日军的五分之二以上。

七、百团大战

八路军在华北战场，放手发动群众，广泛开展游击战争，收复了大片国土，建立起一个个抗日根据地，坚持了华北敌后的抗日战争。日本侵略者屡受打击，对共产党、八路军又恨又怕。

1939年秋天，日本侵略军推行了一套新的恶毒计划，想在华北构筑一个大“囚笼”，把八路军和抗日群众困死在里面。其做法是：在华北地区大修铁路、公路，路与路纵横连接；路旁挖出又深又宽的沟，沟沿垒得很高；沿路再修建许多碉堡，驻兵把守，叫“据点”。这样，铁路好比支柱，公路犹如铁网，据点就像一把把的大锁，就构筑成了“囚笼”。敌人妄想用这个“妙策”，把抗日根据地隔断开来，封闭起来，配合军事进攻，把抗日根据地困死、“吃”掉。

一定要砸烂敌人的“囚笼”！这是八路军总部的决心，也是抗日根据地一致的要求。

1940年7月的一天，八路军副总参谋长左权带着副总司令彭德怀的一个绝密意图：关于粉碎敌人“囚笼”政策的战役设想，来到八路军一二九师师部，和师长刘伯承、政委邓小平商量。当左权如此这般谈过之后，刘、邓都表示赞同。邓小平还果断地说：“这个设想我看行，可以这么干！”接着，他们在一起做了仔细研究。

8月，茂密的玉米覆盖着华北的山谷平野，“青纱帐”起来了，这是打游击战的好时机。但日本侵略军没有得到八路军将有重大行动的情报，正对“囚笼”政策的成功扬扬得意。

这时，八路军的侦察人员在敌人的许多据点内行走，甚至在城镇中或卖瓜菜，或赶庙会，或串亲戚，在群众的掩护下刺探敌情。有的侦察员还穿着便衣，大模大样地坐在敌人的火车上，来回观察地形和敌人的设防情况。彭德怀和左权每天在一起研究大批的军事情报，制订战术，调兵遣将，缜密运筹。

8月20日晚，云掩星空，夜幕低垂，敌人的各处守军昏昏入睡。突然，太行山脉的千山万壑发出了震天怒吼。八路军健儿从漫山遍野的“青纱帐”里一跃而起，枪炮齐鸣，指向日本侵略军倚为“囚笼”的重要支柱——正太铁路。沿路的车站、桥梁、水塔、隧道一个个被炸开了花，200多公里的路基节节腰斩，铁轨被掀翻了身，燃成一条火龙。许多敌兵从睡梦中惊起，没弄清怎么回事，有的还没醒过来，就一命呜呼了。日本驻华北的司令部和负责警备正太线的第4、第8旅团司令部被切断了正太沿线的联系，慌作一团。

21日下午，日军才从太原派飞机出来查看，发现正太路大部已化为废铁与灰烬。正太路东端的井陉大煤矿，敌人用它生产焦炭来炼钢造枪炮，也被八路军破坏了。

同时间，日军占领的华北其他铁路线，如同蒲路、津浦路、平汉路、北宁路、白晋路等和数千里长的公路也受到八路军的广泛破袭，敌人视为生命线的交通网千疮百孔，到处是“此路不通”。

八路军乘胜作战，又摧毁了千余个敌人的据点，缴获的枪支弹药和各种物资为抗战以来最多的一次。

“囚笼”被砸烂了，日本侵略者惊慌：八路军取得了奇袭的成功，日军得到痛苦的教训……恼怒之余，撤换了驻华北侵略军的总司令，这已是在华北的第三次“换马”了。

全国民众欢欣、振奋，贺电、慰问信纷纷飞向华北抗日前线，中共中央也发电鼓励。

这次战役，先后参战兵力增至103个团，故名百团大战。它是抗日战争史上光辉、壮观的一页。战役的总指挥，就是雄才大略、威震敌胆的彭德怀。因此，彭德怀被誉为光荣的民族英雄。

八、围城打援钓大鱼

解放战争初期，彭德怀任中共中央军委副主席兼总参谋长，协助毛泽东、朱德等运筹帷幄，决策军机。后临危受命，任西北野战军司令员，指挥西北解放战争。

1947年3月13日，西北军阀胡宗南以董钊、刘戡的两个军、六个整编师、十五个整编旅14万多人，沿咸榆公路及其两侧向延安大举进犯。在敌我力量悬殊情况下，彭德怀指挥部队诱敌深入，声东击西，首先取得了青化砭、羊马河、蟠龙三战三捷，接着又出击陇东，收复“三边”。沙家店战役，又歼灭胡宗南三大主力师之一的整编三十六师，初步扭转了西北战局。

1948年年初的新式整军运动后，彭德怀召集旅以上干部会议，讨论西北野战军如何转入外线作战，首先发起宜川瓦子街战役。彭德怀说：“为了收复延安，下一步棋怎么走？我们要打乱敌人的防御部署，插到敌人后方去，消灭胡宗南的主力。宜川城是个战略要地，那里是敌人的重要供应站。我们攻打宜川，胡宗南会派兵来增援，我们就可以‘围宜打援’，选择有利地点地歼灭敌人。”与会者无不点头称是。

当时，胡宗南用一个旅守宜川。由刘戡率领两个整编师驻守在宜川以西的洛川、黄陵一带机动，既可以东援宜川，北援延安，又可以阻止解放军南下。从洛川到宜川，有三条路可走，其中两条是公路，一条是山间小路。彭德怀为了准确判断敌人增援部队走哪一条路，目不转睛地凝视着地图，反复思索。一会儿，又反背着手，踱来踱去，像是问自己，又好像在问其他同志：“来不来呢？可能从哪条路来呢？”有位同志接着他的话茬说：“敌人胆小，我估计不敢走小路。”

彭德怀说：“你这个估计基本上正确。根据敌人过去的行动规律，刘戡为了自身的安全，是会走小路的。可是由洛川经瓦子街到宜川，是一条既近又好走的公路，可以到达迅速解围的目的。胡宗南估计解放军的力量，此人又主观成性，对下骄横，必然命令刘戡从这条增援。”他又风趣地说：“围城打援，围城是手段，目的是为了钓大鱼。我们钓刘戡，钓来或钓不来，有两种可能，他只要进来，就别想再出去。如果不来，我军夺取宜川后，可以继续南进，攻占韩城、白水等县城。”

根据彭德怀的部署，西北野战军于1948年2月24日包围了宜川城。

一天，彭德怀同副司令员张宗逊、赵寿山等一起，到瓦子街一带察看地形。瓦子街是洛（川）宜（川）公路的咽喉，狭窄的公路两旁，山高坡陡，长满树林，有利于部队隐蔽集结，围歼援敌。彭德怀高兴地说：“这真是歼敌的天然好地形啊！”深夜，他还反复推敲作战方案。他把睡了一会儿的赵寿山推醒，问道：“你看还有什么漏洞没有？”

赵回答：“没有漏洞，就看胡宗南肯不肯往里钻了。”

宜川被包围后，守敌二十四旅旅长张汉初就哇哇叫了，一再向胡宗南求救，请求火速增援。胡宗南认为宜川地势险要，工事坚固，命令张汉初坚守待援，决定由刘戡率领四个旅，由洛川、黄陵等地出发，沿洛宜公路驰援宜川。

敌人完全按彭德怀预定的作战计划行动了。大队人马像长蛇阵一样沿着公路走。解放军指战员非常高兴，有的说："胡宗南也听彭老总指挥，果然派兵来了。"

"彭老总撒网钓大鱼。刘戡这条大鱼现在游过来了，这就叫自投罗网！"

"刘戡带十来万国民党兵，在边区烧杀抢掠，欠下人民大量血债，这一次必须叫他偿还！"

2月28日，彭德怀发布命令：以一部分兵力继续围攻宜川城，诱敌深入。集中西北野战军九个旅，于29日拂晓发起进攻，歼灭来援的敌人。

这天夜里下了大雪，天气寒冷，但广大指战员士气高涨。天刚麻麻亮，就攻占了瓦子街，把敌军后路堵死。各纵队经过一天激战，同敌人反复拼杀，夺取了一个个高地，封闭了敌军可能突围的缺口。到黄昏，把两万多敌人压缩包围在东西不到十公里、南北约五公里的狭小地区。

彭德怀在前线指挥所，密切注视着战斗进展情况。他紧握拳头说："打得好！狠狠地打！今天把高峰打过去，明天敌人就会低头。"

次日凌晨，彭德怀下达总攻击命令。

各纵队、各旅向被包围的敌军猛烈攻击。到下午，把援军全部歼灭。刘戡溜出指挥所想逃跑，但走投无路，只好用手榴弹把自己炸死。九十师师长严明被击毙。彭德怀来到刘戡和严明的尸体跟前说："自作自受！通知胡宗南和他们的家属来领尸，我军给以方便。"

两天后，又打下宜川，俘虏了张汉初。宜川、瓦子街战役胜利结束，共打死打伤和俘虏敌军五个旅三万人，取得了西北战场的空前大捷。

此讯传到南京，蒋介石极为震怒，给胡宗南以撤职留任的处分。他在给胡宗南的"手启电"中悲叹："宜川丧师，不仅为国军剿匪最大之挫折，而其为无意义之牺牲，良将阵亡，全军覆没，痛掉悲哀，情何以堪！"

刘戡被歼后，彭德怀指挥西北野战军大举南进，胡宗南不得不将潼关以东的裴昌会兵团向西安回调。这就减轻了中原野战军的负担，有力地支持和配合了中原战场和其他战场的战略进攻。

九、抗美援朝

新中国刚刚成立,美帝国主义把侵略战火烧到中国的鸭绿江边。当时,美国侵略军的头子是五星上将麦克阿瑟。他在第二次世界大战期间对日军作战时,曾是太平洋地区赫赫有名的将军。这次,他指挥以美国为首的有十六个国家组成的所谓“联合国军”,得意忘形,狂妄至极。

1950 年 10 月 1 日,正当中国人民欢庆共和国成立一周年的时候,毛泽东主席收到了朝鲜金日成首相和朴宪永外相的电报。

这是一封关于朝鲜战局的电报。电报中说:战争以来,敌人利用约千架飞机,不分昼夜地轰炸我们的前方与后方,我们兵力和物资的损失非常严重。9 月中旬美军在仁川登陆后,已对我们造成了很不利的影响,敌人登陆部队与南线部队已经连接在一起,切断了我们的南北部队。如果敌人连续进攻三八线以北地区,则只靠我们自己的力量是难以克服此危机的。因此,急盼中国派兵直接援助我军作战。

朝鲜已处在存亡危急之中,毛泽东主席极为关注。

10 月 4 日中午,中央派飞机去西安,接此时担任西北军政委员会主席的彭德怀急回北京。当日下午 4 时许,彭德怀到了中南海。当他踏进颐年堂会议室时,正在主持政治局扩大会议的毛泽东迎了上去,笑着说:“彭德怀同志,你来得正好哇!恐怕催你催得急了点,可是这有什么办法?这是美帝国主义‘请’你来的呀!”又说:“我们的恩来同志早就警告过美国总统杜鲁门先生,说你不要过三八线,你要过了这条线,我们就不能置之不理。可是人家硬是过来了,我们可怎么办呢?究竟是出兵参战,还是听之任之?请你彭老总也准备发表个意见。”

会后,毛泽东又单独对彭德怀说:“德怀同志,我这个决心可不容易下哟!一声令下,三军出动,那就关系到数十万人的生命。打得好没有可说的,打不好,危及国内政局,甚至丢了江山,那我毛泽东对历史、对人民都没法交代哟!政治局扩大会议上,大家的担心都是有道理的,不过金日成危急了,我们要不管,那社会主义阵营还不是一句空话!”

彭德怀极其关注倾听着毛泽东的每一句话。当晚下榻在北京饭店里,怎么也睡不着，心想：美国占领朝鲜，与我隔江相望，威胁东北；又控制台湾，威胁上海、华东，它要发动侵华战争，随时都可以找到借口。老虎是要吃人的，什么时候吃，决定于它的肠胃，向它让步是不行的。它既要来侵略，我们就要反侵略。不同美帝国主义见过高低，我们要建设社会主义是困难的。为了本国建设前途着想，应当出兵；为了鼓励殖民地、半殖民地人民反帝、反侵略的民族民主革命，也要出兵；为了扩大社会主义阵营的威力，更要出兵。

第二天下午，彭德怀在会上发言："出国援朝是必要的。打烂了，等于解放战争晚胜利几年。如果美军摆在鸭绿江边和台湾，它要发动侵华战争，随时都可以找到借口。"

10 月 8 日，中央正式决定彭德怀去朝鲜。彭德怀二话没说，立即乘飞机去沈阳。当天下午，彭德怀在沈阳紧急召集第十三兵团及东北军区负责人邓华、韩先楚、洪学智、解方、杜平及李富春、贺晋年、张秀山等，商定次日召开参战部队军以上高级干部会议，部署出国前的准备工作。

10 月 9 日，辽宁宾馆会议厅宽敞明亮，二十多位军以上干部陆续到达。都是一些老战友，大家一起就纷纷议论起来。他们把中国当代有名的军事家一一排队，逐个估量，大都认为，林彪挂帅的可能性大。因为志愿军战略基地后方是东北，林彪在这里待的时间长，情况熟悉；准备入朝的部队，又大都是四野的主力——十三兵团、东北炮兵师，因此，原四野司令员林彪是最适合不过的人选了。

但是此前谁都不知道，在中央政治局扩大会议上，林彪提出的观点是"不要出国作战"。其理由是：我军装备落后，大都是缴获日本的三八大盖。美军一个军有各种火炮 1500 门，我们一个军还不到 300 门，坦克更少。如果没有三倍、四倍于美军的炮兵和装甲兵，是顶不住的。一旦顶不住，美军打过鸭绿江，那后果就不堪设想了。

毛泽东起初确实提到了林彪。但林彪怕担"千古罪人"之名，害怕打不赢麦克阿瑟，失了他的威信，就借口身体欠佳，把这副重担撂了下来。就是彭德怀也多次问过毛泽东："主席，林彪现在怎么样？"毛泽东大手一挥："不谈他，不谈他。他这个人打起仗来，谨慎有余，胆量不足，不谈他。"

正当大家谈得兴浓的时候，忽然吱呀一声，会议室的大门打开。由东北局负责人高岗陪同，彭德怀站在会议室门口。大家赶紧回到自己的座位上，端端正正地注视着。

“中央确定彭德怀同志为志愿军司令员兼政治委员，率领大家抗美援朝。我们欢迎！”高岗话音一落，将军们“哗”的一声站起来，使劲鼓掌。

彭德怀面带微笑，一招手，让大家落座。“同志们好！”彭德怀频频点头，向大家表示问候，一再说，“靠你们多打漂亮仗！”

接着，十三兵团司令员邓华向彭德怀一一介绍参战部队领导。

彭德怀在会上谈了出兵的意义和必要性。然后说：“中央要我到这里来，也是三天前才做的决定。我彭德怀本事不大，确实是廖化当先锋啰！中国生，朝鲜死，朝鲜埋，光荣之至！”

最后，彭德怀提高嗓门，以洪钟般的声音宣命：“我命令，所有参战部队，从现在起，十天之内做好一切出国作战准备！”

彭德怀的声音在大厅里回荡，将军们的心都震撼了。

1950年10月19日夜间，中国人民志愿军雄赳赳、气昂昂，跨过鸭绿江，肩负起“抗美援朝，保家卫国”的重任。

这时，彭德怀趁美军还没有发现志愿军已入朝参战的时机，决心第一批刚进入朝鲜的四个军，就对敌军进行运动战，以避开美军的空军和重武器的优势，发挥志愿军近战、夜战的特长。他命令志愿军自10月25日至11月5日，对已进犯到朝鲜北部云山、温井、熙川等地的敌军，发起了猛烈的围攻，给狂妄的敌人当头一棒，打得敌人惊慌失措，丢盔卸甲，纷纷向清川江以南撤退。这是志愿军出国第一仗，共歼灭敌军1.5万余人，取得了初战的胜利。

11月13日，志愿军党委成立后的第一次党委会议在大榆洞召开。各军的军长或政委来到这里，志愿军总部比往日突然热闹起来了。自从跨过鸭绿江二十多天来，在枪林弹雨、硝烟弥漫中，不分昼夜，连续苦战，难得聚到一起啊。

吃过晚饭，大家都严肃地来到彭总作战室，作战室就设在大榆洞矿山的一个小山沟里，原是看守变压器的木板小平房。

彭德怀已坐在里边等候。大家一个个向彭总敬过礼，坐到大方桌的周围，有说有笑，气氛很活跃。

彭德怀主持会议。他把各军的领导扫视了一下，对邓华说：“你先讲吧。”邓华任志愿军第一副司令员，协助彭总进行战场指挥，所以彭总首先让邓华讲一下入朝作战第一次战役的情况、战场形势和下一步作战计划。

邓华走到地图前,先讲了总形势和第一次战役的大致轮廓。他说:“美国侵朝地面部队,为第 8 集团军共 7 个师和另一个空降团, 12.5 万人。该集团军是美国精锐部队,经过第二次世界大战的考验。其中陆 1 师和骑 1 师是美国南北战争时的部队,历史悠久,战斗力最强。南韩李承晚集团军有 10 个师, 12.5 万人。此外加上英军两个旅,土耳其旅,加拿大各有五六千人,还有法国、泰国、菲律宾等地也有少数部队,总计约 27 万人。敌人占领平壤后气焰嚣张,分兵冒进。南韩第 2 军团沿平壤至熙川公路向楚山、江界进击,美 1 军第 24 师及英 27 旅向定州、新义州进击,骑 1 师、南韩 1 师向碧潼进击。岂料刚进到温井、云山以北地区,即遭我迎头痛击。我第一次战役共歼灭南韩 6 师的两个团, 8 师的两个营,美骑 1 师 8 团的两个营、5 团的一个营,共计 11 个营,另有 14 个营被击溃。我 40 军 118 师和 120 师首先揭开抗美援朝的序幕。40 军打得漂亮,受到毛主席和彭总的表扬。39 军在云山一仗,一下子打掉美军 1800 人,功绩很大,说明志愿军是完全可以打败美国侵略者的,我军打出了威风。”

邓华讲到这里,把话题转向总结第一次战役的教训。他说:“战役开始时敌人分兵冒进,我军又占突然袭击之利,可是歼敌数量不多,远未达到消灭敌三个师的目标。客观原因是时间仓促,准备不充分,大山林密道路不熟等。主观原因是,有的部队在敌我力量相等的情况下,不是首先断敌退路,突然出击,有些同志不懂得把自己的部队主动插到敌人侧背攻击,包围、歼灭敌人。特别是熙川战斗,南韩军两个团本来已被我军截断了退路,但 113 师迟迟不发起攻击,结果让敌人逃跑了。”

邓华讲到这里略作停顿,见彭德怀脸上早已充满了怒气,眼睛瞪着 38 军军长梁兴初,梁兴初不敢正视彭总。作战室内气氛顿时紧张起来。志愿军几位领导都知道, 10 月 30 日晨,正当彭总不断接到各军的胜利消息时,收到了 38 军的电报,大意是该军 113 师于 28 日进至熙川后, 28 日黄昏开始攻击,当他们占领熙川时,那里的南韩第 8 师早已南逃,致使歼敌之机丧失。当时彭德怀听到这个消息就非常生气地说:“梁兴初,梁兴初,你误了军机,我饶不了你!”现在大家都在注视彭总将如何同梁兴初算账。

邓华接着说:“有的军动作太慢,白天不敢行动,主要是怕飞机,夜间本来是歼敌的好机会，结果由于对敌人估计过高，又不敢大胆地截断敌人退路，使已进入我军口袋之敌又全部逃跑。对分兵冒进、立足未稳小股之敌的攻击，采取了对强大敌军固守阵地的攻击部署，行动迟缓延误了战机。38军未能按时到位……”

作战室的气氛有风雨欲来之势，大家紧张地注视着彭总。

“啪！”突然一声响，彭德怀将宽厚的大手向桌上猛地一击，震得桌上的东西都跳了起来，满屋为之一惊。大家抬眼看着彭总发了紫的脸色，静静无声。

“梁兴初！”彭德怀吼了一声。

梁兴初胆怯地站了起来。

彭德怀的手指都颤抖了：“我问你，你38军为什么慢慢腾腾，拖拖拉拉前进？我让你往熙川插，你为什么不插下去？你是怎么搞的？”

梁兴初看着彭德怀说：“彭总，我，我……”

“你什么？你讲讲是什么原因？为什么插不下去？”

梁兴初吞吞吐吐地说：“我以为……”

“你以为什么？我告诉你只有一个营，你们硬说有一个美国黑人团。黑人团有什么了不起？39军在白云山打的是白人团，是美国的王牌，被打掉一千多人。黑人团为什么不能打？什么鸟黑人团，你们是自己吓自己！”

“我们对敌情判断有误……”

“你……”彭德怀气得直喘粗气。接着说：“毛主席三令五申，打好出国第一仗。这是出国第一仗，令你38军断敌后路。39军、40军、42军打得都很好。你38军却一再地拖延攻击时间，不仅没有歼灭熙川的敌人，还延误了向新隅里、新安州猛插的时间。这是什么行为？哼！”

彭德怀怒气未消，吼道：“我彭德怀别的本事没有，斩马谡的本事还是有的！”

“请杀我的头吧，我贻误了战机……”梁兴初说完，低下头，再也不吭气了。

邓华解困说：“38军还是主力嘛，来日方长，这一次没打好，下一仗打出个样子来，还是会挽回影响的嘛！”

梁兴初也坐下来，感到很憋气。彭德怀有点平静了，做总结讲话。

他知道，38军是红三军团一个师的老底子发展起来的，一直打得很好，梁兴初也是历来以打恶仗而闻名，当过红军第一任骑兵连连长，从红军时期到解放战争，他九次负伤，从平型关战斗中的685团营长，到黑山阻击战的10纵司令，战功赫赫。在他的指挥下，10纵打法库，攻开原，在黑山阻击战中孤军作战，抗击五倍于我的敌精锐部队，为四野全歼廖耀湘兵团立下战功。梁兴初是一员虎将，号称四野的“常胜将军”。不料这时因指挥失误被点名批评，自尊心受到了极大挫伤。

在讲话中，彭德怀又盯住了66军政委王紫峰，也当场点了他的名。

王紫峰站了起来。

彭德怀尖锐地批评66军没有抓住敌人，敌人在66军眼皮底下怎么进来的、怎么退回去的都不知道，是打了一个糊涂仗。

最后，彭德怀也为第一次战役打得不够理想承担了责任。他说：“你们38军、66军由于没有抓住战机，致使整个战役断敌退路的包围计划未达到目的，使歼敌两三个整师的战役计划未能完成。这次战役打得不够理想，我彭德怀也有责任，不能把责任完全推给你们。”

邓华立即插话说：“我们也有责任，没有当好助手。这次大家总结经验教训，下一次战役打好就行了！”

彭德怀点头表示同意，说：“第一次战役有的军打得好，有的军打得不好。我向来功过分明，不讲情面。下次战役，谁打得好，我按功嘉奖。你38军再是这样，到时我撤你梁兴初的职，换掉你们军的番号。”

副司令员洪学智说：“对，老总功过是非分明，大家都很清楚。”

接着，彭德怀强调第二次战役的作战，是个大决战，打好了，就可扭转战局，关系十分重大。他要求各军按计划先诱敌深入温井、妙香山一线歼灭之，并大胆穿插，对敌实施大包围，38军将担负把敌人牵进口袋，又要深入敌后，断敌退路，扎紧口袋之重任。

会议一直开到天亮。

第二次战役开始前，彭德怀向副司令员韩先楚交代：“我反复考虑，仍让38军担任西线迂回阻击任务。这次阻击关系到整个战役的成败。38军是解放战争中很能打的部队。上次没能打好，这次我要考验他们一下。”

邓华说：“这是一次立功补过的机会，彭总相信38军能打好，所以把重任交给38军。”

在第二次战役中，38军果然打得非常好。两次成功地深入敌后，圆满地完成志愿军总部赋予的作战任务。围歼了德州地区伪7师大部,在敌战役布势上打开缺口,大胆穿插,远程奔袭三所里、龙源里。切断敌南逃必经之路,狠狠打击美军2师和美骑1师,歼敌8000余人,俘敌3616人,缴获各种火炮300余门、汽车1500余辆、坦克14辆。

喜讯传来,洪学智说:"38军立了大功!"

邓华说:"这次西线取得重大胜利,38军起了关键作用。"

彭德怀兴奋地说:"确实是一支过硬的部队,我们要通令嘉奖他们!"

他拿起毛笔,起草了给38军的嘉奖令。

其他领导看后,正准备发出,彭德怀又让把电报稿拿回来,似乎不假思索,又写了一行字:"中国人民志愿军万岁! 38军万岁!"

嘉奖电报发出后,彭德怀又立即研究在38军召开现场会,总结打胜仗的经验。

第二次战役共歼敌3.6万余人,大获全胜,从根本上扭转了战场形势,狠狠地打击了敌人的嚣张气焰,使麦克阿瑟妄想在圣诞节前占领朝鲜的美梦化为泡影。

"38军万岁"这个口号,对当时入朝的六个军震动很大。大家感到:彭总治军赏罚严明,在他手下作战,不能马虎。"万岁军"的威名也从此传遍了冰天雪地的朝鲜战场,名扬天下。

先后经过五次战役,美帝国主义被迫与中朝方面举行停战谈判。彭德怀在谈判斗争中的同时,组织志愿军部队在前线构筑了"地下长城",粉碎了敌人的"绞杀战"和"细菌战",继续取得了战役战斗的胜利。到1953年7月27日上午,终于迫使美方在朝鲜停战协定上签字。

在朝鲜战争期间,斯大林曾在一封电报中,称赞彭德怀"以那样劣势的装备打败了世界上最强大的美帝国主义,是当代天才的军事家"。

十、庐山悲剧

从抗美援朝前线归国后,彭德怀主持中共中央军委日常工作,并任国务院副总理兼国防部长。

1959年4月24日至6月13日,彭德怀率领中国军事代表团,先后对苏联及东欧各国进行了友好访问。回京后最初几天，他阅读了大量中央文件和各地报来的有关“大跃进”、人民公社运动的材料。他发现国内形势远不像在国外看到的报道那样乐观，粮食、日用品、电力、建筑材料、运输……处于全面紧张状态，而且日益严重。彭德怀十分担心，心情沉重。

他回国后不几天，接到中央办公厅通知：中央决定7月2日在江西庐山召开政治局扩大会议。

彭德怀是7月2日早晨到达庐山的。在火车上，彭德怀一直阅读文件、材料，吃饭很少，两顿饭都是只吃几口就回包厢去了。在包厢里，他长时间地凝视着窗前，闷坐不语。保健人员问：“您是不是病了？”他轻轻地摇摇头。“是睡眠不好？”他又摇了摇头，指了指窗外说：“你看看他们……叫人怎么还能吃得下去？”保健人员这才注意到，在站台外，不少破衣烂衫、蓬头垢面、面带菜色的灾民正向这边张望着。

7月2日，中央政治局扩大会议开始。毛泽东明确地说：“这次会议主要是纠‘左’，要搞一个文件。”他把国内形势概括为“成绩伟大，问题不少，前途光明”。

在西北组讨论中，彭德怀做了七次发言和插话。他以一贯的风格，开门见山，直言不讳。

“新中国成立以来，一连串的胜利，造成群众的头脑发热，因而向毛主席反映情况只讲可能和有利的因素。在大胜利中，容易看不见、听不进反面的东西。”

“我们党内总是‘左’的难以纠正，右的比较好纠正；‘左’的一来，压倒一切，许多人不敢讲话。”

“人民公社，我以为办早了一些，高级社的优越性刚发挥，还没有充分发挥，就公社化，而且没有经过试验。如果试验上一半年再搞，就好了。”

“要找经验教训，不要埋怨，不要追究责任。人人有责，人人有一份，包括毛泽东同志在内。我也有一份，至少当时没有反对。”

彭德怀在西北小组会上的发言，没有如实地反映到毛泽东那里去。会议印发的简报中，彭德怀那些言辞最尖锐的部分，特别是直接涉及毛泽东的一些话都删去了。虽然工作人员也许出于好心，但彭德怀很不满意。

7月10日前后，毛泽东指定成立一个起草文件小组，打算把文件印发下去，庐山会议就可以结束了。

庐山会议的结果与彭德怀原来对会议的期望存在很大距离。认为如果 15 日结束,纠“左”的问题并未解决,不禁着急起来。

7 月 12 日上午,彻夜未眠的彭德怀向毛泽东住地走去,打算找毛泽东面谈,希望毛泽东能在会议上把当前存在的严重问题再着重讲一讲,以便扭转困难局面。不巧,警卫人员告诉彭德怀:主席一夜未睡,刚刚躺下。彭德怀无奈,只好悻悻而归。

于是,彭德怀于 7 月 14 日给毛泽东写了一封信。信中既肯定了全国“大跃进”、公社化的成绩,也提出了不少值得注意的问题,“有失有得”,谈了经验和教训,供毛泽东参考。他估计毛泽东看完信后会找他去谈谈,却完全出乎意料。

7 月 16 日,毛泽东在彭德怀信上加上《彭德怀同志意见书》的题目印发,要求“评论这封信的性质”,并决定会议延长,也让留驻在北京的彭真、黄克诚、薄一波等立即上山参加讨论。

从 7 月 17 日到 22 日,各组讨论了《意见书》,会上有了争论。

7 月 23 日,召开全体会议,毛泽东在讲话中严厉批评了彭德怀的信。

这样,本来要纠“左”错误的庐山会议,变成为一场批判以彭德怀为代表的“右倾机会主义”的斗争。

8 月 2 日,中共八届八中全会在庐山召开。会上,通过了《关于以彭德怀同志为首的反党集团的错误的决议》,撤销了彭德怀、黄克诚、张闻天、周小舟的职务。

1959年9月30日,彭德怀从中南海搬出,进入北京西郊挂甲屯吴家花园居住。

1965 年 11 月,彭德怀被分配到西南三线工作,任副主任。

在其后不久的“文化大革命”中,彭德怀被押回北京,遭受了多次残酷的批斗,后来又被长期关押,“专案审查”。

1974 年 11 月 29 日,被迫害中的彭德怀因癌症辞世,被化名火葬。

1978 年 12 月,党的十一届三中全会纠正了对彭德怀的错误结论。12 月 24 日,中共中央在人民大会堂为在“文革”中被迫害逝世的彭德怀和陶铸共同举行追悼大会。邓小平代表党中央致悼词,为彭德怀恢复了名誉。悼词中说:“彭德怀同志是我们党的优秀党员,老一辈无产阶级革命家……是我们党、国家和军队的杰出领导人。”他“为中国革命的胜利,为人民军队的成长壮大,为保卫和建设社会主义祖国,做出了卓越的贡献”。“彭德怀同志是国内和国际著名的军事家和政治家,一直受到广大党员和群众的怀念和爱戴。”

综观彭德怀的一生,这位个性鲜明的人,确是革命的一生,战斗的一生,为民的一生。他在共和国十大元帅中名列第二,主要是以一位军事家名世的。他指挥的平江起义、攻克长沙、直罗镇战役、百团大战、西北三战三捷等,无不彪炳史册,与其他元帅相比,他还多了一场抗美援朝战争,真称得上百战帅星、盖世英雄。